WHERE IS HOME?

何以安家

Young rural migrants' love
and marriage during
China's rapid urbanization

城市化进程中
农村新生代青年的婚恋

王小璐 著

社会科学文献出版社
SOCIAL SCIENCES ACADEMIC PRESS (CHINA)

序

改革开放以来，中国经历了快速的城市化，以及农村劳动力向城市的大规模流动和转移，这一现象引发了社会的广泛关注。而进入 21 世纪以后，伴随改革开放出生、成长起来的农村新生代青年逐渐成为城市化的主力军，这使得城乡结构与社会变迁出现了新的局面和新的挑战，也为我们认识社会变迁与青年发展提供了新的契机。

作为一名长期关注青年问题的研究者，我在 2006 年的一篇论文中曾指出，相较于宏观层面的流动成因、求职就业、城市适应及社会保障等问题而言，农村外出务工青年的婚姻与家庭是一个被忽略却值得重视的研究领域。令人欣慰的是，最近十几年来，许多研究者开始关注到这一领域，也积累了不少成果，这本书便是其中之一。该书不仅相对全面、客观、系统地对这一领域进行了探讨，同时也对青年社会研究者应该如何"做"一项具体的研究提供了有益的启示，最突出地体现在以下几个方面。

第一，选择好的研究问题，是做好一项具体的社会研究的逻辑起点。如何提出一个有价值、有新意、可行且合适的研究问题，既取决于研究者是否具备专业的理论知识和研究方法，也取决于其是否具有丰富的社会生活经验，以及将这两者关联起来的洞察力和想象力。该书的作者王小璐是我指导的硕士及博士，接受过社会研究的系统训练，也具有独立主持大型课题的经验。更为重要的是，她一直从事青年社会学、农村社会学等领域的教学和研究，并在工作中有长期近距离观察农村青年的经历。可以说，农村新生代青年婚恋问题的提出，是作者作为社会研究者对社会问题的学术自觉，也是其前期积累后的水到渠成。

该书的研究问题聚焦于城市化进程中农村新生代青年婚恋的现状、特征和趋势，不仅具有理论探讨的价值，更具有重要的现实意义。一方面，关注农村新生代青年的婚恋，实质上是将研究重新聚焦于农村青年所具有的社会属性上。与城市青年一样，农村青年也面临着青年期最重要的两项社会化任务：一是寻找自己赖以谋生的职业，二是建立起自己的家庭。"成家"和"立业"于他们而言，都是关乎生存与发展的重要问题。甚至在一定意义上，成家的重要性更为突出和深远。因为外出务工，农村青年在很大程度上已经脱离了原生家庭的束缚，成为在社会中漂浮的单个分子，只有结婚才能使其逐步稳定下来，重新凝聚成社会的新的细胞，并将双方的原生家庭及更广泛的亲属关系网络关联起来。

另一方面，城市化进程对农村青年的生命历程产生了重大影响，改变了他们的生活道路和人生轨迹，更是对其婚恋行为及观念产生了剧烈的冲击和影响，引发了许多新的现象和问题，亟待分析与解决。尤其是对于20世纪80年代以后出生的农村新生代青年而言，他们是伴随快速城市化浪潮成长起来的一代，童年期父母的外出务工及自身的成长经历，都会影响他们的恋爱观、择偶观、婚姻观、家庭观，以及婚恋的行为、过程和结果。而观念的转变，也会反过来影响他们的家庭筹划、职业选择及城乡归属等，进而影响到社会的劳动力市场、城乡统筹发展及相关的制度安排和调整等。

因此，"何以安家"问题的提出，不仅是想要寻求农村新生代青年如何从成家、持家再到安家的答案，也是厘清"以人为核心的新型城镇化"的关键，更是对青年群体拥有幸福家庭、美好生活愿景的希冀与路径的探索。

第二，在问题提出之后，选择怎样的分析框架来推进研究？《何以安家：城市化进程中农村新生代青年的婚恋》（简称《何以安家》）在传统的社会规范及成本效用等理论之外，提出还应将生命历程理论作为主要的分析视角，并将农村新生代青年的婚恋置于"向成年过渡"的综合框架下加以考察。这是对青年婚恋家庭领域理论与研究如何结合所做的有益尝试。

"向成年过渡"原本是20世纪60年代西方社会学者所提出的青年研究的新议题，关注青少年完成学业、找到工作、结婚生子等重要生活事件并最终达致成年的过程。2000年前后，发展心理学家阿奈特提出的"成年初显期"概念，更进一步揭示了"向成年过渡"是探究社会急剧变迁中青年发展的有效路径，能将以往相对独立、相对分散的青年教育机会问题、青年就业问题、青年流动问题、青年婚姻家庭问题、青年生育问题等，与青年对自身社会责任、权利与义务的认知，以及与青年关于成年的自我意识的发展结合起来研究。

具体就农村新生代青年婚恋的研究而言，其涵盖的内容庞杂，如何为读者全面、系统且生动地"讲故事"不是一件简单的事。该书最终在"向成年过渡"的框架中，选择了线、面和点结合的讲述方式。一是厘清农村新生代青年向成年过渡的脉络主线，二是按照"成家""持家""安家"三个范畴对其婚恋现状、特征及趋势展开了详尽细致的分析，三是对公众所关注的一些热点问题进行了回答。作者通过线—面—点的交织，既保证了"讲故事"的严密逻辑，向读者展示了农村新生代青年婚恋的纵向发展过程，也呈现了横向的群体特征、趋势及差异，而有关社会热点的讨论更增添了"讲故事"的灵动性。

第三，社会研究中研究者还常面临不同研究方式和方法的选择问题。对此，我曾经给出过选择的标准或规则——问题决定路径。无论是定性研究方式，还是定量研究方式，或是两者结合的方式，选择的标准都只有一个，就是回答研究问题的合适性，即应该选择和采用最为合适的研究方式来达到研究的目标和最好的研究效果。该书较好地采用了以定量研究方法为主、以定性研究方法为辅的方式来回答不同性质的问题，拓展了研究的视野，丰富了研究的内容。

该书最主要的研究问题，涉及当前农村新生代青年婚恋（包括择偶方式、择偶条件、性价值观、婚姻家庭观念、家庭压力、家庭分工、夫妻权利、婚姻稳定性等）的特征、结构、分布及差异即"是什么"，以及婚恋模式、婚姻稳定性等的形成机制即"为什么"。为了回答这两类问题，作者采用了与之相匹配的社会调查这一定量研究的方式来进行资料的收集和分析。

在调查研究具体的实施过程中，困难之一是如何抽样。农村新生代青年总体规模大却无明确的抽样框，因此如何对其进行科学抽样，一直都是困扰研究者的难题。该书的抽样方式突破了以往"流出地抽样""工作单位抽样""街头拦截""大学生春节返乡走访"等方式的局限，样本质量的评估结果也表明此次抽取的样本具有较高的质量和代表性。这对后续开展类似的流动人口抽样调查具有启发和借鉴意义。

与此同时，该书还采用定性研究的路径，通过个案访谈和焦点小组的方式，回答了农村新生代青年婚恋的过程、逻辑及具体策略是"如何"形成、呈现及变化的问题。作者力图还原复杂社会情境中个体的婚恋体验，并尝试理解与解读农村新生代青年婚恋中特定行为、现象之间的关联及变化过程。

总之，该书在定量研究所得出的整体的、概化的、确切的结论基础上，辅以定性研究，拓展了微观的、个体的、变化的观察视野。两者所得结论相互印证、相互补充，使研究兼具了较好的信度和效度。

第四，研究不易，因此我们往往会期望一项好的社会科学研究不仅能基于社会事实对研究问题做出回答，还能从中发现一些有意义的结论，激发读者就研究内容、研究视角、研究方法等展开更为广泛的思考与讨论。欣慰的是，该书作者通过在全国多地进行的大规模问卷调查和深入细致的田野研究，收集了丰富的一手资料，几易其稿最终成文，为后续更为深入的研究提供了较好的参照。其研究结论具有以下几点重要的启发意义。

其一，该书指出农村新生代青年的婚恋是他们在城市化进程中个人发展所经历的冲突、融合与重构的实践，这是在"向成年过渡"框架下对急剧变迁社会中青年成年过程及现象的具体考察结果。相较于以往对"成年初显期"概念、内涵、范式等理论层面的探讨，农村新生代青年婚恋的研究更具体生动地为我们揭示了宏观的社会结构因素与微观的青年个体成年过程及其结果之间的内在逻辑。从作者梳理的生命历程时间数轴来看，农村新生代青年的婚恋不是一个时间点上的即时事件，而是持续数年甚至十几年的一个过程。其间，他们体验到工作与家庭之间的相互关联、相互牵制，也经历了城市现代生活与乡村传统观念、自主意识萌发与代际规范制约的强烈冲突与碰撞，最终在压力、情感与责任的共同作用下，逐渐使生活趋于相对稳定状态，并明确了个体未来的发展路径。

其二，该书全面厘清了农村新生代青年婚恋模式的特点，充分展现了青年群体在发展过程中所具有的同质性与异质性。以往的青年研究通常将青年作为一个整体加以考察，或者较多考虑的是城市青年、大学生群体等，相对忽略了对农村青年的关注，尤其是中国社会的城乡二元结构、城市化发展、社会流动因素对其可能的影响。作者通过实际的调查结果发现，如果以成家立业作为成年身份达致的标志，那么农村新生代青年的这一进程相较于城市青年而言，总体呈现加速的"双线程"特征。但即便如此，作者还是提醒我们要注意在农村新生代青年婚恋中所凸显的变化趋势及异质性特征。

其三，该书透过"司空见惯"的平常生活，揭示了农村新生代青年婚恋中可能存在的危机，并予以了现实层面的回应。尽管社会转型使得私人生活的正当性得以凸显，并逐渐被公众、研究者及社会管理者所关注，但婚姻家庭领域的研究一直以来仍处于边缘化的位置。除了这一领域的研究范式面临的本土化的质疑和挑战，还有一个很重要的原因就是我们作为"过来人"对婚恋的现象及问题"不以为意"，认为其是"不言自明"或"众所周知"的常识。

总而言之，《何以安家》这本书是一位青年研究者对同为青年的农村新生代群体的温情关切及与之进行的理性对话。基于富有洞见的理论框架和系统科学的研究方法，作者很好地回答了城市化进程中农村新生代青年婚恋的现状、特征、趋势及可能的危机"是什么""怎么样""为什么"及"如何"等问题。当然，该书也存在一些未尽完善之处，比如那些陷于婚恋困境中的个体如何调适，那些最终选择返回县域或乡村的农村新生代青年的安家之旅又会面临怎样的困境和挑战，有待持续的观察。期望作者和更多的学术研究者以及实际工作者一起继续努力，做进一步的探讨和拓展，毕竟"家"永远是我们心灵栖息和情感归属的所在。

南京大学社会学院教授

2023 年 10 月 1 日

导　言

一　问题的缘起：城市化浪潮下的农村新生代

改革开放 40 余年来，中国社会经历了史无前例的社会转型，其中就包括大量农业人口向非农产业转移、农村人口向城镇转移的城市化浪潮。随着时间的推移及社会进程的发展，城市化主体已逐渐完成代际的更迭，20 世纪 80 年代及以后出生的农村新生代青年成为其中的主力军。与直接脱胎于农业生产和生活的老一代不同的是，城市化进程中农村新生代青年流动的动机、轨迹及结果都发生了显著的变化，毫无疑问其中也包括他们的婚恋及家庭生活。遗憾的是，时代洪流巨变下农村新生代青年的就业状况、社会认同及社会保障等受到了广泛关注，但其婚恋及家庭生活却未得到足够的重视，或者只是被置于单一的现代化、结构主义理论视域下加以考察，城市化进程中社会—个体的互动及婚恋的非线性、多样化及不确定性一直被忽视。

实际上，婚恋过渡是否平稳及家庭生活是否和谐，不仅关系到农村新生代青年能否安居乐业，也关系到社会能否稳定发展。尤其是在当前城乡一体化发展的背景下，厘清农村新生代青年如何择偶，持有怎样的性价值观、婚恋观、家庭观，如何安排婚后的家庭生活，以及他们承受着怎样的家庭压力、婚姻是否稳定等议题，既有助于在理论上整合流动人口迁移、青年发展及婚姻家庭研究的成果，也有助于为中国特色城市化路径的探索及乡村振兴战略的实施提供创新思路。

但为何有关农村新生代青年婚恋及家庭生活的研究发展滞后于其他领域呢？究其原因，可以从这一群体的边缘属性及家庭研究范式的悖论窥知一二。首先，"新生代"源于王春光（2001）等学者的提法，其初衷是与20世纪80年代之前的农村人口加以区分。其次，当前城市化进程中的农村青年多有城市生活或城乡之间流动的经历，缺乏务农经验且外出动机由经济型向经济生活并存型或生活型转换，是他们与以往农村代际群体之间最实质的差异。尤其是农村新生代青年对自我身份、职业及城乡认同的模糊化，容易导致他们既难以融入城市社会又难以回归农村社会，成为居无定所、业无久安、缺乏生存保障的边缘群体。基于上述认知，现有研究多从城乡社会结构变迁及社会制度建构层面探讨其流动和就业的路径、特征及问题。

此外，作为工业化、城市化等社会变迁的衍生物，有关农村新生代青年的研究自初始就被置于现代化理论的框架之下，但对现代性的强调无疑会在关注孕育出现代制度的公共领域的同时，轻视与之相对的婚姻家庭这一私人生活领域。而且，现代化理论对家庭变迁还持有线性观与趋同观，认为不同的社会以及不同社会中的家庭只是处于现代化整体发展道路的不同阶段而已（切尔，2005）。显而易见，这种以西方核心家庭模式为基准的理论范式，并不能充分揭示当前中国农村新生代青年的婚姻及家庭正在经历的变迁及其影响。

事实上，正如米尔斯所言，无论是个人生活还是社会历史，不同时了解这两者，就无法了解其中之一，社会流动与农村青年的婚恋、家庭生活之间的逻辑关联值得重视（风笑天，2006）。再者，中国的社会转型不同于西方社会的现代性预设，仅从家庭的形式和结构上去定义和考察家庭生活，会掩盖家庭功能和运行模式的变迁（阎云翔，2016）。基于对"自反性现代化"的理解，有研究者试图从个体化视角来解释社会转型中的个人境遇，认为婚恋与就业一样不应被视为个体生命历程中无足轻重的离散事件，而是更应该被视作由其自身的行为和结构化的机会、限制共同决定的人生轨迹。而且，以往那些既定的

"标准化人生"在当下有转变为非线性、可逆、充满风险的"多样化人生"的可能（Shanahan，2000）。

沿用现行统计惯例，本书将"农村新生代青年"界定为1980年1月1日及之后出生的具有城市生活经历（至少在调查所在城市从事非农就业6个月及以上）、具有大专及以下文化程度的非城镇户籍人口。如今他们中的不少人已经或正在经历恋爱、结婚、生育甚至是离婚，有必要对其婚恋及家庭生活的现状予以厘清，并与已有的相关研究展开对话，从而在理论与实证的观照下厘清社会变迁与个体发展之间的互动逻辑及现实问题的可能解决途径。因此，本书关注的议题是：城市化进程中，农村新生代青年对婚恋及家庭生活做出了怎样的选择和安排？社会流动给他们的婚恋带来了更多的机会还是更多的限制？是否呈现私人生活的多样性及家庭观念的转型？而这是否影响了他们的婚姻稳定性？我们又应该针对农村新生代青年的婚恋趋势及风险做出怎样的学术及政策上的回应？

二 历史的回顾：农村婚恋与家庭的变迁

在对农村新生代青年的婚恋实践展开深入的讨论之前，我们有必要对中国农村的婚恋及家庭生活进行历史脉络上的梳理，一方面在此基础上更能凸显农村新生代青年私人生活变迁的特征与趋势，另一方面只有厘清了农村婚恋的社会文化及历史背景才能更好地理解当今变迁的成因与机制。

（一）传统社会中农村青年的婚恋及家庭生活

中国传统婚姻普遍奉行"父母之命，媒妁之言"，父母对子女的婚姻具有很大决定权。媒人是双方家庭的"传话筒"，在婚姻缔结过程中扮演着重要角色。这种婚姻模式下，有时父母会在子女年幼甚至还在腹中时就为其定下娃娃亲。在父权制根深蒂固的封建社会，子女的婚姻全凭父母做主，个人较少有选择配偶的自由和权利。父母在安排子女的婚姻大事时，主要看重对方家庭的社会地位和经济条件，很少会考虑男女双方的感情基础、婚姻幸福等问题。封建社会等级森严，阶层之间的流动性很小，农民往往在与自己阶层相同的人群中寻找合适的婚姻对象。因此，"门当户对"是传统农村社会缔结婚姻的重要判别依据。

此外，在这种婚姻模式下，两性之间的情感关系受到伦理的抑制，逾越礼法是不被道德认可和接纳的，自由恋爱更是为礼法所不容。男女双方主要的结交途径是媒人牵线搭桥。出于礼俗的规定，定亲的男女双方在婚前被严格禁止私下见面。一旦见面，女方会被视为婚前不贞，其声誉将严重受损。在严苛的伦理约束下，婚前性行为更是遭到严格禁绝，男女双方直至洞房花烛夜才得以见到对方真容。传统农村社会的择偶过程主要是由父母依据双方家庭的社会地位和经济条件进行考量的过程，作为婚姻主体的男女双方却被排除在外，他们的个人条件和感情基础也被忽视。因此，在很多时候，择偶或结婚绝不是两情相悦、互许终身的私事。

尽管结婚后的婚姻家庭生活围绕以"孝道"为核心的儒家文化来安排，据此累世同居、数代同堂是中国古代家庭结构的理想典范，但受制于生产力落后的小农经济，传统的农村家庭在精耕细作的农田经营下只能自给自足，缺乏维持大家庭的财富。与小农经济相适应，传统的农村家庭在经济和家庭内部结构上都趋向于分家。分家成为中国传统农村家庭内在的运作机制，这又反过来决定了传统农村无法形成规模庞大的联合家庭。另外，中国古代人均寿命短也是影响传统农村家庭结构的重要因素，大多数人无法活到世代同居的年龄，规模庞大的联合家庭在传统农村社会中并不多见。

在小农经济的生产方式下，分家成为传统农村家庭再生产的基本方式，也决定了中国传统农村家庭结构以主干家庭为主。传统的农村家庭并非按照婚姻单位来划分，而是按照家庭的"股"数来划分。

"股"代表着家庭内的不同支系，它是由各兄弟分别组成的家所构成的。分家就是按照"股"数，将原本的家庭分为经济上相对独立的几个团体。

因此，由父母子形成的家庭基本三角结构在各个子女长大成家后，会因分家的需要而不断瓦解。三角结构的破裂既是分家的结果，也是新的三角结构循环的开始。这种分家模式导致了家庭结构既无法趋向于核心，也无法扩大为联合。另外，在农村养儿防老的生育观念和从父居的家庭制度的影响下，父母往往选择同已成家的儿子居住在一起，主干家庭成为传统农村家庭结构的主体。而选择与已成家的儿子分开单过的父母，则会被认为"失了面子"，在传统的农村社会中需要承受巨大的舆论压力。所以，核心家庭在传统农村社会中并非主流的家庭结构，而是作为主干家庭的派生物而存在。

(二) 新中国成立后农村青年的婚恋及家庭生活

1950年《婚姻法》的颁布标志着我国以法律的形式废除了封建婚姻制度，娃娃亲、童养媳等封建陋俗在农村社会逐渐消减。《婚姻法》还同时赋予了青年男女自由结婚的权利，父母对婚姻的决定权被削弱。"父母之命，媒妁之言"不再成为青年男女婚姻缔结的必备条件。媒人作为封建社会买办婚姻的代理人受到批判，媒人的职业色彩被淡化。受制于男女双方交往途径的狭窄，介绍人开始取代媒人，成为未婚男女相互结识的中间人，但介绍人在男女双方婚姻缔结过程中的作用与媒人相比大大弱化。由于受到彼时社会主流文化的影响，家庭政治出身及个人阶级成分、政治面貌成为择偶过程中的重要参考指标。传统的"门当户对"的择偶观念演变成按背景匹配的择偶观念。家庭出身和成分不好的年轻人面临择偶困难，甚至可能会因找不到对象而成为光棍。

此外，城乡二元分割体制使得拥有城市户口的男性在择偶过程中受到农村女性的青睐。由于城乡户口在就业、福利待遇等方面的巨大差异，农村女青年把嫁给城里人视作实现阶层跃迁、改善自身处境的重要途径。这种由农村向城市的婚姻流动，一方面为农村未婚女性进入城市提供了机会，但另一方面则使农村男青年在择偶时处于不利地位，加剧了农村婚姻市场的失衡。同时，拥有较高职业声望的军人、工人等群体也成为择偶时被优先考虑的对象（李秉奎，2012）。

新中国成立后，受土地改革、农业合作化、人民公社等政策的影响，农村家庭结构发生了改变，且呈现出较为复杂的变化过程。在土地公有制度下不存在分田地的问题，父母不掌握生产资源，因此难以抑制已婚儿子的分家要求。同时，传统的大家庭模式被视为封建遗毒也受到抨击，家庭开始趋于私人化、小型化，核心家庭比例提升并逐渐取代主干家庭成为农村的主要家庭结构类型。

（三）改革开放后农村青年的婚恋及家庭生活

改革开放后，随着个人主体性的觉醒，自由恋爱在农村大量兴起。无论是传统社会还是新中国成立之初，自由恋爱都被视为有悖伦理且不受舆论的支持。但在改革开放后的农村，通过自由恋爱缔结婚姻的青年男女越来越多。城市化进程的推进为青年男女创造了进入城市务工的机会，也为他们相互认识创造了有利条件。青年男女在车间一起工作进而日久生情的案例在农村屡见不鲜，有些农村青年通过外出打工将人生大事也顺带解决了。城乡间的人口流动也拓宽了农村的通婚范围，农村青年的择偶对象不再局限于本村本镇。进城务工的机会提高了农村青年交际圈的异质性，使得他们有更多机会结识更多不同背景的异性，他们也因此在择偶过程中拥有了越来越多的自由。

随着时代的发展，农村青年的择偶受政治生活的影响大大降低，家庭出身不再成为青年男女择偶的重要衡量标准，取而代之的是外貌、身材、学历、经济等个人条件。曾经在很长一段时间里，对外貌、身材的看重会被视为重外表、轻内在的庸俗择偶观，对金钱、物质的追求则被视为资产阶级作风而受到批判。但在改革开放以后，年轻人的择偶观念发生了明显的转变，农村青年也不例外，他们越来越重视择偶对象的自身条件。其中，也包括对个人能力的看重。因为与计划经济时代由集体统一分配方式不同，改革开放为农村青年创造了多种致富途径，个人能力越来越成为决定人们社会经济地位的重要因素（徐安琪，2000）。

与此同时，农村家庭结构也在发生改变。家庭联产承包责任制的实行，让农村家庭重新回归生产功能。由于多数农村人均耕地有限，加上农机作业程度提高，核心家庭成员可独立从事农业生产，且更具优势。因此，农村生产组织形式的变革从总体上维持了家庭结构核心化水平。而且，年青一代出于对家庭经济控制和对家庭财产重新分配的考虑，提前分家成为越来越普遍的趋势。阎云翔（2017）通过对下岬村的实地考察发现，分家的时间自20世纪80年代初期便不断提前，很多夫妻在结婚后不久就主动提出分家，并由此涌现出相当数量的核心家庭。刚结婚的年青一代只带走属于个人的小宗财产，留下主要家产给父母及还未完婚的兄弟。这种分家但不分财产的"系列分家"模式使分家不仅变得十分容易，且时间大为缩短。计划生育政策的实施及农村剩余劳动力的转移，使农村家庭规模进一步缩小。国家卫生计生委发布的《中国家庭发展报告》显示，20世纪50年代以前我国家庭户平均人数基本保持在5.3人的水平上，80年代以来家庭户平均规模缩小趋势更加显著；2015年中国家庭平均规模为3.35人，其中农村家庭平均规模为3.56人。而城市化进程的加速及变动的代际依赖，会使未来的农村家庭结构在较高核心化水平上呈现出弹性的变化趋势（王跃生，2006）。

三 个体的崛起：农村新生代青年的婚恋趋势

进入21世纪以来，农村劳动力向城市的流动加速且呈现不同于以往的迁移模式。2010年一项对中国城乡家庭结构的调查显示，30%以上的农村家庭有成员外出，并由此导致农村出现夫妻缺失的隔代家庭、残缺家庭等（王跃生，2013）。同时，随着家庭养老功能的弱化，农村老年人在主干家庭中生活的比例减少，独居现象增多。农村老人从原来的家庭结构中"溢出"进入单人家庭，使得单人家庭的比例有所增加。而在农村，多数初婚者在分家前会选择与父母共爨一段时间，与父母同住的习俗得以保留。因此，主干家庭依然是农村社会家庭结构的主要类型，但受到分家的影响，农村家庭结构核心化的趋势无法逆转（王跃生，2013）。农村人口结构的变迁是农村新生代青年婚恋模式发生变化的结构性条件，同时也进一步塑造了其婚恋及家庭生活的后续发展趋势。

（一）婚恋模式的变迁

置身于城市化的经历加剧了个体化的转型，农村新生代青年也正是在个体化的洗礼中，体验了向成年过渡成长路径中的流动、选择和自由，这一变迁也显著地体现为其通婚圈和择偶方式的变化。

首先，农村新生代青年的通婚圈较之以前更为开放，择偶的方式也呈现多元化与传统型并存的特征（吴新慧，2011；许传新，2006）。传统的乡村社会通婚圈是非常有限的，往往通过媒人在邻里或亲朋之间寻找适龄的青年并安排他们见面，其不仅局限在乡村，还通常局限于一定的区域内。农村的父母一般不乐意子女与外地人结亲，只有当地十分贫困或者名声不好的人家才会去"骗"一个外地的姑娘当媳妇，这种观念受到乡村社会熟人关系的影响，认为当地的人可以知根知底，更能保证婚姻的稳定，亲戚之间也能相互帮扶（满永，2005）。不同于已婚后再进入城市的第一代农民工，农村新生代青年正值婚恋年龄，受城市文化影响更为深刻，甚至有些人是跟随父母在城市中长大的。他们渐渐意识到传统乡村的婚配和择偶方式不能满足自己对生活幸福和情感满足的向往，城市同龄人对浪漫、爱情和幸福的追求促使一些农村新生代青年也萌生了新的婚恋观念，但仍在一定程度上受传统文化和经济条件的影响。

其次，农村新生代青年的婚恋模式更进一步从"父母之命"向自主灵活的安排过渡，有接受父母的安排回乡相亲并利用假期结婚的传统婚恋模式，也有在城市打工时自由恋爱的异地婚恋模式等（陈雯，2018）。这些婚恋经历使得农村新生代青年在获得一定情感与生理满足的同时，也增加了他们在城市中生活的风险，如缺乏健康保护意识的性行为等（宋月萍、李龙，2015）。尽管农村新生代青年在婚恋中拥有更多的自由，但从总体上看他们的初婚年龄较第一代农村外出务工者有所延迟，这一代际差异折射出了社会转型对婚恋的部分影响（王超恩，2013）。

有研究者把能够左右农村新生代青年通婚圈选择的力量描述为"推力"和"拉力"。他们认为，所谓"推力"包括城市婚姻对经济能力的高要求、城市青年社会资源的相对优势和高额的婚姻支付成本，以及较高的离婚风险等，这些都是将经济地位和社会地位较低的农村青年"推出"城市婚姻市场的力量；而所谓"拉力"包括传统乡村的熟人社会和父权制中父母的高权威、村规民约等舆论监督所引致的乡村社会婚姻的高稳定性和低风险，这些都是将农村新生代青年"拉回"乡村婚姻市场的力量（许放明、宁晶，2015）。

目前的研究大多认为城市婚姻市场对农村新生代青年具有较强的排斥力，使得他们的婚恋取向出现进退两难的局面。一方面，他们在城市文化的熏陶下，渴望融入城市生活。另一方面，城市并没有给予他们足够的经济能力和社会资源去经营一段浪漫的恋爱或婚姻。而且，农村新生代青年中的大多数人工作繁重，工作环境封闭，从事的工作具有临时性和较强的流动性，使得其难以在城市自由恋爱，很多时候只能被迫回乡接受相亲，等结婚后他们又会再次进入城市务工。这不仅导致了"两栖婚恋模式"的出现，还使得婚姻可能面临潜在的风险。

(二) 婚恋观的变迁

农村新生代青年的恋爱已经从传统的"父母之命"向自由恋爱转变，他们中的很多人受到城市文化的影响，在婚恋主体权上有了进一步的自我意识，但这并非代表他们拥有了跟城市青年同样的恋爱观。有研究认为，农村新生代青年的早期社会化受到传统乡土文化、城市打工经历和作为留守儿童独立成长等特殊经历的共同影响，从而形成了深受结构桎梏和体制壁垒双重约束的婚恋观，所以其婚恋模式是复杂多元的，并且具有传统与现代交织、开放与保守并存的特征。

即便在恋爱观念上农村新生代青年与城市青年还有很大的不同，但他们的恋爱模式却已经具有了相当浓厚的城市文化色彩，包括越来越舍得在恋爱中花钱，注重对象的相貌气质，生育意愿下降等（胡珍、程静，2008）。宋丽娜（2019）指出，农村新生代青年的恋爱是一种"流水线上的爱情快餐"，具有短期化、物质化、套路化、祛魅化四个特征，并揭露了在后自由恋爱时代金钱与情感的博弈、娱乐性与确定性的矛盾。既希望体验恋爱的娱乐性，又要在权衡利弊中追求稳定的婚姻，成了农村新生代青年最大的婚恋困境。袁霁虹（2016）认为，影响农村新生代青年婚恋观的主要因素是城市媒体。由于受教育程度有限，部分农村新生代青年对信息的接受度较强，但分析信息深层含义的能力较弱，容易受到大众媒体有关恐婚等悲观报道及情绪的影响（刘世定、邱泽奇，2004）。

从初婚年龄来看，农村新生代青年虽然存在结婚之前有事实婚姻的现象，但总体而言，其初婚年龄较其父辈有所上升，这种代际差异表明了社会转型对农村新生代群体的重大影响（王超恩，2013）。从以上分析不难看出，农村新生代青年面临着比他们的父辈面对着更严峻的婚恋困境——不断上升的城市生活成本和日益增加的婚姻支付成本，以及多元的恋爱观，导致他们不能很好地融入城市，又无法重回乡村生活。在城市与乡村之间游离是造成农村新生代青年初婚年龄上升的重要原因。与此同时,农村新生代青年的父辈对他们的婚恋催化作用也不可忽视,许多忽视子女教育和陪伴的父辈却非常执着于尽早地帮助孩子成家立业,倾尽积蓄购买房产。幼时家庭功能的弱化导致农村新生代青年面对父母强迫性的婚恋安排可能会采取逃避和沉默的态度,这种功利化的、忽视婚姻感情与质量的婚恋催化也可能给农村新生代青年的婚姻家庭带来消极影响(陈雯,2019)。

(三)家庭生活安排的变迁

一般而言,农村流动人口婚后居住方式大致分为两种。一种是传统从夫居,大多数情况是女性跟随男性回老家并留在农村抚育孩子,男性则会再次进入城市打工以满足家庭的经济需要;另一种是某些经济条件相对较好的农村流动人口会选择在城市安家。农村新生代青年与之前的流动人口相比,对两地分居的忍受力明显下降,他们更加倾向于与妻子(丈夫)、子女生活在一起(清华大学社会学系课题组,2013)。迫于经济上的压力,农村新生代青年婚后两地分居的现象依然非常普遍。但随着女性越来越多地参与劳动市场,许多夫妻倾向于选择一同外出打工,把孩子交给老人或亲戚抚养。两地分居可能引起的婚外恋或离婚风险,以及留守儿童问题所隐含的教育问题等都是农村新生代青年面临的困境。农村新生代青年在幼时所经历的家庭功能的弱化,使他们的生命质量受损,而现在经历两地分居的家庭也正把这种低质量的代际关系传递给下一代(陈雯,2019)。

农村新生代青年家庭的劳动分工具有新旧观念交织的特点。在长期的流动就业过程中,农村新生代青年的家庭分工已经不同于传统农村的父权制家庭,由于女性的收入不断提高,那些鼓励女性打工的男性会让渡一部分家庭经济权利,但很少有人会在从夫居和父系这两方面妥协(蔡玉萍、彭铟旎,2019)。如果女性受过义务教育并有足够的经济地位,她在对子女的教育方面往往更具有权威,且会认为只有让孩子受到良好的教育、在城市里找到一份体面的工作，才能彻底改变家族的命运，因此家庭生活安排中会优先考虑子女教育。

大多数女性在家庭中的角色是充满矛盾的，既要承担赚钱养家的责任，又不得不顺从传统父辈的权威。新旧观念的矛盾、工作与家庭的对立、代际关系冲突成为农村新生代青年中的女性所面临的主要家庭矛盾（郭戈，2016）。男性虽然会有适当的"男性气质妥协"，但其是一种实用主义的产物，并不代表农村新生代青年的文化价值观发生彻底的转型。农村新生代青年这种介于传统与现代之间的家庭分工现状，在两性关系、子女抚育、代际冲突方面隐含的诸多问题和矛盾亟待研究和解决。

（四）家庭关系的变迁

与传统农村家庭关系相比，农村新生代青年的家庭关系也发生了显著变化。阎云翔（2017）对其进行了总结，认为变化主要体现在家庭内部的权利关系、个人与家庭的关系以及代际关系三个方面。

第一，家庭内部权利关系的转变。中国传统的农村家庭是典型的父权家庭，父亲作为家长在家庭中拥有绝对权威，是家庭的实际掌管者。随着社会的变迁，原本承担着重要生产功能的家庭不再发挥作用，传统的父权家庭不断受到冲击和挑战，家长也不再具有传统的权威。城市化进程中外出务工者的新老代际交替，使得青壮年逐渐成为家庭经济的主要贡献者，而其父辈作为家长的权威也进一步式微。与之相对应的是，家庭内年青一代的权威得以增强，他们在生活方式的选择上拥有了更多的自由。而在家庭的财产管理、家庭内部关系处理、赡养老人等方面，年青一代也表现出较父辈更强的掌控力，家庭内的权利重心逐渐向他们转移。

第二，个人主体意识的增强。在长幼有序的中国传统农村家庭生活中，受"君君臣臣父父子子"的道德框架的强烈约束，家成为个人身份外在化的符号。在以传宗接代为核心目的的传统家庭内，个人被视为家族血缘的延续，虽受祖荫庇佑，但又被家庭束缚欲望和情感。如今，随着家庭各项功能的弱化与改变，原有的用以维系传统家庭的道德观念开始失效与瓦解，个人试图从传统农村家庭的道德框架中挣脱出来，其独立自主性日益增强，权利意识亦开始觉醒。在分家、财产、恋爱及养老等家庭事务上，年青一代表现出强烈的权利诉求，不再唯父母的意志是从，对权利和义务进行了新的界定。他们开始形成独立的判断并在家庭内发表自己的意见，其个人话语在家庭生活中起着日益重要的作用。

第三，夫妻关系取代父子关系成为家庭关系的主轴。传统农村家庭作为父系血缘的延续，形成了以父子为主轴的家庭关系。在"男主外、女主内"的性别隔阂下，传统农村家庭中的夫妻关系被以父子为主轴的家庭结构所抑制，并被以生育为目的的家庭制度所掩盖。而随着个人主体性的增强，觉醒的年青一代开始追求恋爱自由与婚姻自由，把夫妻关系视为家庭关系的重要组成部分加以经营。在家庭这个私领域内，夫妻关系的变化同时意味着在家庭这个组织内两性开始趋于平等。原本作为家务劳动和生育职能承担者的女性，不再满足于传统的婚姻，而是开始追求富有感情、平等的婚姻生活。由自由恋爱、彼此相爱、关系亲密而形成的夫妻关系在农村大量涌现，家庭日益成为私人化场所。同时，家庭内的个人也更加重视与家庭成员之间的情感联系，夫妻关系日益成为家庭关系的主轴。

（五）家庭功能的变迁

家庭的功能是指家庭所具有的满足人类和社会的功用和效能。中国传统的农村家庭具有广泛的功能，其中最为主要的是生产功能、生育功能和赡养功能。对于当前的农村家庭而言，由于社会制度、生产方式及家庭结构的变迁，其功能无疑也发生了急剧的变化。

首先，农村家庭的生产功能及生育功能被弱化。在男耕女织、自给自足的小农经济生产模式下，中国传统的农村家庭被视为一种经济合作组织，承担着重要的生产功能。在该组织内，家庭成员有共同的收支计划、共同的财产及共同的家庭经济。但随着城市化进程的加速，留在农村从事农业生产的年轻人越来越少，农村家庭从生产单位逐渐朝生活单位的方向偏移。与此同时，以往生育功能是家庭的核心功能，不仅受"上以事宗庙，下以继后世"等宗族观念的影响，也是顺应小农经营的生产方式对劳动力的需求。如今，养育孩子的成本日益提高，从孩子出生、入学到工作、结婚、成家，每一阶段都要耗费父母无数的心血和财力，在客观经济条件的限制下，农村新生代青年开始转变生育观念，倾向于少生。

其次，农村代际社会支持出现了一定程度的失衡，使得家庭赡养功能受限。在农村社会，父母为子代操持家务、建房娶妻，帮助他们完成人生任务；而等到子代成家立业、父母年迈体衰后，子代需向父母尽孝，父母则依赖子代的赡养和侍奉。如今，农村地区出现了"恩往下流"的情况，也就是说父母对子女有无限的责任，而子女对父母尽有限的义务（贺雪峰，2009）。与此同时，农村的传统伦理和道德在此方面的约束力也被削弱（张建雷、曹锦清，2016），家庭的赡养功能受到了削弱。又因为农村的社会养老服务等还不够完善，失去代际支持的农村老人只能趁自己丧失劳动能力之前积攒钱财，以备将来养老之需。

四　流动的失衡：农村新生代青年的家庭风险

回顾了农村婚恋及家庭生活的变迁、农村新生代青年的婚恋实践，可知当前农村新生代青年的婚恋及家庭生活凸显了从"家本位"向"个体化"转变的趋势，传统农村社会结构性的松绑与新的社会机制的短暂性缺席，有可能会使他们面临婚恋及家庭生活的风险。

费孝通（1998）曾用"差序格局"来解释中国的自我主义与西方

的个人主义之间的不同。在西方，个人是相对于团体而言的，团体内的每个人都是平等的，个人之间权责的界限是分明的。而在中国，个人是被由生育和婚姻联结起来的社会关系网络包围的，每个人都依据这张网络往外推，每个人都是其社会影响所推出去的圈子的中心。因此，虽然在中国伦理道德观当中也有自我的存在，但这个自我与西方伦理所强调的个体是不同的，前者被亲属关系网络包围，是生活在祖荫下的个人而不是独立自主的个体（阎云翔，2017）。改革开放后，受市场经济的影响，个人的身份不再与集体绑定在一起，个体也逐渐经历了从家族中"脱嵌"的过程，这可能会导致其在婚恋及家庭生活中面临风险。

（一）婚姻市场的性别结构失衡

农村女性的流出加剧了农村婚姻市场性别不均衡的程度，并造成农村买房、结婚等婚姻支付成本的高涨。改革开放以来，伴随打工潮的兴起，大量农村女性通过外出务工的方式外嫁到异地。与传统农村社会基于地缘、相对封闭的通婚方式相比，农村女性的跨地区婚姻模式在一定程度上打破了区域封闭性的婚姻圈。与农村女性逐渐流出农村相反，"从夫居"的传统婚姻模式要求农村男性只能留在本地完成婚姻，这导致农村男性流出的可能性较小，农村男青年的"娶媳妇难"问题显得更加严峻。传统农村婚姻市场上两性资源相对平衡的局面被打破，农村婚姻市场开始出现结构性失衡的问题（桂华、余练，2010）。

与农村婚姻市场的失衡问题相伴的是，农村女性在婚姻市场上的议价能力逐步提高，而男性在婚姻谈判问题上处于被动的局面。所谓"物以稀为贵"，男多女少的局面形成了一套有利于女方的议价体系，女方不愁嫁不出去，因此女方在进行婚姻谈判时可向男方家庭索要较高额的彩礼。由于示范效应与攀比效应，近年来农村家庭尤其是男方家庭的婚姻支付成本水涨船高（贺雪峰，2009）。结婚成家所需的费用，往往要倾尽一个农村家庭多年的积蓄，带来了严重的经济负担。在此情形下，婚姻的成本与负担被转嫁给了父母，进而还有可能造成代际关系的紧张与冲突。

（二）婚姻挤压下的择偶畸变

性别结构的失衡使农村男性面临严重的婚姻挤压，并导致其择偶策略的改变。自20世纪80年代以来，我国的出生性别比持续走高。婚姻市场上女性的缺失使农村男性面临婚姻挤压的困境，这就使得一些经济条件较差地区的农村男性不得不通过早婚抢占婚姻市场中的女性资源。

另外，严重的婚姻挤压使得越来越多的晚婚男性放弃在同龄群体中择偶，转而到较低年龄组寻找配偶，导致夫妻年龄差距的扩大。一些个人或家庭条件较差的农村男性在屡次择偶失败后，成为大龄未婚青年。他们为结束单身状态、进入婚姻关系，甚至有可能采取一些非主流的婚姻策略。但因为婚姻缔结缺乏感情基础，其在婚后有可能会遭遇家庭氛围不和谐、婚姻关系不稳定等困境。

（三）流动生活下的婚姻危机

有研究指出，城市化背景下农村青年"闪婚""闪离"现象增多。随着城市化进程的加速，越来越多的农村青年加入进城务工的大军当中。其中不少未婚男女青年在打工过程中互生爱慕、迅速结婚，却在结婚后才发现二人的诸多不合。但由于农村原子化的趋势不可避免以及传统农村的伦理道德和乡规民约的式微，农村男女青年在缺乏公共伦理的约束下，倾向于将婚姻视为两个个体之间的私事，对婚姻的缔结和解体不再采取老一辈慎重保守的态度。正因为婚前缺乏深入细致的了解，他们在婚后才发现彼此在生活习惯、价值观、感情关系上存在诸多矛盾和问题，持续的矛盾积累再加上如今离婚程序的简化，使得男女青年在遇到问题时有可能会直接通过离婚来解决。此外，女性通过外出务工获得的工作机会以及取得的收入并不亚于男性,经济收入的增加提升了女性的独立地位,预示着她们在婚姻关系中对男性的依附性降低,同时使得她们有了离婚的勇气和资本(王会、欧阳静,2012)。这意味着农村新生代青年的婚姻在稳定性与幸福感上均面临挑战和风险。

五 关于婚恋及家庭生活的考察框架

时至今日,城市化进程中的农村新生代青年规模庞大,已占据我国流动人口的半数,是社会发展中重要的内生力量之一,而他们的婚恋模式与婚姻稳定性也发生了相应的变化。基于"成家立业"在个体社会化进程中的重要性,对农村新生代青年的婚恋与家庭生活的考察,无疑为探讨社会变迁与农村青年发展之间的互动逻辑及张力提供了实证研究的切入点及有效途径。

(一) 本书的理论视角

本书中的农村新生代青年是在城市化浪潮下成长起来的一代,关于他们婚恋及家庭的研究可借鉴流动人口的相关成果。国外学者关于流动人口婚恋问题的研究多见于对国际移民的分析,其中具有代表性的理论观点有人口结构理论、交换理论、社会地位分析、亚文化假说等。研究关注的焦点多是人口迁移与婚恋的关系,较少对不同婚恋模式下的婚姻稳定性展开探讨。尽管如此,对流动人口婚姻稳定性的研究仍可借鉴更为广泛意义上的相关研究成果,如文化规范论(Heaton and Albrecht,1991)、替代选择论(Udry,1981)、家庭压力论(Kwon et al.,2003)、配偶异质论(Tzeng,1992)等。国内关于流动人口的婚恋及家庭研究也多从这些理论视角展开,由于各理论解释的视角与侧重点不尽相同,所以如果从单一理论视角去探讨,那么农村新生代青年婚恋及家庭生活的全貌可能难以被厘清。

尽管已有相关研究成果对农村新生代青年婚恋模式的研究极具启示意义，但在研究的思路、内容和方法等方面还亟待深化。首先，研究的理论过于零散，需要加以整合，且需要关注社会变迁与农村新生代青年发展互构的事实。其次，现有研究缺乏对婚恋模式类型的梳理及对婚恋过程、后果的考察，研究者对农村新生代青年的婚恋模式缺乏系统的思考，所持有的整体性发展观的预设也忽视了不同婚恋类型的个体在婚姻稳定性上可能存在的分化与差异。另外，有关婚恋模式对婚姻稳定性的影响及其机制的实证研究有待补充和完善，抽样及分析的方法也需更为系统和规范。因此，本书期待将农村新生代青年的婚恋纳入城市化进程中，并在向成年过渡的框架下加以系统的解释和探讨。

　　本书对现有研究理论进行了梳理与综合。首先，社会规范的理论范式强调在婚恋、家庭生活中，规范和秩序的重要性以及相关价值观念的传递与规训。如果从结构功能主义出发，婚姻和家庭也被视为社会必不可少的制度，它与其他的教育制度、经济制度一样，都是使社会维持良性功能运转的前提和基础（Becker，1981；诺克斯、沙赫特，2009）。与结构功能主义理论相反，冲突理论强调恋人、夫妻之间因不同的目标和价值观可能会在婚恋及家庭生活中做出不同的选择，因而有可能产生矛盾和冲突（Frisco and Williams，2003）。与此同时，父母与成年子女在后者的婚恋和家庭生活中也有可能存在控制与被控制的博弈（费孝通，1998）。女性主义理论作为一种与主流理论相抗争的理论，更多地聚焦于女性在婚恋、家庭生活中所遭遇到的不平等及其反抗（Lorber，1998）。　.

　　其次，成本效用理论范式也经常被用于对婚恋及家庭生活的考察，其在很大程度上源自社会交换理论。该理论预设婚恋中的个体均是"理性人"或其以"功利主义"作为选择和判断的基础，这一理论范式认为个体会在理性地权衡利弊后于婚恋及家庭生活中做出选择，包括交换各种资源、陪伴、性、金钱、家务等，以期保障其利益最大化和成本最小化（Browning et al.，2014）。在此基础上，社会交换理论衍生的公平理论认为，婚姻关系中的资源、权利与依赖性成反比。而婚姻经济学认为，婚姻的收益越大，家庭内的专业化程度就越高，极端的例子是婚姻中的一方应该专门从事市场生产，而另一方则专门负责家庭生产，离婚亦是如此，其应取决于对成本和收益的权衡（Belkin，2003；Wallis，2004）。

另外，与社会规范及成本效用理论范式不同的是，在生命历程的理论范式下，相关理论更强调从历时性的角度考察早期的成长经历对后续婚恋及家庭生活的影响（Arnett，2000）。例如家庭生命历程理论，这一理论认为家庭的生命历程由不同的阶段构成，不同的阶段有各自不同的任务和预期，若某一阶段的发展任务没有完成，就会影响到下一阶段的运行，甚至有可能会造成婚姻的解体（Oppenheimer，1988）。又如符号互动理论、生态系统理论、家庭系统理论等，强调婚恋中的情境或者个体身处的外部环境对其婚恋选择的影响，这种影响有可能是直接的影响，例如周边人的婚恋出轨或离婚等，也有可能是间接的影响，例如儿时父母的互动模式及婚姻质量等（Ting and Chiu，2002；王小璐、蔡泳，2019）。

（二）本书的资料来源及章节安排

在上述综合理论框架下，本书完成了研究设计，并在国家社会科学基金项目"新生代农民工的婚恋模式与婚姻稳定性研究"的资助下，采用问卷调查为主、个案访谈及焦点小组为辅的方法完成了资料收集。考虑到我国地域辽阔，各地经济水平、产业分布、劳动力外出总量及流动模式的差异，调查选择在东部、中部和西部的三个农村新生代青年聚集的省会城市（南京、武汉和成都）进行。按照多阶段分层抽样的方法，本书发放问卷 1440 份，收回有效问卷 1337 份，有效回收率为 92.85%。与此同时，课题组还在珠三角、长三角及中西部地区完成了 6 场焦点小组的讨论，收集了 42 名典型农村新生代青年的婚恋经历口述史。本书主要探讨了农村新生代青年的婚恋模式、婚姻稳定性，以及婚恋危机形成的机制与防范措施。

按照农村新生代青年的生命历程，本书厘清了他们从择偶到恋爱再到结婚、生育等重大事件及家庭生活的安排，探讨了这一系列过程中影响其行为选择的因素，以及他们所面临的可能的机会与困境。

第一章对农村新生代青年的城市化轨迹及婚恋历程进行了概要性的介绍，这也为阅读和理解全书提供了背景信息。第二章对农村新生代青年的择偶方式、通婚圈、择偶条件及婚恋匹配模式进行了详细分析，揭示了他们择偶时所经历的浪漫与现实的碰撞。第三章考察了城市化进程中农村新生代青年的性价值观，分性别探讨了他们的性价值观的特征及形成机制。

第四章聚焦家庭角色和家庭分工，并对"干得好不如嫁得好""养儿防老"等社会广泛关注的观点进行了调查和分析。第五章对农村新生代青年在家庭生命周期初始阶段面临的家庭生活压力展开了探讨，包括压力的来源、压力的认知及他们所采取的应对方式。第六章着重考察已婚的农村新生代青年，探究他们如何对父母、子女以及农村的相关事务做出统筹和安排，可能会出现哪些家庭矛盾或冲突，在此过程中两性是怎样互动与沟通的。

第七章在厘清婚恋模式的基础上，调查了农村新生代青年的婚姻稳定性，并在其家庭生命历程中考察婚恋风险的出现是否存在特殊时点。第八章考察了农村新生代青年婚恋风险的形成机制，并提出了预警及防范的方向和策略。第九章则是呈现了四类典型的婚恋案例，有助于我们更好地洞察城市化进程中农村新生代青年的过去、现在与未来。终章部分对城市化进程中农村新生代青年的婚恋和家庭生活实践及问题进行了总结与反思，并展望了未来的研究方向。

总而言之，农村新生代青年的婚恋及家庭生活是一个极富挑战也极具张力的研究领域，需要采取更加积极、发展的立场在群体间及群体内展开系统的横截面的研究和历时性的研究，以期突破传统研究中行动—结构、普遍—特殊、传统—现代及连续—变化的二元对立，最终实现多元视域的交融，真正理解作为青年群体的一部分的农村新生代青年在"当下的"生活境遇，以及他们的过去与未来是如何交织在一起的，并对其发展予以观照，提供新的契点和路径。

目　　录

第一章

向成年的过渡：
城市化进程中的生命历程

一年未见
儿子还是我的儿子
媳妇还是我的媳妇
只有我
从爸爸变成了农民工
从农民工变成了那个人

—— 王计兵《那个人》

未来、现在及以往，生活是怎样编织的一张网？对于农村新生代青年而言，当下的婚恋及家庭生活是社会结构与个体行动互构的复杂产物，其不仅与他们过往的社会背景、成长经历相关联，还将影响他们后续的城乡流动路径及生活样态选择。本章将通过对实证资料的分析，厘清农村新生代青年的童年生活、工作经历及婚恋轨迹，以期在深入探究他们的婚恋及家庭生活问题之前，对其发展脉络建立总体性的认知。

一 农村新生代青年的童年掠影

童年是由社会所建构的，对于发展中国家而言亦是如此。工业化、现代化与城市化的进程，对孩子的成长发展产生了巨大影响。改革开放以来，尤其是 1984～1988 年，随着国务院及公安部相继出台《关于农民进入集镇落户问题的通知》《关于城镇暂住人口管理的暂行规定》等政策，实行了 30 年的限制城乡人口流动的就业管理制度开始松动，一个规模庞大的、身份介于农民与市民之间的农民工群体成为新的社会构成。这部分群体也正是本书所指的农村新生代青年的父母一代，他们的城乡流动、工作选择无疑塑造了其子女不同于以往的社会化环境。因此，下文将从家庭生活及学校教育获得两方面，厘清农村新生代青年的成长背景。[①]

（一）童年期的家庭生活

不同于城市青年童年有父母陪伴，在农村新生代青年童年期其父母多有外出务工的经历。此次调查数据显示，约 2/3 的农村新生代青年的父母在其 16 岁之前曾外出务工过。其中，父母双双外出务工的比例为 27.2%，仅父亲外出务工的比例为 32.5%，仅母亲外出务工的比

---

① 本书涉及的所有访谈者的姓名均为化名。

例为 3.5%。总的来看，父亲外出务工的比例较母亲要高，父母均外出务工的比例也较为可观。与此同时，数据还显示，48.9%的农村新生代青年报告在他们 16 岁之前，家里的经济状况一般；经济状况不太好的达到 30.1%，还有 6.3%的人表示经济状况很不好；仅有 2.7%和 12.1%的人表示家里经济很好和较好。那么，父母外出务工的不同形态是否与当时的家庭经济状况有关呢？表 1-1 对此进行了考察。

表 1-1　童年时期父母外出务工与家庭经济状况的比较 （n＝1337）

父母是否曾外出务工	家庭经济状况（%）				
	很好	较好	差不多	不太好	很不好
未曾外出务工	51.4	40.9	34.4	34.3	36.7
曾外出务工	48.6	59.1	65.6	65.7	63.3
	χ²＝13.712		df＝4		p＝0.008

注：n 表示样本数，全书同。

表 1-1 显示，农村新生代青年童年期父母外出务工与其当时的家庭经济状况紧密相关，经济状况越好的家庭，父母外出务工的比例也越低。如果父母外出务工，他们如何安排子女的生活呢？表 1-2 对童年期父母有过外出务工经历的农村新生代青年的生活安排进行了统计。

表 1-2　童年时期父母不同外出务工情形下子女的生活安排 （n＝795）

父母外出务工时子女的生活安排	父母的外出务工经历（%）		
	父母均外出	父亲外出	母亲外出
一直随父母外出	13.2	2.2	6.8
曾半年及以上随父母外出	6.6	5.7	11.4
留在家乡	74.4	81.9	72.7
其他安排	5.7	10.2	9.1
	χ²＝38.944　df＝6　p＝0.000		

如表1-2所示,父亲外出务工时选择将子女留在家乡生活的比例最高,超过了父母均外出务工或母亲单独外出务工情形下的比例,这表明母亲在外出务工时更有可能会兼顾孩子的照料。进一步地分析表明,这种安排与农村新生代青年的性别无关,而与他们是不是独生子女有关,独生子女更有可能随父母一起外出生活。

(二) 学校教育的获得及退出

在个体早期的成长过程中,除家庭生活以外,最重要的社会化内容就是接受正规的学校教育。调查数据显示,农村新生代青年的受教育水平明显高于其父母。在农村新生代青年的父亲中,36.5%的人仅具有小学及以下受教育程度,44.4%的人读完初中,19.0%的人完成了高中及以上程度的教育。而农村新生代青年母亲的受教育程度则更低,52.0%的人受教育程度停留在小学,37.0%的人完成了初中学业,11.0%的人有过高中及以上的受教育经历。

与父母相比,农村新生代青年的受教育程度明显得到提升,他们中未完成义务教育的人仅占3.7%,39.8%的人接受过高中或中职中专教育,甚至有19.1%的人接受过大专教育。那么,从农村新生代青年童年期原生家庭的社会化环境来看,哪些因素影响了他们的受教育程度呢? 表1-3对此展开了分析。

表1-3　原生家庭对农村新生代青年受教育程度的影响 (n=1337)

调查对象特征		农村新生代青年受教育程度(%)		χ^2 (p)
		初中及以下	初中以上	
性别	男性	39.6	60.4	2.134 (0.144)
	女性	43.7	56.3	
是不是独生子女	非独生子女	44.9	55.1	25.073 (0.000)
	独生子女	28.4	71.6	

调查对象特征		农村新生代青年受教育程度(%)		χ² (p)
		初中及以下	初中以上	
家庭经济状况	较差	45.5	54.5	6.160 (0.046)
	一般	39.7	60.3	
	较好	36.3	63.7	
父亲受教育程度	小学及以下	50.0	50.0	23.761 (0.000)
	初中及以上	36.2	63.8	
母亲受教育程度	小学及以下	48.1	51.9	23.168 (0.000)
	初中及以上	34.3	65.7	
父母是否均曾外出务工	否	43.0	57.0	6.440 (0.006)
	是	35.2	64.8	

根据表 1-3 可知，是不是独生子女、家庭经济状况、父母受教育程度及父母是否均曾外出务工会显著影响农村新生代青年的受教育程度，而性别则未具有明显的作用。具体而言，独生子女较非独生子女受教育程度更高，且家庭经济条件越好、父母受教育程度越高的农村新生代青年越有可能在初中毕业后继续接受教育。值得注意的是，父母均外出务工的这种家庭生活安排会对农村新生代青年的教育获得产生显著影响，很有可能是这一经历使得父母自身的视野更加开阔，同时在城市务工的辛苦也能使他们体验到教育的重要性，从而对子女的教育予以更多的期待和支持。

在考察受教育程度的基础上，我们还想了解农村新生代青年最后离开学校没有继续读书的原因是什么，图 1-1 展示了他们自己报告的主要原因和次要原因。

数据显示，在农村新生代青年所给出的没有继续读书的最主要原因里，家庭经济困难居第一位，有 25% 的人受限于此而未再继续深造。其次，学习状况也是影响他们做出此决策的重要原因，如学习成绩差、不喜欢读书等。另外，还有一些农村新生代青年想出去见见世

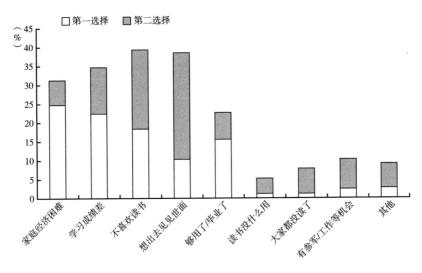

图 1-1　农村新生代青年没有继续读书的原因（$n=1337$）

面，认为读的书够用了。综合主要原因和次要原因来看，不喜欢读书、想出去见见世面是促进农村新生代青年迫切走出校园、进入社会最为普遍的原因。调查还显示，尽管大多数农村新生代青年表示对离开学校之后的生活有规划，但实际上只有 15.2％的人的规划是明晰确定的，56.3％的人并未完全想清楚，甚至还有 28.5％的人完全没有想过离开学校之后做什么。也就是说，对于绝大多数的农村新生代青年来说，他们结束学校教育的时候仍处于较为茫然的状态，持走一步看一步想法的人居多。

二　农村新生代青年的工作经历

农村新生代青年逐渐成为城市化浪潮的主力军，而流动性是其群体的重要特征。农村新生代青年的“流动”具有两层含义，首先是城乡之间或者不同城市之间的流动，属于地理空间上的人口流动；其次是职业的流动，属于结构层面的社会流动。以往，老一代农村外出务工者的工作稳定性处于较低的水平，他们频繁转换工作一方面是由不稳定的就业性质决定的（明娟，2016），另一方面是因为跳槽是其改善收入的重要方式（黄乾，2010）。如今，农村新生代青年在空间和职业上的流动是否表现出新的特征和趋势？本章按从学校步入社会后的时间线，对其初职、工作转换和现职的发展轨迹进行了梳理。

（一）初职的获得

在结束学校教育之后，一部分农村新生代青年即进入城市开始了他们的求职之路，其离校年龄和初职年龄曲线如图1－2所示。

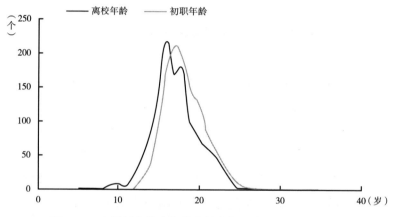

图 1－2 农村新生代青年的离校和初职的年龄 （n＝1337）

由图 1－2 可知，16～18 岁是农村新生代青年离校的高峰期，此时他们基本上处于初中到高中阶段。另外，农村新生代青年获得第一份工作的年龄大多在 16～20 岁，占到调查对象的 69％，也就是说他们中的大多数会在初中毕业后的 3 年内完成从学生到打工人的身份转换。

那么，具体到个体，农村新生代青年在结束学校教育之后多久会进入劳动力市场呢？结果显示，农村新生代青年离开学校的平均年龄为 17.3 岁，初职的平均年龄为 18.3 岁，配对样本 t 检验结果显示，初职年龄和离校年龄之间间隔 1.0 岁，因此可以认为农村新生代青年在离开学校后基本上会有 1 年的待业准备期。这一方面是因为农村新生代青年离开学校时年龄尚小，未成年的他们对自己想要做什么以及适合做什么并不具备明确的认知；另一方面是因为原生家庭对农村新生代青年的角色定位也不同以往，并不会急迫地期待他们赚钱养家。

农村新生代青年对自己的第一份工作会做出怎样的选择？本章对农村新生代青年的初职工作类型进行了调查。数据显示，选择进入工厂务工的农村新生代青年占比最高，达到 35.3%；其次是从事建筑/装修，占比为 16.5%，在住宿/餐饮行业就业的比例为 13.9%；其他的人则分布在批发/零售、美容美发、中介/销售、修理/裁缝、交通/物流、物业/家政、协警、医护/教育/文娱等行业，此外还有大约 2.3% 的散工及其他，务农的比例仅占 0.8%。

根据初职的行业分布来看，有超过一半的农村新生代青年从事工业或建筑业，有大约 1/3 的人从事第三产业，从事第一产业的比例不足 1%。农村新生代青年初职的行业分布，在很大程度上反映出其择业所存在的路径依赖。由于农村老一代外出务工者进入城市后，较多集中在第二产业和第三产业就业，而农村新生代青年的初职又主要来自血缘和地缘群体的推介和牵线搭桥，因此他们的就业在一定程度上也出现了与老一辈相似的行业分布的集聚特征。这一点从图 1-3 农村新生代青年初职的求职途径的数据统计中也得到了验证。

农村新生代青年在获得第一份工作之前，对城市劳动力市场的了解并不充分。图 1-3 显示，当问及"从哪里获取第一份工作"时，有 43.8% 的农村新生代青年表示初职工作机会来自家人亲戚，25.3% 的人表示初职工作机会来自老乡/朋友。图 1-3 还显示，11.7% 的农村新生代青年的初职工作机会来自学校推介，6.4% 来自企业直招，4.9% 来自人才劳务市场，2.2% 来自街头广告，1.9% 来自网络宣传，

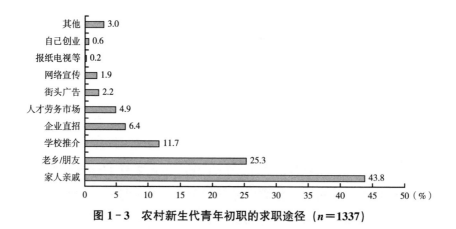

图 1-3 农村新生代青年初职的求职途径 (n=1337)

另外还有极少数人选择创业或通过其他渠道获取求职信息。也就是说，农村新生代青年的初职工作主要来自家人亲戚或者老乡/朋友的介绍，血缘和地缘是他们与外界建立联系的重要渠道。

初次就业的农村新生代青年会选择哪里作为自己职业生涯的起点呢？图 1-4 对农村新生代青年初职工作地点进行了统计。

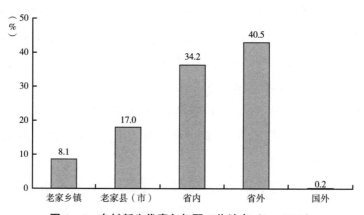

图 1-4 农村新生代青年初职工作地点 (n=1337)

由图 1-4 可见，8.1％的农村新生代青年在老家乡镇找到了自己的第一份工作，17.0％的人选择在老家县（市）工作，选择在省内其他城市就业的人占总调查人数的 34.2％，而选择在省外城市就业的人占比为

40.5%。数据表明,农村新生代青年在寻找第一份工作时,有3/5的人选择留在省内发展,2/5的人选择了省际流动。这一结果与其初职多依靠血缘、地缘关系所得的特征是相一致的。对于在省内寻找初职的农村新生代青年而言,县级以上的城市对他们的吸引力更大,工作机会相对更多。

工人们在浏览工厂门口张贴的招工启事(2015年,广东广州,作者摄)

注:本书涉及的此类调研实景照片,未纳入用于统计研究的图号系列,未编图号。

除了初职的求职渠道和就业地点,本章还关注到农村新生代青年初次就业的主要动机,图1-5对此进行了统计。

图1-5的数据显示,占比最高的两项初职就业动机是"早日经济独立""减轻家庭负担",分别有44.2%和41.5%的农村新生代青年对此表示认同。可见,农村新生代青年在初职阶段的最主要诉求仍是增加经济收入。但除了经济考量,农村新生代青年在寻求初职时,也兼顾了自我发展的需要。"想学点技能手艺"以及"出来见世面"的打算,说明他们的外出就业不再仅仅是为了生存。另外,值得注意的是,农村新生代青年相对于城市同龄人而言,只有极少数是因"离开父母

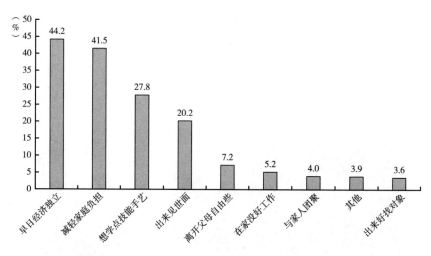

图 1-5　农村新生代青年的初次就业动机（n=1337）

自由些"而选择外出工作，这表明他们并未将初职视为追求个人独立的标志，而更多是出于对家庭整体经济状况及个人发展前景的综合考量。

　　统计数据还显示，农村新生代青年初次就业的收入有限。在 2000 年之前工作的农村新生代青年，第一个月拿到手的平均工资为 834.38 元；在 2001～2008 年工作的人，第一个月拿到手的平均工资为 923.26 元；在 2009 年及之后工作的人，第一个月拿到手的收入有了较大幅度增长，平均为 1757.45 元。总的来说，这一收入水平难以满足农村新生代青年实现经济独立、减轻家庭负担的诉求，过早放弃学校教育、卷入城市化进程的他们并未得到一个理想的职业起点。那么，在后期这一状况是否会随着工作经验的积累、工作单位的更替而有所好转呢？

（二）工作的转换

　　根据前文的分析，本章继续考察农村新生代青年在初职工作之后的工作经历。首先，对农村新生代青年初职工作的持续时间进行了统计。在实地资料的收集过程中，我们了解到3个月和半年对于用工单位而言是考核员工稳定性的重要时点，如果在这两个时间点求职者没有跳槽，那他们基本会在该单位持续工作一年及以上。统计数据显示，有12.9%的农村新生代青年第一份工作持续的时间不满3个月，25.0%的人没能坚持半年，57.8%的人坚持干满了一年。数据还显示，农村新生代青年第一份工作持续的平均时间为20.27个月，中位数为14个月，众数为12个月。这表明农村新生代青年的初职相对而言还是较为稳定的，并未出现短时间内"一窝蜂"跳槽的现象。

初职之后如果换工作，农村新生代青年会做出怎样的流动选择呢？数据统计表明，农村新生代青年不会一直待在同一个城市工作，他们的流动性体现在工作所在地的更替上，超过一半的农村新生代青年在3个及以上城市工作过。本章对农村新生代青年外出工作去过最远的地方进行了统计，结果如图1-6所示。

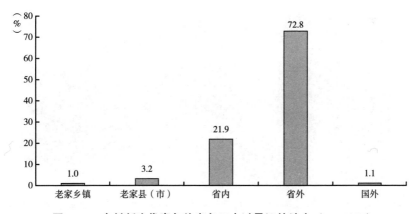

图1-6　农村新生代青年外出务工去过最远的地方（n＝1337）

由图1-6可知，72.8%的农村新生代青年表示最远去过省外务工，21.9%的人最远去过省内其他县（市），仅有4.2%的人报告他们最远是在老家县（市）或乡镇务工。比较农村新生代青年的初职地点

（见图1-4）可知，在寻找第一份工作时，有40.5%的人选择在省外就业，而在初职之后去省外就业的农村新生代青年比例增加了32.3个百分点，甚至有少数人还远赴国外打工，说明工作后流动性增强。

　　不同城市、工作之间的频繁流动，使得农村新生代青年对劳动力市场的需求也有了感性的认知。此次调查让农村新生代青年从求职者的角度来判断企业在招聘时最为看重的因素。数据显示，农村新生代青年认为企业招聘时最看重的主要是工作经验、能力和学历，同时他们认为年龄、性别、外表以及是不是本地人等因素对于是否被录用的影响并不大。由此可见，在工作的最初体验和经验积累之后，农村新生代青年就业的区域范围更加广泛了，就业的适应能力也相应得到了增强。

冷清的人才中介市场及零零散散找工作的青年（2015年，浙江义乌，作者摄）

（三）工作的现状

　　在经历频繁的职业流动之后，农村新生代青年当前的工作现状如何？首先，此次调查统计了他们当前所从事的行业类型分布。其中，

56.5%的农村新生代青年在第二产业即制造业或者建筑业从事相关的工作；32.7%的农村新生代青年从事的是服务业，还有10.3%的人从事其他职业，而从事第一产业农业的人占比微乎其微，可见农村新生代青年已经逐渐离开了传统的农业。

对于农村新生代青年而言，经济收入是他们极为关注的。那么，现有的薪资水平是否达到了他们的预期呢？表1-4比较了农村新生代青年的实际薪资和期望薪资。

表1-4　农村新生代青年实际薪资和期望薪资水平（$n=1337$）

单位：%

薪资区间	实际月薪比例	累计比例	期望月薪比例	累计比例
1400元及以下	2.4	2.4	0.4	0.4
1401~2000元	5.9	8.3	1.3	1.7
2001~3500元	34.6	42.9	12.6	14.3
3501~5000元	37.3	80.2	38.6	52.9
5001~6500元	11.3	91.5	11.8	64.7
6501~8000元	4.9	96.4	16.9	81.6
8001~10000元	2.0	98.4	13.4	95.0
10000元以上	1.5	100.0	5.0	100.0
合计	100.0		100.0	

表1-4显示，从农村新生代青年实际月薪水平来看，42.9%的人实际收入水平不超过3500元，80.2%的人实际收入不超过5000元；从期望月薪水平来看，85.7%的人希望自己的月收入超过3500元，47.1%的人期望月薪超过5000元。由此可知，农村新生代青年的实际收入与期望收入之间存在一定的落差。目前大约有2/3的农村新生代青年实际拿到的月薪未达到他们的预期。

除经济收入外，我们还对农村新生代青年当前的工作待遇与福利状况进行了调查，结果如图1-7所示。

调查结果显示，44.8%的农村新生代青年与用人单位签订了劳动

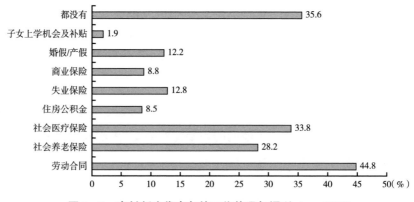

图 1-7 农村新生代青年的工作待遇与福利 (*n*=1337)

合同，占比不足一半；33.8%的人参加了社会医疗保险，28.2%的人参加了社会养老保险，12.8%的人拥有失业保险，12.2%的人有婚假或者产假的福利，8.8%的人购买了商业保险，8.5%的人有住房公积金，仅有1.9%的农村新生代青年享有子女上学机会及补贴的福利。值得关注的是，有35.6%的农村新生代青年表示以上工作待遇与福利都不享有。

从各项工作待遇与福利来看，占比相对较高的是劳动合同、社会医疗保险和社会养老保险，但拥有这三项工作待遇的农村新生代青年占比均未超过50%。由此可见，农村新生代青年的工作待遇和相应福利水平仍相对较低，尤其体现在住房公积金、失业保险、婚假/产假等项目上。

本章还考察了农村新生代青年的工作时长。2.9%的农村新生代青年报告他们每天工作时长在8个小时以内，31.2%的人每天工作8个小时，34.0%的人每天工作8～10个小时，25.9%的人每天工作10～12个小时，甚至有6.0%的农村新生代青年每天工作13个小时及以上。可见，每天工作时长在8个小时及以内的农村新生代青年不到4成，工作时间在10个小时以上的人所占比例超过了3成。数据还显示，从每天工作时长来看，农村新生代青年每天平均要工作9.90个小时。在此基础上，图1-8还进一步统计了农村新生代青年每月休息的天数，以期对他们在工作中所投入的时间有一个更为全面和准确的了解。

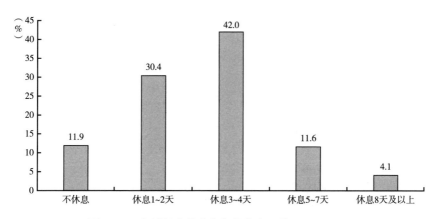

图1-8　农村新生代青年每月休息天数（$n=1337$）

　　图1-8的统计结果显示，有11.9％的农村新生代青年表示全月无休，30.4％的人每月休息1～2天，42.0％的人每月休息3～4天，还有11.6％的人每月休息5～7天，4.1％的人每月休息8天及以上。结果表明，农村新生代青年每月休息天数在4天以内的占到84.3％，也就是说，大多数农村新生代青年的休息时间达不到每周单休一天的水平，其每月平均休息仅3.34天，可见他们工作时间较长而休息时间相对较少。

　　除此之外，我们还对农村新生代青年在工作中所担任的职务进行了统计。结果表明，有7.1％的农村新生代青年目前是单位负责人，5.0％为中层管理人员，12.0％为基层管理人员，还有68.2％的农村新生代青年是普通职工或职员。也就是说，农村新生代青年中担任不同级别的管理者的比例达到24.1％，但这其中仅有一半的人能获得中层及以上的管理职位。而且，在农村新生代青年中，男性、文化程度较高者以及工作年限较长者才更有可能就任管理职位。

　　在厘清了农村新生代青年工作的基本现状后，本章还就其对工作现状的评价进行了调查。结果显示,有 5.0% 的农村新生代青年对他们目前的工作表示非常满意,29.2% 的人表示比较满意,即有 1/3 左右的人对当前自己从事的工作持积极的肯定态度。另外,还有 56.3% 的农村新生代青年表示对工作的满意度一般,但明确表示对工作不满意的比例相对较低,占比不足 10%,而且仅有 1.7% 的人对工作特别不满意。图 1-9 进一步厘清了农村新生代青年对工作各项福利及条件的满意状况。

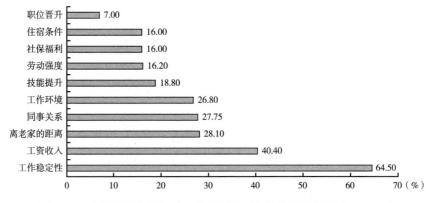

图 1-9 农村新生代青年对工作各项福利及条件的满意度 ($n=1337$)

图 1-9 的数据显示,农村新生代青年所选频率最高的项别是工作稳定性,有近 2/3 的人对此表示满意。对于工资收入而言,有 40.40% 的人表示满意。除此之外,30% 的农村新生代青年认为自己目前的工作地点与老家的距离、同事关系、工作环境都不太如意;他们对工作所能带来的技能提升、社保福利以及劳动强度和住宿条件也不甚满意,表示满意的人占比均不超过 20%;最令人关注的是,仅有 7.00% 的调查对象对工作中的职位晋升表示满意,也就是说,职位晋升对农村新生代青年来说是最为普遍存在的一个瓶颈和困境。对照农村新生代青年的工作总体满意度可知,2/3 的人的工作满意度为一般或较低,这实际上跟工资收入、工作环境、社保福利不甚理想尤其是缺乏可持续发展的向上晋升空间有关。

三 农村新生代青年的婚恋轨迹

对农村新生代青年而言，成家是与立业同样重要的议题。他们何时恋爱、何时结婚以及何时生育？三者之间存在怎样的关联？本章将主要从时间轴上对农村新生代青年的婚恋重要节点进行梳理。

(一) 恋爱的体验

恋爱和婚姻关系往往处于不断的变化之中，婚恋历程就是关注变动的恋爱关系和婚姻关系。对于农村新生代青年来说，自由恋爱和相亲是结识婚恋对象的两种主要方式，他们具体的情形怎样？图 1-10 对此进行了统计。

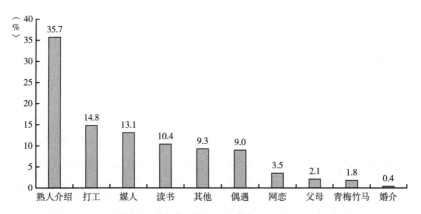

图 1-10 农村新生代青年与对象或爱人认识的方式 ($n=1337$)

如图 1-10 所示，当问及"您与您对象或爱人是怎样认识的"时，有 35.7％的农村新生代青年表示是熟人介绍，13.1％的人回答是媒人介绍，另外因读书或打工而相识的占比分别为 10.4％与 14.8％。由此可知，熟人或者媒人的介绍实际上是农村新生代青年与婚恋对象相识最为主要的方式。表 1-5 对农村新生代青年中不同群体的相亲经历进行了比较。

表 1-5　农村新生代青年相亲经历 (*n*＝1337)

调查对象特征		是否相过亲(%)		χ²
		是	否	(p)
性别	女性	45.3	54.7	0.094
	男性	46.1	53.9	(0.774)
年龄组	21 岁及以下	16.9	83.1	116.132
	22～26 岁	46.1	53.9	(0.000)
	27～31 岁	56.0	44.0	
	32～36 岁	59.0	41.0	
婚姻状况	未婚	33.8	66.2	66.269
	已婚	56.4	43.6	(0.000)

　　调查数据显示，在农村新生代青年中，有过相亲经历的占比为 45.8%。从不同性别来看，相亲经历不存在明显的性别差异，无论是男性还是女性，有过相亲经历的人的占比都超过了 4 成。从不同年龄组来看，21 岁及以下的农村新生代青年有过相亲经历的占比仅为 16.9%；22～26 岁农村新生代青年有过相亲经历的占比为 46.1%；27～31 岁农村新生代青年有过相亲经历的占比为 56.0%；32～36 岁农村新生代青年有过相亲经历的占比为 59.0%。检验结果显示，不同年龄组的农村新生代青年相亲经历存在明显的差异，年龄越大，越有可能会经历相亲。从不同婚姻状况来看，未婚的农村新生代青年有过相亲经历的占比为 33.8%；已婚的农村新生代青年有过相亲经历的占比为 56.4%，两者存在显著差异，已婚者相亲经历比例明显高于未婚者，也就是说婚姻可能是多次相亲后的结果。

　　调查数据显示，农村新生代青年平均相亲次数为 2.56 次。其中相亲过 1 次的占比为 34.0%，相亲过 2 次的占比为 30.4%，相亲过 3 次及以上的占比为 35.6%。从不同性别来看，农村新生代青年中女性平均相亲次数为 2.41 次，男性平均相亲次数为 2.65 次，略多于女性，但差异并未通过显著性检验。从不同年龄组来看，21 岁及以下的农村新生代青年平均相亲次数为 2.16 次，22～26 岁年龄组平均为 2.42 次，27～31 岁及 32～36 岁年龄组平均相亲次数分别为 2.85 次和 2.38 次。不同年龄组的相亲次数存在明显的差异，对 31 岁及以下的农村新生代青年而言，年龄越大，相亲次数也越多，但其均值未超过 3 次。从婚姻状况来看，未婚的农村新生代青年平均相亲次数为 2.44 次，已婚的农村新生代青年平均相亲次数为 2.62 次，已婚者略高于未婚者，但并未通过显著性检验。

由此可见，对有过相亲经历的农村新生代青年而言，不同性别和婚姻状况下，他们的相亲次数都没有显著的差异，但不同年龄组之间存在明显的区别。

调查还发现，农村新生代青年初恋时的平均年龄不存在性别上的显著差异，均值为 19.61 岁，中位数为 20 岁。农村新生代青年恋爱次数平均为 2.12 次，其中未婚的农村新生代青年平均恋爱 2.17 次，已婚的农村新生代青年平均有 2.08 次恋爱经历，确定恋爱关系平均耗费 6.36 个月，婚前恋爱平均时长为 22.82 个月。也就是说，农村新生代青年在确定恋爱关系前大约会有半年的接触时间，而在步入婚姻之前还会有两年左右的接触及磨合期。

（二）结婚的时点

农村新生代青年对自己的婚姻规划是怎样的呢？婚恋年龄期望是青年对恋爱和结婚时点的一种期待、观念或认识（贾志科、风笑天，2018）。此次调查的结果表明，农村新生代青年对男性和女性理想结婚年龄的认知存在一定差异。他们所认同的男性理想结婚年龄平均值为 25.71 岁，中位数为 25 岁；女性理想结婚年龄平均值为 23.51 岁，中位数为 24 岁。更为细致的区分发现，不同性别的农村新生代青年对男性及女性的理想结婚年龄的认知也存在一定的差异，男性所给出的男性及女性的理想结婚年龄均显著小于女性所给出的年龄标准，两者大约相差 1 岁。也就是说，农村新生代青年中的女性较之男性，更倾向于主张年轻人迟一些进入婚姻。

但总体上而言，农村新生代青年倾向于在同龄人中寻求配偶。而且，他们对婚姻年龄的匹配期望符合"男大女小"的主流模式，其普遍认为初婚时男性最好比女性大2岁。从不同性别的比较来看，男性和女性对比年龄差的预期不存在显著差异。

与理想状况相比，我们更关注农村新生代青年的实际结婚时点。对已进入婚姻的农村新生代青年的调查显示，男性的初婚年龄中位数为23岁，女性的初婚年龄中位数为22岁。对照上文理想结婚年龄来看，农村新生代青年结婚的实际时点会比自己所预期的提前大约2年的时间。此次调查得到的初婚年龄与以往研究结果相似，后者根据2010年人口普查数据推算得出我国农村男性的平均初婚年龄为24.2岁，农村女性的平均初婚年龄为22.2岁（石国平、李汉东，2018）。

农村新生代青年的实际初婚年龄比其预期的理想初婚年龄要小，其中很大一部分原因可能是原生家庭的催婚。调查结果显示，有超过半数的农村新生代青年报告，无论是男性还是女性，在21岁左右父母就会催促他们恋爱或结婚。父母之所以催促，是因为担心子女一旦错过最佳的适婚年龄，会被贴上"剩男"（或"光棍"）、"剩女"的标签（唐利平，2010；邢成举，2011）。本章就多大年龄算"剩男""剩女"对农村新生代青年展开了调查，可以间接测量他们所能接受的最迟结婚年龄到底是多少岁。

数据显示，农村新生代青年判别"剩男"的年龄标准平均为33.53岁，中位数为35岁，"剩女"年龄平均为30.49岁，中位数为30岁。接下来，我们比较了不同性别的农村新生代青年是如何界定"剩男""剩女"年龄的？首先来看"剩男"年龄，农村新生代青年中的男性给出的平均年龄为33.14岁，女性给出的平均年龄为34.18岁，前者与后者相差约1岁。其次来看"剩女"年龄，农村新生代青年中的男性和女性给出的平均年龄分别为30.45岁和30.56岁，两者差异并不显著。由此可见，不同性别的农村新生代青年在"剩男"年龄的判别上存在差异，但对"剩女"年龄的判别标准较为相似且更为苛刻。

（三）生育的实践

对农村新生代青年而言，不稳定的居住方式和生活方式可能会影响其生育安排及实践。以往的研究较多关注女性的理想生育年龄，但实际上男性理想生育年龄也需要留意，因此本章分性别对农村新生代青年关于男性理想生育年龄和女性理想生育年龄的认知进行了调查。

调查数据显示，农村新生代青年所认可的男性理想生育年龄的均值为 27.51 岁，中位数为 28 岁；同时，他们给出的女性理想生育年龄平均为 25.27 岁，中位数为 25 岁。我们再来看不同性别的农村新生代青年在男性理想生育年龄和女性理想生育年龄的认知上是否存在差别。农村新生代青年中的男性所认可的男性理想生育年龄平均为 27.21 岁，中位数为 27 岁；女性所认可的男性理想生育年龄平均为 28.02 岁，中位数为 28 岁。与此同时，农村新生代青年中的男性所认可的女性理想生育年龄平均为 25.02 岁，女性所认可的女性理想生育年龄平均为 25.70 岁。

也就是说，农村新生代青年所认可的男性理想生育年龄要比女性理想生育年龄大 2~3 岁。与此同时，农村新生代青年对男性及女性理想生育年龄的认知存在明显的性别差异。无论是男性理想生育年龄还是女性理想生育年龄，农村新生代青年中的女性较之男性所给出的时点都要更晚一些。这呈现与他们理想结婚年龄认知相同的特征，即农村新生代女性对结婚及生育年龄的态度更为宽容。

农村新生代青年实际生育第一个孩子的年龄是多少？调查结果表明，男性生育第一个孩子时的平均年龄为 24.78 岁，中位数为 24 岁，相应地，女性的平均年龄为 23.84 岁，中位数为 23 岁。比较来看，农村新生代青年中的男性和女性在初育年龄上仍然保持着近 1 岁的年龄差。数据显示，农村新生代青年平均的理想生育子女数为 1.81 个，这一水平要高于部分学者测算的 2015 年中国总和生育率 1.6（顾宝昌等，2020）。

与此同时，76.6％的农村新生代青年对子女的性别具有一定的期待。在生育的规划中，子女性别往往也是一个重要的因素。中国传统观念中内含着明显的男孩偏好，农村地区尤其如此。但在"全面两孩""全面三孩"政策背景下，父母对子女性别的期待就变得更为复杂，但仍有 64.0％的农村新生代青年希望"儿女双全"。图 1-11 则呈现了已育农村新生代青年的子女分布状况。

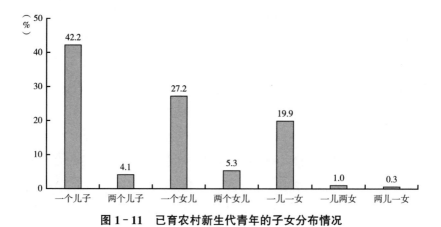

图 1-11   已育农村新生代青年的子女分布情况

已婚的农村新生代青年中，目前没有生育孩子的占比为 8.9％，仅生育 1 个孩子的占比为 63.5％，生育 2 个孩子的占比为 26.7％，生育 3 个孩子的仅占 0.9％。已婚的农村新生代青年平均生育子女数为 1.2 个。通过调查对象自填的儿子和女儿的数量，我们厘清了已育农村新生代青年的子女分布状况。其中，42.2％的农村新生代青年育有一个儿子，4.1％的人育有两个儿子，27.2％的人育有一个女儿，5.3％的人育有两个女儿，19.9％的人育有一个儿子一个女儿，1.0％的人育有一个儿子两个女儿，还有 0.3％的人育有两个儿子一个女儿。由上述分析可知，目前农村新生代青年生育独生子女的比例相对较高，当然这可能与其还未完全结束育龄期有关。但在已生育两个孩子的农村新生代青年中，一儿一女的比例相对较高，接近7成。最后，本章通过感情满意度和婚恋满意度对农村新生代青年的婚恋质量进行了测量。当问及与婚恋对象感情如何时，28.3%的农村新生代青年表示很好，41.0%的人认为比较好，25.1%的人表示一般，还有5.4%的人认为与婚恋对象感情状况不怎么样或很不好。当问及"您对自己的婚姻/恋爱是否满意"时，57.9%的农村新生代青年表示满意，36.4%的人表示一般，还有5.7%的人表示不满意。结果表明，农村新生代青年中有近7成的人与婚恋对象维持着较为理想的感情状况，近6成的人对婚姻或恋爱感到满意，总体而言他们的婚恋质量较好。

四　他者眼中的农村新生代青年

通过对农村新生代青年的问卷调查，上文厘清了城市化进程中他们的生命历程轨迹。除了这种回溯性的自我报告，我们还想知道在他者的眼中，农村新生代青年是怎样的形象？本章选择了农村新生代青年最为集中的大厂和小微企业开展了实地调研，并通过大厂的人事主管及小微企业老板的视角来补充了解农村新生代青年工作及婚恋的具体情形。

（一）大厂里的农村新生代青年

调研组在东部、中部和西部的城市实地走访了数十家企业，其中不乏一些员工规模上千、上万的大厂。这些企业在招聘员工时，比小微企业或私人小作坊要更容易。大厂的招聘主要可归为三种形式。第一，企业与一些职业学校合作，由职业学校直接将学生送到企业里，也有的是通过中介在企业和职业学校之间牵线搭桥；第二，企业在入口处设置一个专门的窗口，应聘者直接在窗口自投简历，然后企业筛选录用，有些大厂一天甚至可以收到100~200份简历；第三，通过内部员工推荐新人的方式，企业比较鼓励此种方式，也会给推荐新人的老员工一定的提成和奖励。

企业在招聘时，最看重的还是应聘者的稳定性，而不是性别、年龄或学历等。多家企业的人事主管介绍，他们会先通过简历筛选来判断应聘者的工作稳定性。如果应聘者频繁地换工作，那么他们就认为其可能不会安心在此工作，除非企业用人特别着急的情形，否则不会予以录用。对于从学校直接出来的学生以及处于不同婚恋状态的求职者的稳定性，他们通过较长时间的观察，也已归纳出了一些经验。

职校学生通过中介进入某大型企业实习，这是他们在宿舍里填写问卷（2017年，江苏南京，作者摄）

学生通常在3个月的实习期结束后，就可以转为正式工。其实在生产线上，最基层的岗位不太喜欢招学生，因为他们没有经验。尽管学生刚刚走出校园便于管理，也容易理解公司的规章制度，但他们也会集中起来维护自己的权益。现在的学生不再是当初的孩子了，他们会比老员工想得更多，他们觉得一些情况不能忍就是不能忍。再有，新员工尤其是"90后"，（进来不久）大都会说自己要去创业，然后选择离开。

在招工上，性别我们不考虑，年龄只要满18周岁就行，当然年龄比较大的人也不会来应聘，对学历也没有要求，但如果应聘者有（较高）学历，公司会有一点补贴。相比直接进来的学生，那些有一定工作经验的人会更稳定。但是，单身员工的流动率也比较高，而且一般单身员工走了，其老乡便会跟着走一大批。

所以，现在厂里老员工基本都是已经结过婚的，他们一般找的对象也是在外面打工的人。我们会给未婚员工提供一些相亲的活动或机会，但之后怎样发展就不在我们的预计之内了。我们主要就是希望员工稳定，如果他们能够通过相亲认识，然后结婚（留下来），是可以增加稳定性的。如果夫妻都在我们厂上班的话，我们会尽量将他们分配在一个生产线上，会提供租房补贴，也会尽力配合他们帮忙解决孩子的上学问题等。

多家企业的人事主管也总结出了离职的规律。首先，入职 3 个月是新员工离职的高峰时点，能坚持工作半年以上的员工基本都能适应工作，留下来的可能性会更高。其次，春节前后也是离职高峰，员工一般不会直接跟人事说离职，而是会说家里有事请假回去，然后便再也不来了。另外，员工离职的原因存在性别上的差异，男性离职主要是觉得薪水低，没有晋升的空间，而女性则主要是出于家庭方面的考量，如返乡相亲结婚或者生孩子，照顾年老生病的父母、陪伴孩子，再有就是家里的亲戚开厂需要帮忙等。

对于想要离职的员工，人事都会约谈并尽量挽留。那些因创业失败而返厂的员工，或者因结婚生育而离职的员工，用人单位也很欢迎他们能继续回来工作。福利较好的一些企业还会对那些做满 5 年、10 年的员工发放一笔奖金。与此同时，企业也愿意从企业内部培养人才，并为其提供晋升机会。因此，一部分干得好的员工能在三四十岁从生产线做到管理层，也会选择在工作地定居。

(二) 小微企业里的农村新生代青年

在全球最大的小商品集散中心义乌，集聚着众多的小微企业，闵阿姨家开的厂就是其中之一。闵阿姨是义乌本地人，年轻时一穷二白。日子实在过不下去的时候，她选择早出晚归挤着公交车去批发小商品，再到集市上摆摊售卖，靠微薄的收入养家糊口。再后来，闵阿姨的生意越做越大，资金也越来越充足，便依靠义乌小商品集散地的优势开办了工厂，主要生产内衣肩带上的蕾丝花边。

去拜访闵阿姨的时候，她家在工业园区刚建好新厂。新厂有三栋楼，除了两栋厂房，还有一栋宿舍楼。宿舍楼一共七层，一楼、二楼是外包出去的餐厅、办公室、产品陈列室、会议室等，三楼至六楼全都是工人宿舍。其中有一些是夫妻房，剩下的则是单身集体宿舍。一般来说，级别较高的技师或师傅及其配偶住的是五六十平方米一室一厅一卫一阳台的夫妻房，普通工人夫妻居住的是三十多平方米一室一卫一阳台的夫妻房，单身工人则是三四人一间房。总的来说，住宿条件不错，地面铺有光洁的大理石，墙面简单批白。单身宿舍摆放了高低床，有洗脸池、洗衣池、冲水马桶、24 小时热水淋浴，甚至还有空调。夫妻房的设施就更齐全了，配有全套的家具，还可以在房间里上网、看电视，真正做到了拎包入住。

为什么会提供如此高规格的宿舍呢？闵阿姨解释，"现在工人太难招。他们要求工作不能超过 8 个小时，工资要高一点，活要轻一点"。当闵阿姨说晚上还要做工时，应聘者会说："哎哟，晚上还要加班啊，多辛苦啊。"他们还会问招聘者，一个房间住几个人，吃什么菜，每个月会不会发什么东西，比如毛巾、牙刷、牙膏和洗衣粉等。甚至有一些小年轻就是不想做，他们在劳务市场里转来转去，没有钱的时候就选择去打个零工，这个厂里做半个月、一个月，甚至一两天，挣到点钱后就又歇着了。

与那些年轻的尚还单身的工人相比，闵阿姨更愿意招夫妻工。她认为，单身的工人尤其是男性还没有担负养家的责任，有可能三天打鱼、两天晒网，做几个月或者一年就离开了。而夫妻工则不一样，他们出来就是要赚钱的，一天不干的话，就少了 100 多元。另外，夫妻两个人在一起，男的耍一下性子，女的也可以劝一下，反之亦然，所以会更稳定一点。这也是当地劳务市场的招聘启事上通常都会在显眼的地方突出注明提供夫妻房，且夫妻房的住宿条件要远好于一般宿舍的原因。

工厂为留住有技术的夫妻工而免费提供的夫妻套间
（2015年，浙江义乌，作者摄）

闵阿姨说厂里不会禁止员工谈恋爱，甚至有一对夫妻就是在厂里认识发展起来的。在讲述这对夫妻工的婚恋故事时，闵阿姨像是在讲自己家孩子的事。当年女孩的父母顾忌两家距离太远而不情愿时，闵阿姨甚至还在中间做了工作。两人结婚不久，女孩就怀孕了，生孩子的时候回去了一段时间，生完几个月后她又想出来做事。正好原来的工厂缺一个做业务的人，闵阿姨想着与其从外面招一个不了解的人不如招一个自己熟悉的，何况其老公还是自己厂里做技术把控的大师傅，所以就让女孩又回了厂子，一直做到现在。在闵阿姨的新厂里，像这样的夫妻工还有好几对，且都已成为厂里的稳定骨干。

五 本章小结

在对农村新生代青年的婚恋问题进行具体系统的分析前，本章调整了观察的焦距，力图将生命历程的纵向时间轴全部纳入研究视野，对他们既有的童年生活、工作经历及婚育轨迹进行了概要性的总体厘清。通过回溯性的自我报告和他者视野的反馈，本章对农村新生代青年的发展脉络及现实境遇有了较为清晰的认知。

（一）城市化进程中的流动轨迹

农村新生代青年的童年处于中国城市化快速发展的时期，父母外出务工是他们成长经历中不容忽视的重要构成。本章的研究发现，约2/3的农村新生代青年父母都曾有过半年及以上的外出务工经历，或短期或长期地缺席了他们的童年，其中尤以父亲为甚。因此，留守是绝大多数农村新生代青年童年成长的共同经历，也有一部分人在父母均外出务工或母亲单独外出务工时体验过流动的随迁生活。

农村新生代青年童年期原生家庭的生活样态，毫无疑问会对他们的人生起点及后续发展路径产生影响。就农村新生代青年的教育获得而言，他们的受教育程度明显高于其父母，绝大多数人完成了义务教育，甚至有约6成的人接受过初中以上程度的教育。但相比较而言，那些独生子女及经济状况较好、父母受教育程度较高家庭里的孩子，受教育年限会更长。与此同时，父母都曾外出务工家庭的孩子，也具有相对较长的受教育年限，这在很大程度上是因为相同条件下外出务工的经历使得父母更能意识到子女教育的重要性，也更有经济实力来支撑教育成本。

然而，童年期父母陪伴的缺失和家庭经济条件的限制，还是对农村新生代青年的学业表现及继续发展产生了负面影响。他们迫不及待地想要出去见见世面，因此在未完全想清楚未来的规划前，就仓促告别了校园生活。在经历大概1年的待业准备期后，近7成的农村新生代青年会依托血缘和地缘关系的牵线搭桥进入城市，开始他们的职业生涯。求职路径的依赖，使得3/5的农村新生代青年选择在省内开始他们的第一份工作，且基本集中在第二产业和第三产业。初职阶段，农村新生代青年的主要就业动机是早日经济独立、减轻家庭负担，也兼顾自我发展的需要，但实际上他们的初职收入水平相对较低。

调查还显示，农村新生代青年第一次跳槽的时间通常集中在其第一份工作开始后的第 3 个月、第 6 个月及 1 年后，坚守初职工作 1 年以上的人占 57.8%。随后，因为工作经验及社会资本的积累，农村新生代青年的就业区域范围、就业渠道均得以扩展，工作转换后有过省外就业经历的比例相较于以往增加了 32.3 个百分点，且有超过半数的人曾在 3 个及以上的城市工作过。

从就业现状来看，农村新生代青年仍主要集中在非农产业就业，其中 56.5% 的人从事制造业或者建筑业等第二产业的相关工作，32.7% 的人从事服务业等。他们目前的月薪集中在 3501～5000 元，但 2/3 的人认为此收入未达到自己的预期。大部分农村新生代青年当前仍为普通职工或职员，仅有 12.1% 的人通过努力获得了中层及以上的管理职位。另外，农村新生代青年的工作待遇和相应福利水平相对较低，尤其体现在住房公积金、失业保险、婚假/产假等方面；工作时间也较长，他们每天平均工作 9.90 个小时，大多数人平均休息时间达不到每周单休一天的水平。就目前工作的总体发展状况来看，接近 3 成的人表示满意，约 6 成的人表示一般，明确表示不满意的人相对较少。尽管企业表示提供了较好的福利和晋升机会等，但与农村新生代青年的预期可能还存在一定的差距。比较而言，农村新生代青年最为满意的是工作稳定性，最不满意的是职位晋升、住宿条件、社保福利、劳动强度及技能提升等。

（二）生命历程的时刻表

本章对农村新生代青年恋爱、结婚及生育重大事件的梳理发现，在他们既往的生命历程中存在两个不同的时刻表：一是他们自身预期的婚恋及生育理想时点的时刻表；二是在城市化进程中，受到父母和外界环境压力及影响之后，其婚恋及生育实际所对应的时刻表。本章对这两个时刻表进行了比较，为简明起见，下面的时间点均为中位数。

农村新生代青年通常在 17 岁左右结束校园生活，断断续续地逗留

1年后，大约在18岁随熟人进城务工。在城市逐渐站稳脚跟后，青春年少的他们也向往爱情，大多在20岁前后陆陆续续开始恋爱初体验。其中，分别有35.7％、13.1％是通过熟人、媒人介绍认识另一半，10.4％及14.8％的人是因读书或工作而结识并相恋的。从认识到确定恋爱关系，平均需要半年左右的时间。与城市青年不同的是，农村新生代青年相亲的比例较高，45.8％的人表示曾相过亲，且平均相亲次数达2.56次。但无论是相亲还是自由恋爱，农村新生代青年中选择从初恋"一站到底"最终进入婚姻的人所占比例较低。就已婚者而言，他们在进入婚姻前平均有过2.08次的恋爱经历。

值得注意的是，如果农村新生代青年在21岁还未恋爱或者有结婚的想法，父母可能就要开始催促，担心他们会因错过最佳的择偶年龄而成为大龄单身青年，即众所周知的"剩男""剩女"。实际上，城市流动的经历使农村新生代青年对婚恋紧迫性的认知并不完全与其父母一致，前者对时间节点的上限认定更为宽容。在他们看来，"剩男"和"剩女"年龄的中位值分别为35岁和30岁。即使如此，有关婚恋年龄的社会规范的存在仍然会使农村新生代青年感知到压力并做出让步，所以虽然他们认为理想的结婚年龄是男性25岁、女性24岁，但实际上已婚者的初婚年龄的中位值分别为男性23岁、女性22岁。

在进入婚姻后，农村新生代青年并未过多对生育进行人为的控制。从初育年龄的中位值来看，他们会在婚后1年左右，即男性24岁、女性23岁时生育第一个孩子。这比他们理想的初育年龄中位值，即男性28岁、女性25岁，分别提前了4年和2年。在生育子女数量及性别方面，尽管大约2/3的农村新生代青年希望能"儿女双全"，但目前生育了2个及以上孩子的比例不到3成。

（三）加速的"准线性"的成年过渡

在梳理了城市化轨迹和婚恋历程后，本章初步完成了对农村新生代青年群像的勾勒，也对他们向成年过渡的重要时点及动态发展有了更为清晰的整体认知。图 1－12 展示了此过程中农村新生代青年的两个时刻表。

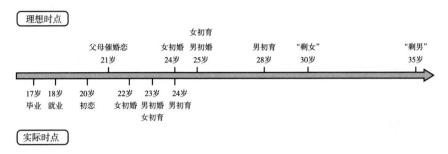

图 1－12 农村新生代青年向成年过渡的理想时点和实际时点

　　本章发现，农村新生代青年向成年的过渡与同期的城市青年相比，存在非常大的差异。首先，农村新生代青年向成年过渡的起点开始更早、进程更快。农村新生代青年的"立业"和"成家"两条任务线交织在一起，形成了他们向成年过渡的主线。由于 4 成左右的人未在义务教育后继续求学，所以他们离开校园、步入社会的时间更早。与此同时，农村新生代青年向成年过渡的节奏相对更快，从他们十七八岁外出务工开始，有一半的人在二十三四岁就已经完成了就业、恋爱、结婚及生育等一系列的重大事件。

　　另外，农村新生代青年向成年的过渡还呈现"准线性"的特征。无论是东部、中部还是西部，农村新生代青年向成年的过渡轨迹基本一致，遵循从离开学校到工作，再到恋爱、结婚及生育的单向、线性路径。而且，对比生命历程的两个时刻表可知，他们婚恋及生育的实际时点，要早于自身对婚恋及生育的规划时点。在访谈过程中，我们了解到童年期原生家庭生活的不完整，以及不满 20 岁即离开父母在外独自漂泊的经历，使农村新生代青年憧憬着浪漫的爱情及温馨的家庭，这也加速了他们的婚恋及生育进程。与此同时，父母的催促及"剩男""剩女"时间的红线，也会对他们的婚恋行为产生一定的规训与约束，尤其是对女性而言婚恋及生育的时刻表更为苛刻。

当然，实地考察中我们注意到在农村新生代青年群体内部也存在较大的分化，甚至出现了"非线性""可逆转"的趋势。例如，调查结果显示有 19.1％的农村新生代青年接受过大专教育，有人在创业失败或结婚生子后重返就业岗位，也有人在成家立业后又选择进入夜校接受成人继续教育等。在工作中，有人务实精进成长为备受青睐的大师傅或管理者，有人自己创业成为小老板，也有人走出工厂选择做"干一天歇两天"的散工。在婚恋中，既有按部就班的相亲成家者，也有找不到对象的大龄"剩男"和坚持自我、不甘妥协的大龄"剩女"；既有夫唱妇随的家庭，也有妻子屋里屋外挑大梁的家庭。因此，本书会在后续章节中，一方面通过大规模的问卷调查数据厘清农村新生代青年的整体概况，另一方面以典型个案呈现农村新生代青年群体的内部差异。

第二章

浪漫与现实的碰撞:
农村新生代青年的择偶

我想

这时候,在远方一定有一个人将与我相爱

他此刻也站在楼台,和我一同倾听黄昏

——郑小琼《黄昏》

农村新生代青年正处于成家立业的黄金年龄和关键阶段，他们的婚恋状况不仅关系到个体和家庭生活幸福，还影响着流入地和流出地的人口结构、经济发展、公共服务乃至社会和谐稳定。那么，离开传统乡村熟人社会来到现代都市陌生人社会的他们，以其身在城市、户籍在农村的制度"边缘人"身份能否顺利完成恋爱择偶、成家立业等青年社会化的核心内容？他们的婚恋选择和模式特征如何，是基于"门当户对"的现实考量，还是"突破樊笼"对浪漫爱情的奔赴？

众所周知，择偶是男女双方因两性吸引而做出的一种选择行为。现实情境中的择偶，既受个体生理需求的影响，也受到个体所处的家庭及社会、经济、文化等外在环境的影响。国内外学者在婚恋择偶模式上形成了丰富的理论和实证研究，总结起来可归纳为以下几个方面。

首先，同类匹配理论认为，个体在进行婚恋对象选择时，一般会考虑选择与自己的文化背景、受教育程度、社会地位相似的人；选择与自身相似或类似的人更有助于婚姻的美满（古德，1986）。择偶资源交换论认为，择偶行为是婚恋市场中的男女双方（或家庭）依据自身所拥有的资源进行理性交换的结果。实际上，这两种理论虽然视角有所不同，但其实质相似，都是基于双方财富、权利、文化等资源的对等与交换，在以往农村新生代青年的择偶研究中得到了不同程度的验证，即他们的择偶多表现为"门当户对"。

对于农村新生代青年来说，劳动力的结构性流动虽然扩大了其地域通婚圈，但仍然呈现阶层通婚圈内卷化的趋势（张翼，2003）。囿于农村新生代青年占有的资本较少，以及"门当户对"和"叶落归根"的传统观念，大多数农村新生代青年仍旧是在传统的通婚圈内（农民和农民工群体内）择偶，返乡相亲成为农村新生代青年的主要择偶方式（祝平燕、王芳，2013）。而大城市青年的婚配模式也依然遵循传统的婚配模式，同类匹配理论具有较强的解释力，文化程度相同和城乡背景相同的青年婚配占了大多数（风笑天，2014）。因此，只有社会经济地位、为人处世、知识技能等与市民具有更大的相似性，农村新生代青年与市民的通婚意愿才会更强烈（许传新，2006）。

其次，不同于同类匹配理论，择偶梯度理论认为男性会优先选择与自己社会经济及文化地位相当或比自己稍差的女性作为择偶对象，而女性则呈现相反的选择倾向（莱斯利，1982）。这种男性向下择偶和女性向上择偶梯度效应的存在，往往导致下层的男性和上层的女性"被剩"，农村女青年与城市男青年结婚的机会多于农村男青年与城市女青年结合的机会（胡小武，2017）。面临突出的择偶困境，农村新生代青年中的男性有可能采取提高婚姻支付成本、返乡相亲、感情投资、远娶、入赘或外迁等方式加以应对（许加明、魏然，2018）。

另外，亚文化理论认为流动者的婚恋观念和实践在较大程度上取决于自身对原有文化价值的保持程度（Swicegood et al.，1988）。而累积因果理论则认为迁移者经过一段时间的适应，会接受流入地的婚姻家庭观念、行为实践，形成一种新的文化，这种文化可能会改变和影响流出地的婚恋观念和实践（Massey et al.，1999）。外出务工的流动经历改变了农村新生代青年的择偶轨迹，自由恋爱增多，通婚圈不断扩大，婚姻形态和婚姻习俗也出现了新的变化，包括自由恋爱的异地婚恋、非婚同居的边缘婚恋（陈雯，2018）、闪婚与跨省婚姻（陈锋，2012）、初婚年龄上升（王超恩，2013）以及未婚先孕（王小璐、王义燕，2013）、入赘（邢成举，2013），接受再婚女性等（刘利鸽、靳小怡，2012）。也有研究认为城市婚恋成本高、城市婚姻风险高、城市打工职业地位低等推力，与农村"熟人社会"、乡土社会和传统文化习俗的拉力共同助推了农村新生代青年返乡结婚。

不少研究证实了农村新生代青年的婚恋择偶既受流出地传统农村文化的影响，也受城市现代文化的熏陶，徘徊在传统与现代之间（许传新、高红莉，2014）。与老一代进城务工的农村劳动力相比，农村新生代青年的婚恋模式具有了城市的文化印记，表现为婚姻自主性增强、情感需求增多、夫妻地位平等；但也依保持了诸多传统的婚恋观念和行为，比如以父母要求为主，重视传宗接代，强调物质化的婚恋标准等（曹锐，2010；王进鑫，2012a）。研究者更进一步的探究指出，不同的融入状况会对农村新生代青年的婚恋选择和行为产生不一样的影响。其中，住房融入是影响其婚恋状况的关键因素，但社会融入对他们是否婚恋不具有显著影响（梁土坤、胡仲明，2016）。

此外，农村新生代青年的择偶还受到社会网络、人力资本和家庭等因素的影响。社会网络在农村新生代青年择偶过程中发挥着信息交换和获取功能，他们利用自致性的关系网络拓展择偶渠道，自我结识和他人介绍成为农村新生代青年择偶的两种重要途径（郭显超、黄玲，2015）。农村新生代女性外出务工之后，其网络的规模、顶端、位差及构成等发生了一定变化，对她们的择偶观念、择偶时间、择偶标准、择偶途径都产生了深刻的影响，既保留了传统的文化特征，又呈现明显的市场化、理性化和现代化的特征（曹志刚、王庭庭，2016）。婚姻讨论网络成员的理想婚龄显著增加了农村新生代青年的理想婚龄，尤其是降低了男性青年的早婚风险（靳小怡等，2009）。人力资本是个体自身的知识、技能和认识水平的总和，提升农村新生代青年经济融入、文化融入及心理融入的水平，有助于形成现代的择偶模式。已有实证研究结果显示，教育对流动人口的择偶意愿、择偶目的、择偶时间、择偶标准和途径发挥着较大的作用，技术等级证书能显著提升他们的婚姻恋爱机会（梁土坤，2019）。社会经济地位越高（职业阶层、受教育程度、收入越高），农村新生代青年实现跨户籍婚姻的概率越大（靳小怡、段朱清，2017；胡莹、李树茁，2013）。同时，他们的择偶还受到家庭因素的影响，成长过程中留守、孤独成长、代际关系疏离等家庭功能的弱化，以及成年后早婚早育婚配模式的催化，可能会导致农村新生代青年婚配中出现认同困境、家庭解散等风险（陈雯，2014）。

上述理论和实证研究为考察农村新生代青年的择偶奠定了基础，但由于研究对象过于泛化，未关注到城市化进程中农村新生代青年择偶过程中的独特性和差异性，研究仍有待深化和拓展。基于此，本章将对农村新生代青年的择偶方式、择偶圈、择偶条件、婚恋匹配模式及其影响因素展开全面系统的考察。

一 农村新生代青年的择偶方式

择偶方式是指个体在择偶过程中，结识恋爱对象（未婚者）或配偶的方式和途径。本章结合当前农村新生代青年的婚恋实践以及社会交往的血缘、地缘、学缘、业缘等特征，对他们的理想及实际择偶方式进行了分析和比较。

（一）阿玲和阿强：两个农村新生代青年的相亲

阿玲出生于江西南昌的农村，她和丈夫的婚恋经历在农村新生代青年中比较典型，且其间出现了不和谐的"插曲"，这有助于我们更为细致地了解择偶到婚姻过程中可能存在的冲突。

阿玲初中毕业后就外出务工，眼看着身边的朋友一个个都恋爱成家了，只剩自己一个人还孤零零地单着，小玲觉得挺受刺激，就琢磨着要不要谈一个（对象）。但是谈恋爱也不容易，要么找不到合适的人，要么有合适的人却是外地的。小玲的父母不同意她找外地人，因为前面两个姐姐已经外嫁，如果她要再嫁到外地去，那他们的三个女儿就白养了。小玲是家里最小的孩子，挺黏父母的，本来也没有嫁到外地去的打算，所以在外面打工时就一直没谈，尽管那时候她特别想谈一场恋爱。

因此，22岁的阿玲不再拒绝父母的张罗，过年时回家相亲了。对方是一个26岁的小伙子，之前在广东打工也没谈过恋爱。相亲的那一天，阿玲只是远远地看了一眼，唯一的感觉就是"好黑啊，人黑，还穿了黑色的衣服，浑身都是黑的"。阿玲对相亲小伙子的第一印象并不好，但小伙子对她挺满意，当天非要带她去县城里逛一下，还给她买了衣服和鞋子。原本一切都进展顺利，不曾想发生了一个"插曲"，险些让他们没能走到一起。

事情的缘起是定婚当天双方亲戚在男方家一边喝着喜酒一边谈着婚事的细节，女方父母这时提出要 1.2 万元的彩礼。阿玲的未婚夫阿强觉得没问题，因为当时周围年轻人结婚差不多都是这个行情。但他父母觉得彩礼太多不同意，他们后来的解释是阿强的哥哥几年前结婚只给了 8000 元的彩礼，现在给阿强 1.2 万元不合适。

阿强对父母的做法非常不满，当着两家亲戚的面就跟父亲吵了起来："我每年打工的钱都给你们寄回来了，现在我娶一个老婆，你们怎么还那么多事。好，大不了我就不娶，行了吧?!"这番话被门外的阿玲听到了，她当场就傻了，觉得憋得慌，把定婚的四样金器耳环、手镯、项链和戒指全部取下来，扔给了嫂子，然后一个人跑了出去。

　　我之前没谈过恋爱，本来自己就不是十分愿意嫁给他，但想着父母满意就算了，加上他也挺有责任心的。可是，那种情况下我觉得好丢脸，好难过好难过。我跑得很快，跑着跑着就哭了。

　　后来，他追上来了，我也跑不动了。他也哭了，说想想觉得自己也挺委屈，娶一个老婆怎么费那么多周折。女人心都软，我一看他哭了，自己也忘记哭了。我说："你哭什么啊，我还难过呢。"然后他就给我讲小时候父母都出去打工，他是在外婆家长到 7 岁才回去的，所以跟父母的感情也不是很好。反正他给我讲了好多事情，具体讲了什么，现在都忘了，只记得讲了很久很久。后来，他说："我们回去吧。"我就让他把我送回去了。

当天，阿玲回家后，亲戚们都义愤填膺，纷纷指责男方家怎么可以这样，在大喜的日子里闹出这么大的笑话来。后来，男方家派人过来调解。阿强也去找阿玲及她的家人沟通。虽然遭遇排斥和冷淡，但他却依旧坚持。这让没谈过恋爱的阿玲还挺感动的，正好碰上情人节就给了对方一个台阶，说自己从未收到过玫瑰花，阿强立马牵着她去县城里买了花。阿强的真诚加上他家里派来的诸多说客使得阿玲这边的亲戚慢慢开始松动，她的叔叔婶婶等人一边指责男方家，一边对阿玲说"宁拆十座庙，不毁一桩婚"，既然已经定婚，就没必要闹得不可开交。

> 亲戚们那么说，我也没怎么反抗。现在想想，我那时候要是反抗的话，这门亲事也就黄了。这是我们之间比较难忘的一件事，每次一提起来，我就难过。人家定婚开开心心，我定婚一大堆烦心事。所以那时候我对老公的埋怨也很大，每次一提起来我就骂他。

阿玲家这场缘起彩礼的风波总算过去了。实际上，在农村新生代青年的婚姻缔结过程中，有关彩礼的冲突是最常见的，容易导致两个本快喜结连理的年轻人最终选择分道扬镳。女方家向男方家要彩礼，大多是像阿玲家这样跟着婚嫁习俗走，彩礼的标准也与当地标准保持一致。但也有女方家提出较高的彩礼要求，有些是为了补贴家用或资助其他子女成家立业，有些则是对男方条件不满意或者不想女儿远嫁因而提出较高彩礼希望男方能知难而退。

因婚姻支付成本较高而引发的危机是否能顺利解决，取决于几个方面的综合作用。首先，两个年轻人的感情无疑是最重要的，如果两人自由恋爱且感情很好，女方家庭多半会在彩礼或者是否远嫁等问题上做出让步。其次，婚恋经历及配偶替代机会也至关重要，例如阿玲的未婚夫阿强彼时26岁，在农村已经算大龄男青年了，而且他之前从未恋爱过，虽然相亲了几次但一直没遇到合适的，所以在见到让他心仪的阿玲时他会毫不犹豫地答应女方的彩礼要求，甚至不惜与家里人发生冲突。最后，年轻人经济及情感上的独立自主也很重要，如果年轻人不需要家里的经济支持，工作生活也能够自主决策，那么父母也不可能完全按照自己的想法行事。当然，农村社会传统的道德伦理及公序良俗也为婚姻缔结危机的化解提供了认知框架、逻辑基础和舆论监督。

（二）理想择偶方式与现实择偶方式的比较

为了更好地了解农村新生代青年的择偶方式，我们调查询问了他们"更倾向于以哪种途径结识另一半"的问题，以此测量其理想择偶方式；同时，针对有过恋爱经历或已婚的农村新生代青年，通过询问他们"您与您对象或爱人是怎样认识的"来测量现实择偶方式。农村新生代青年理想择偶方式和现实择偶方式分布状况如图2-1所示。

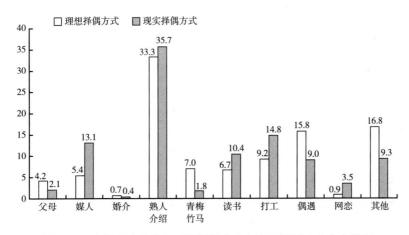

图2-1　农村新生代青年理想择偶方式和现实择偶方式分布状况

首先，从理想择偶方式来看，"父母之命，媒妁之言"式的婚姻安排是传统社会中青年择偶的主要途径，很有可能会被崇尚现代浪漫爱情的新时代青年所摒弃。但调查结果显示，9.6％的农村新生代青年仍然期望通过父母或媒人介绍来结识婚恋对象。倾向于通过熟人介绍认识的比例最高，占总体的1/3，希望通过婚介认识另一半的比例较低。根据以往的分类惯例，我们可以把上述四类归为"介绍认识"，共计占43.6％。这是因为囿于城乡二元户籍结构的制约，农村新生代青年在城市双重边缘人的身份，与城市居民之间存在社会交往区隔，难以深度融入城市交往圈，社会交往呈现内卷化和同质化特征与趋势，故他们希望通过传统的介绍途径来认识和寻找婚恋对象。

除介绍认识之外，农村新生代青年的择偶方式也具有一定的理想浪漫主义色彩，期望通过邂逅偶遇方式结识的比例占 15.8%；希望原来的同学或工作同事成为自身婚恋对象的比例均未超过 10%；也有 7.0% 的农村新生代青年希望青梅竹马成为自身的婚恋对象；尽管在新媒体时代网络拓展了他们的社会交往途径，并日渐发展成为一种新的择偶方式，但只有不到 1% 的农村新生代青年倾向于选择网恋。同样根据研究惯例，我们把上述五类归为"自己认识"，总计占 39.6%。另外，还有 16.8% 的农村新生代青年希望通过其他方式结识婚恋对象。上述数据说明，农村新生代青年理想的择偶方式并未完全从过去"父母之命，媒妁之言"转向自主恋爱，绝大多数人还是希望由熟人为自身提供婚恋信息资源。

在生产线上工作的单身男青年，尽管期望能在城市里浪漫邂逅另一半，
但很多情形下他们不得不回老家相亲（2015 年，浙江义乌，作者摄）

　　其次，从现实择偶方式来看，农村新生代青年的婚恋对象完全由父母包办的比例比理想预期下降了 2.1 个百分点，仅占 2.1%。虽然更多农村新生代青年希望摆脱传统的"媒妁之言"的择偶方式，但现实中真正通过媒人介绍的仍占 13.1%，比理想期望高出 7.7 个百分点。实际通过婚姻中介机构介绍认识的比例，与预期差距不大。熟人介绍的比例为

35.7%，比理想期望高出 2.4 个百分点。上述四者之和为 51.3%，即依靠他人介绍认识另一半的比例超过了一半。7.0% 的农村新生代青年期望与青梅竹马缔结良缘，但是进入社会参加工作后，这种可能性往往会大打折扣，真正能发展成婚恋对象的仅占 1.8%，比预期下降 5.2 个百分点。原来只有不到 10% 的农村新生代青年期望通过读书或打工认识婚恋对象，但现实中婚恋对象为"同桌的你"和"同单位的你"所占比例有所增加，分别比期望增加了 3.7 个百分点和 5.6 个百分点，达到 10.4% 和 14.8%。而具有浪漫色彩的邂逅偶遇比例则明显下降，从期望的 15.8% 下降到 9.0%，降低了 6.8 个百分点。实际通过网络媒体方式实现婚恋的比例则有少许增加，比期望上升 2.6 个百分点，占 3.5%。由上述五类累加可知，现实情形下通过"自己认识"方式找到婚恋对象的总比例为 39.5%，即使是将现实中通过其他途径择偶的 9.3% 也归为这一类别，仍然是"介绍认识"所占比例更高。

上述结果说明，从全国范围来看，农村新生代青年的择偶途径仍然以传统的"介绍认识"为主，尽管自主恋爱的比例有所上升，但并不意味着其择偶方式从传统完全转向了现代，而是呈现传统与现代相结合的复杂样态。尽管城市为农村新生代青年提供了自主选择婚恋对象的外部环境，但由于各种社会结构条件的限制，他们的择偶自由并未能完全实现。为了进一步了解农村新生代青年择偶的局限，我们将通过多元统计分析来探究其现实择偶方式的影响因素。

（三）现实择偶方式的影响因素

理想择偶方式反映了农村新生代青年择偶方式的期望和主观倾向，现实择偶方式则是家庭、社会、个体等主客观条件与自身的择偶意愿相综合的结果。因此，有必要对已有婚恋对象（包含已婚和有恋爱对象）的农村新生代青年择偶方式的影响因素进行全面的考察。参照以往的分类方法，本章将择偶方式归为三类，即介绍认识（父母、媒人、婚介、熟人介绍）、自己认识（青梅竹马、读书、打工、偶遇、网恋）

和其他，以个体、家庭、城市经历等因素为自变量，建立 mlogit 回归模型（见表 2-1），系统考察择偶方式的影响因素。

表 2-1　影响择偶方式的 mlogit 回归模型

变量	模型 1：其他/自己认识			模型 2：介绍认识/自己认识		
	B	S. E.	Exp(B)	B	S. E.	Exp(B)
男性(女性=0)	-0.338	0.301	0.713	-0.361*	0.185	0.697
受教育年限	0.051	0.060	1.053	-0.016	0.035	0.984
非独生子女(独生子女=0)	0.103	0.322	1.108	-0.315*	0.187	0.729
非留守(留守=0)	0.282	0.269	1.325	0.220	0.163	1.246
谈恋爱年龄(21 岁及以上=0)						
18 岁及以下	0.389	0.366	1.475	-0.331*	0.203	0.719
19~20 岁	0.480	0.366	1.616	-0.201	0.198	0.818
家庭经济状况	-0.327**	0.166	0.721	-0.025	0.095	0.976
父母对新观念的接受度	-0.145	0.143	0.865	-0.074	0.087	0.928
家庭和谐度	0.041	0.066	1.042	0.008	0.038	0.992
父亲受教育程度(高中及以上=0)						
初中及以下	-0.123	0.326	0.884	-0.244	0.196	0.783
父母没有催过婚恋(有=0)	-0.020	0.274	0.980	-0.577**	0.166	0.562
城市(南京=0)						
成都	-0.003	0.310	0.997	0.564**	0.196	1.757
武汉	-0.804**	0.331	0.447	-0.221	0.196	0.802
打工时长(11 年及以上=0)						
5 年及以下	0.046	0.370	1.047	-0.678**	0.228	0.508
6~10 年	-0.236	0.342	0.790	-0.360*	0.190	0.698
工作收入(5000 元以上=0)						
3500 元及以下	0.435	0.407	1.545	-0.114	0.228	0.892
3501~5000 元	0.142	0.379	1.153	-0.456**	0.204	0.634
非服务业(服务业=0)	-0.208	0.263	0.812	-0.253	0.159	0.776
截距	-0.583	1.214		2.182**	0.717	
-2LL	1477.782					
χ^2	94.039***					
Nagelkerke R²	0.125					
n	817					

注：* p<0.1，** p<0.05，*** p<0.01。

第一，个体因素对择偶方式的影响。农村新生代青年中男性和女性在择偶方式上存在显著差异。相较于女性，男性择偶时通过别人介绍认识的概率降低30.3%，说明在择偶上男性更为主动，而女性有可能是为了防止"上当受骗"和降低婚恋失败的风险，从而更理性地选择熟人介绍，以保障婚恋的安全和稳定。独生子女和非独生子女在介绍认识和自己认识方式上存在显著差异。相对于独生子女而言，非独生子女的择偶方式为通过他人介绍认识的概率降低27.1%。对于农村独生子女来说，婚恋选择事关整个家庭未来的生活照顾和养老安排，选错对象会影响整个家庭的未来生活质量。为了降低自由恋爱中的风险成本，独生子女家庭父母会更主动地考虑和张罗给子女介绍对象。另外，不同年龄的农村新生代青年的择偶方式也存在显著差异。与21岁及以上的青年相比，18岁及以下开始谈恋爱的农村新生代青年择偶途径为通过他人介绍认识的概率下降28.1%；相反，随着他们年龄增长，父母会越着急，则越有可能积极主动地找熟人给子女介绍对象。受教育年限和是否留守对农村新生代青年择偶方式不具有显著影响。

第二，家庭因素对择偶方式的影响。已有研究认为，家庭对农村新生代青年的婚育具有催化作用，家庭会通过各种途径向子女灌输自身的期待和要求，并利用各种机会为子女说媒定亲并举办婚礼（陈雯，2014）。研究显示，家庭因素同样起到一定的催化作用。家庭经济状况越好，农村新生代青年选择自主恋爱比其他择偶方式的概率越大，其他择偶方式的概率下降27.9%。这说明家庭经济状况越好，对子女的婚姻催促相对较少，农村新生代青年自主选择的机会更大；而经济状况越差的家庭，越希望子女早点结婚，子女会通过其他方式寻找伴侣。父母对新观念接受程度、家庭和谐度和父亲受教育程度对择偶方式的影响不显著。但与被家庭催促结婚恋爱的人相比，没有被催促过的农村新生代青年自由恋爱的比例更高，通过他人介绍认识的概率下降43.8%。尽管在快速流动的城市化和社会转型背景下，父权制家庭的强权日趋式微，但父母还是会通过各种途径对子女的婚育进行催促。与此同时，流动的经验使得农村新生代青年的主体意识逐渐增强，并在一定程度上以消极态度回避抗争父母的催促。然而，囿于城乡户籍制度限制所带来的城市社会融入困难，农村新生代青年在父母的催促下很难快速找到自由恋爱对象，最终还是可能会通过家庭或熟人的帮助去寻找另一半。

第三，城市因素对择偶方式的影响。不同地域的农村新生代青年的择偶方式存在显著差异。与南京相比，成都农村新生代青年择偶方式更偏向于传统介绍认识，介绍认识概率是自己认识的 1.757 倍；武汉农村新生代青年选择其他择偶方式的概率是自己认识的 0.447 倍。这可能与地区发展程度有关，相较于成都，南京、武汉的城市化、市场化及现代化程度更高，因此个体更有可能采取自主恋爱的方式。打工时间越长，农村新生代青年自主恋爱的机会越多；同时，越早外出务工，在城市的经济、社会和文化融入程度越高，他们的自主恋爱意识就越强，也越有可能通过自己结识到另一半。收入水平越高，农村新生代青年选择通过他人介绍认识的可能性越低，与月收入 5000 元以上的人相比，月收入为 3501~5000 元的人通过他人介绍认识的概率是自己认识的 0.634 倍。经济收入的提升，强化了农村新生代青年自主选择的能力，他们独立自主的观念更强，更有可能根据自己的喜好选择婚恋对象，而不是依赖父母或熟人介绍。此外，经济收入越高，自身的社会网络资源越丰富且异质性越强，其自由交往和结识恋爱对象的机会也越多。

二　农村新生代青年的择偶圈

长期以来，由于农村的生产生活方式、社会交往方式、文化传统等相对封闭，农村新生代青年的社会交往网络被框在血缘、亲缘和地缘的狭窄范围内。因此，他们的择偶圈大多局限在同县的地域范围内，很少会跨县、市、省，形成了以地缘为主、通婚距离较短的传统婚姻模式（风笑天，2006）。随着农村新生代青年的外出务工，他们的生活场域由原来传统封闭的农村转为现代开放的城市，其择偶对象是否会突破传统的地域范围？择偶圈是否与原来保持一致？不同群体的择偶圈是否存在差异？本章对此也展开了分析。

（一）理想择偶圈与现实择偶圈的比较

图2-2对农村新生代青年的理想择偶圈和现实择偶圈分布进行了比较。从理想择偶圈来看，农村新生代青年期望找同村或同乡镇的比例均不高，分别只有2.4％和8.9％；期望在同市或同省跨市寻找另一半的比例稍高，分别为15.2％和16.3％；与此同时，明确表示想在外省和同一大区域择偶的人所占比例也不高，两者之和未超过7％。与有明确的择偶范围期望的人相比，50.3％的农村新生代青年对在哪里择偶并未表现出明确的区域范围倾向，这表明他们仍然期盼婚恋自主，而不是受到地域范围的限制。

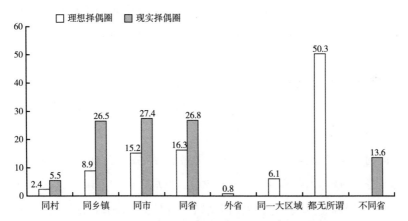

图2-2　农村新生代青年理想择偶圈和现实择偶圈分布状况

从现实择偶圈来看，最终选择同村和同乡镇的人作为婚恋对象的比例分别为5.5％和26.5％，两者之和为32.0％，比理想择偶圈高出20.7个百分点。实际选择在同市通婚或恋爱的农村新生代青年所占比例，比同一区域的预期比例高出12.2个百分点，达到27.4％。也就是说，最终选择在同村、同乡镇、同市就近择偶的农村新生代青年所占比例累计达到 59.4%，而在较远区域即同省跨市、不同省份择偶或通婚的农村新生代青年所占比例累计达到 40.6%。该研究发现与以往研究结果基本一致。段成荣和梁海艳（2015）对全国流动人口动态监测调查数据的分析发现，"80 后"流动人口在同一县市通婚的比例为 65%，"90 后"在同一县市通婚的比例也达到了 60%。

综合比较理想择偶圈和现实择偶圈来看，一方面，农村新生代青年相较于老一代农村流动人口而言，他们的择偶观念随着流动的历程发生了显著的变化，其实际的择偶圈也有了明显的扩展，地域范围不断延伸，不再局限于传统封闭的社会关系网络范围内。另一方面，就近的择偶行为仍然占据很大的比例。实地访谈中，我们了解到一年之中农村新生代青年择偶相亲的黄金时段是春节放假期间，"闪电式"的见面使双方缺乏深入了解的机会和时间；选择同村或同乡镇的异性更有助于深入了解彼此，双方家庭知根知底。所以尽管农村新生代青年没有明确的就近择偶的期望，但现实情境中他们中仍有近 1/3 的人会在同村或同乡镇范围内择偶。

（二）已有婚恋对象者择偶圈的影响因素

为了进一步厘清农村新生代青年择偶圈变化的原因，本部分对其影响因素进行了考察。参照惯例的分类方法，我们将择偶圈分为两类：其一，将"同村、同乡镇、同县市"视为近距离通婚，赋值为 0；将"省内跨市""不同省份"视为远距离通婚，赋值为 1。然后，建立 Binary Logit 回归模型，系统考察农村新生代青年择偶圈的影响因素，结果如表 2 - 2 所示。

表 2 - 2　影响择偶圈的 Binary Logit 回归模型

变量	B	S. E.	p	Exp(B)
男性（女性＝0）	－ 0.248	0.180	0.167	0.780
受教育年限	0.096	0.034	0.005	1.101
非独生子女（独生子女＝0）	0.324	0.180	0.073	1.382
非留守（留守＝0）	－ 0.054	0.158	0.730	0.947

变量	B	S. E.	p	Exp(B)
谈恋爱年龄(21 岁及以上＝0)				
18 岁及以下	－ 0.115	0.199	0.562	0.891
19～20 岁	0.090	0.192	0.638	1.095
家庭经济状况	0.122	0.093	0.187	1.130
家庭和谐度	0.034	0.037	0.358	1.034
父母对新观念的接受度	0.070	0.084	0.407	1.072
父亲受教育程度(高中及以上＝0)				
初中及以下	0.073	0.160	0.646	1.076
父母没有催过婚恋(有＝0)	0.275	0.163	0.092	1.316
城市(南京＝0)				
成都	0.691	0.191	0.000	1.996
武汉	0.202	0.192	0.294	1.223
打工时长(11 年及以上＝0)				
5 年及以下	－ 0.452	0.254	0.075	0.636
6～10 年	0.176	0.191	0.356	1.193
工作收入(5000 元以上＝0)				
3500 元及以下	－ 0.300	0.224	0.182	0.741
3501～5000 元	0.004	0.200	0.983	1.004
非服务业(服务业＝0)	－ 0.102	0.153	0.504	0.903
未婚(已婚＝0)	0.441	0.190	0.020	1.554
介绍认识(自己认识或其他＝0)	－ 0.677	0.156	0.000	0.508
常数项	－ 1.926	0.689	0.005	0.146
－ 2LL	1061.59			
χ^2	69.680			
Nagelkerke R^2	0.108			
n	831			

　　第一，个体因素与农村新生代青年的择偶圈。受教育年限对农村新生代青年的择偶圈具有显著影响。表 2 - 2 显示，受教育年限每增加 1 年，农村新生代青年的远距离通婚的概率增加 10.1％。我国不同行政级别的地域往往承担不同层次的办学任务，个体的受教育程度影响其空间流动范围。而且，受教育程度越高，乡镇—县城—市—省内跨市—跨省的地域流动性越大，进而影响通婚距离。此外，求学可能会

拓展社会交往圈，增加远距离择偶的可能。与独生子女相比，非独生子女远距离择偶的概率显著增加 38.2%，这一研究结果与梁海艳和阳茂庆（2014）的研究结果基本一致。农村新生代青年中独生子女的择偶圈显著小于非独生子女，可能的原因是，独生子女需要承担父母的全部家庭养老责任，远距离通婚将不利于对父母进行生活照顾、精神慰藉等，所以更有可能选择近距离通婚。其他的个人因素，如性别、谈恋爱年龄、留守经历对农村新生代青年的择偶圈均不具有显著影响。

第二，家庭因素与农村新生代青年的择偶圈。家庭因素中只有父母催婚恋对农村新生代青年的择偶圈有显著影响，家庭经济状况、家庭和谐度、父母对新观念的接受度、父亲受教育程度等对其择偶圈的影响不显著。与被父母催促过谈恋爱或结婚的农村新生代青年相比，那些没有被催过婚恋的人最终选择远距离通婚圈的概率增加了31.6%。虽然城市化经历拓宽了农村新生代青年的眼界，增强了他们的经济能力、社会交往能力，也强化了他们的自主意识，但是面对来自父母的婚恋催促，他们也会因传统观念、情感依恋及经济困窘等而选择妥协。最终，他们通过父辈的熟人介绍，认识婚恋对象并走进婚姻殿堂，其择偶圈在较大程度上仍然局限在原来以地域为基础的熟人范围内，从而减少了远距离通婚的可能性。

第三，城市经历与农村新生代青年的择偶圈。与南京相比，成都的农村新生代青年选择远距离通婚的可能性增加了 99.6%。南京和武汉的农村新生代青年的通婚圈则不具有显著差异。成都作为西南地区重要的劳动力聚集地，绝大部分农村新生代青年来自周边市或邻近省，但因他们在文化、生活习惯等方面具有较大的相似性，在地理空间上也在可达范围内，故省内跨市或跨省的婚姻较多。而对于南京来说，其吸纳了来自全国各地的农村新生代青年，文化相似性和地理空间可达性相对较低，远距离通婚的可能性也因此降低。再有，从打工时长来看，相对于打工时间在 11 年及以上的农村新生代青年来说，外出打工 5 年及以下的人选择远距离通婚的概率下降 36.4%。打工时间越长，在城市的社会交往范围可能越广泛，农村新生代青年就越有可能从"同质的老乡圈"走向"跨市或跨省的异质的朋友圈"，增加远距离通婚机会。

第四，择偶方式与农村新生代青年的择偶圈。不同婚姻状态的农村新生代青年的择偶圈存在显著的差别。与已婚者相比，未婚的农村新生代青年的择偶受到地域范围的影响较小，远距离通婚的概率增加55.4%；已婚者的通婚圈则明显偏向近距离择偶，表明从恋爱到结婚的过程中，关于择偶地域的考量逐渐从浪漫向现实转变。控制其他变量后相对于自己认识或其他方式认识，以传统介绍方式认识的农村新生代青年的择偶圈范围更小，远距离通婚的概率下降49.2%。网络交往、游玩聚会等日渐成为农村新生代青年社会交往的重要形式，这种交往在较大程度上突破了地缘和亲缘的束缚，帮助他们形成了跨越地域的社会交往圈，为其远距离婚恋创造了机会。同时在全国力推职业教育的背景下，农村新生代青年就读职业技术学校的比例越来越高，越来越多的人通过学校、政府组织、劳务市场等获得正式职业，这种正式的就业网络比传统的求职网络（亲友介绍或安排）更能突破地缘、血缘的关系网络，在一定程度上也拓展了农村新生代青年的择偶圈。

三 农村新生代青年的择偶条件

择偶是青年人生中的重大事情，选择什么样的人成为自己的终身伴侣，想要走进婚恋的他们会结合社会文化与个体偏好形成自己的择偶标准。择偶标准是社会转型和价值观变化的"晴雨表"。农村新生代青年从传统封闭的农村走向现代开放的城市，从单一的学校环境走向复杂的工作岗位，这些经历是否会改变他们的择偶价值观？

（一）农村新生代青年的择偶条件

我们在调查中询问农村新生代青年"您认为最重要的择偶条件是

什么"，被访者从表2-3的16个项目中挑选出3项，并且按照重要性进行了排序。结果显示，农村新生代青年的择偶条件中排在前三位的分别为对方人品（68.9%）、两人感情（49.4%）、性格脾气（39.2%）；其次为年龄合适（20.3%）、相貌气质（17.7%）、家庭背景（17.5%）、身体健康（16.4%）；相对不重要的为职业单位（2.7%）、贞操（2.7%）和文化程度（4.6%）。上述数据表明，农村新生代青年的择偶标准呈现出新的趋势，即从以往注重家庭背景、物质条件转向注重个人品质以及情感性格相投。与此同时，他们对住房、收入、职业、文化程度的重视程度有所下降。

表2-3 农村新生代青年择偶条件及其性别差异

单位：%

择偶条件	总体	男性	女性
家庭背景	17.5	12.5	25.7
有无住房	7.5	4.2	12.9
对方人品	68.9	66.8	72.5
相貌气质	17.7	22.1	10.4
职业单位	2.7	2.1	3.8
年龄合适	20.3	24.5	13.3
经济收入	11.7	6.4	20.5
身体健康	16.4	17.7	14.3
文化程度	4.6	5.6	3.0
能力才干	12.1	7.6	19.5
两人感情	49.4	53.2	43.2
生活习惯	12.1	14.1	8.8
性格脾气	39.2	42.3	33.9
价值观念	9.5	10.1	8.6
贞操	2.7	3.9	0.8
其他	2.9	2.7	3.4

表2-3还就农村新生代青年的择偶条件进行了性别之间的比较。结果表明，男女双方最认可的是对方人品、两人感情、性格脾气，但在其他标准上存在较大的差异。比较而言，男性更看重年龄、相貌气

质、身体健康；而女性则更看重家庭背景、经济收入、能力才干，同时关注"有无住房"的比例也显著高于男性。这一结果表明，"双方个性相似相容"仍然是主流的择偶标准，符合择偶中的相似相容原则。但值得注意的是，"郎才女貌"的传统择偶标准仍然在男性择偶中起着主导作用，而女性更在意男性的物质条件和未来发展潜力。

上述农村新生代青年的择偶标准反映了现有的匹配模式，也折射出其背后传统的"男主外、女主内"的两性分工模式。首先，相较于男性来说，婚姻家庭对女性的生命历程发展更为重要，女性失贞或离婚的社会心理成本更高，在异性交往中女性往往处于被动和"不安全感"地位，为了降低婚姻失败的风险，她们在交往时会对男方有更高的要求（李煜、徐安琪，2004）。其次，进入生育阶段后，女性会承担更多抚育家庭的责任，同时她们在劳动力市场中遭受着较为普遍的歧视，处于相对弱势地位，经济的不安全感导致其更看重物质标准。最后，农村新生代青年内部的男性婚姻挤压，为女性在婚姻市场中提供了可挑选的机会，故在性格相容的基础上，女性会基于自身的条件，对另一半提出物质方面的要求。

（二）农村新生代青年择偶条件的影响因素

为了进一步考察个体、家庭和城市因素对农村新生代青年择偶条件的影响，结合以往的研究惯例（许传新，2013；徐安琪，2000），我们将代表性的指标进行了分类合并，凡是选择对方人品、两人感情、生活习惯、性格脾气和价值观念的相加合并成双方相容类；凡是选择家庭背景、有无住房、职业单位、经济收入、文化程度和能力才干的相加合并成经济能力类；凡是选择相貌气质、年龄合适、身体健康、贞操的相加合并成生理条件类。只要在某一个类别出现一次，我们即赋值为 1，都没有出现的则赋值为 0，形成三个二分类因变量，并建立了三个 Binary Logit 回归模型考察择偶条件的影响因素，结果如表 2 - 4 所示。

表 2-4 影响择偶条件的 Binary Logit 回归模型

变量	模型 3：双方相容			模型 4：经济能力			模型 5：生理条件		
	B	S. E.	Exp(B)	B	S. E.	Exp(B)	B	S. E.	Exp(B)
男性(女性=0)	0.531	0.385	1.701	-1.713***	0.188	0.180	1.073***	0.182	2.925
受教育年限	0.144*	0.074	1.155	0.053	0.036	1.055	-0.118**	0.034	0.889
非独生子女(独生子女=0)	0.717*	0.385	2.049	-0.079	0.190	0.924	-0.314*	0.178	0.730
非留守(留守=0)	-0.063	0.354	0.939	0.320*	0.165	1.378	0.096	0.156	1.101
谈恋爱年龄(21岁及以上=0)									
18岁及以下	-0.051	0.440	0.951	0.070	0.209	1.072	-0.486**	0.196	0.615
19~20岁	0.033	0.430	1.034	0.340*	0.203	1.405	-0.345*	0.190	0.708
家庭经济状况	0.043	0.203	1.044	0.138	0.098	1.148	0.109	0.092	1.115
家庭和谐度	0.055	0.075	1.057	-0.072*	0.038	0.931	-0.007	0.036	0.852
父母对新观念的接受度	0.162	0.180	1.175	0.019	0.088	1.020	0.169**	0.083	1.184
父亲受教育程度(高中及以上=0)									
初中及以下	1.031**	0.429	2.804	-0.166	0.171	0.847	-0.155	0.158	0.856
父母没有催过婚恋(有=0)	0.485	0.367	1.624	-0.024	0.173	0.976	-0.028	0.162	0.973
城市(南京=0)									
成都	0.786*	0.441	2.194	-0.006	0.200	0.994	0.025	0.186	1.026
武汉	0.342	0.393	1.407	-0.037	0.201	0.964	-0.063	0.188	0.939

变量	模型3:双方相容			模型4:经济能力			模型5:生理条件		
	B	S.E.	Exp(B)	B	S.E.	Exp(B)	B	S.E.	Exp(B)
打工时长(11年及以上=0)									
5年及以下	-0.352	0.541	0.703	-0.479*	0.267	0.619	0.428*	0.249	1.533
6~10年	0.792*	0.477	2.208	-0.516**	0.201	0.597	0.453**	0.190	1.574
工作收入(5000元以上=0)									
3500元及以下	0.030	0.501	1.031	-0.095	0.233	0.910	0.341	0.220	1.407
3501~5000元	0.013	0.467	1.014	-0.197	0.213	0.821	0.293	0.198	1.341
非服务业(服务业=0)	-0.801**	0.365	0.449	-0.139	0.161	0.870	0.093	0.152	1.097
未婚(已婚=0)	0.394	0.461	1.483	0.166	0.203	1.181	-0.034	0.188	0.967
介绍认识(自己认识或其他=0)	0.287	0.347	1.333	0.451**	0.164	1.569	0.190	0.154	1.209
常数项	-0.477	1.400	0.621	-0.515	0.708	0.598	-0.388	0.677	0.678
-2LL	297.695			977.167			1077.678		
χ^2	29.5***			165.6***			76.9***		
Nagelkerke R^2	0.107			0.241			0.117		
n	836			836			836		

注: * p<0.1, ** p<0.05, *** p<0.01。

第一，个体因素与择偶条件。首先，性别是影响农村新生代青年择偶条件的重要变量。男性和女性在双方相容条件的要求上不具有显著差别，但女性比男性更看重经济能力，男性择偶时看重经济能力的概率仅为女性的 0.180 倍，男性则对女性的生理条件要求更高，是女性的 2.925 倍。其次，受教育年限对农村新生代青年选择双方相容条件具有显著的正向影响。具体而言，受教育年限每增加 1 年，农村新生代青年选择双方相容条件的概率增加 15.5％；受教育年限对生理条件呈显著负向影响，但对经济能力的影响不显著。受教育年限越长，通用性人力资本水平越高，即能力越强的农村新生代青年越注重对方个性品质的相似相容，而不注重生理条件和经济能力。另外，与独生子女相比，非独生子女更看重双方是否相似相容，而不是异性的生理条件，但两者对经济能力条件的重视程度不存在显著差异。再有，与有过留守经历的农村新生代青年相比，没有留守经历者更注重异性的经济能力，但两者在双方相容和生理条件上不具有显著差异。就年龄的影响来说，与年满 21 岁才恋爱的人相比，19～20 岁时谈恋爱的农村新生代青年更注重经济能力，更不看重生理条件。

第二，家庭因素与择偶条件。在农村新生代青年中，如果其原生家庭和谐度越高，如父母不经常吵架、父母没有离婚、父母生活很幸福等，那么他们在择偶时对经济能力越不看重。但那些来自和谐度较低家庭的青年，则更有可能期望通过择偶达到较高的经济水平，为未来的生活增加幸福的砝码，走出原生家庭生活不和谐的阴影。与此同时，如果父母对新观念的接受程度较高，农村新生代青年就会更加注重生理条件，看重郎才女貌、年龄相当等条件。但如果父亲的受教育程度越高，他们则越注重双方相容性，而不看重经济能力和生理条件。另外，父母催婚恋并未导致农村新生代青年降低择偶标准，也就是说父母是否催婚恋并未显著影响到年轻人对双方相容、经济能力和生理条件的要求。面对父母的催促，农村新生代青年仍然会基于独立主体的意识进行消极回避和抗争，不会降低条件而将就进入婚姻的"围城"。值得注意的是，家庭经济状况对年青一代的择偶标准并未产生显著的影响，可见从农村进入城市之后，不同家境的农村新生代青年在择偶标准上日渐趋同。

第三，城市因素与择偶条件。数据显示，南京和武汉的农村新生代青年的择偶标准基本一致。而与南京的农村新生代青年相比，成都的农村新生代青年更看重双方的相容条件，比前者高出 119.4%，但在是否注重经济能力和生理条件上两地青年不存在显著差异。打工时长对农村新生代青年的择偶条件有显著的影响，与打工 11 年及以上的农村新生代青年相比，打工 10 年及以下的农村新生代青年更不看重经济能力，更加看重生理条件和双方相容。工作收入对择偶条件的影响不显著，服务业的农村新生代青年更加注重双方相容。相对于服务业而言，非服务业的婚姻挤压更严重，选择余地较小，导致他们的双方相容、经济能力等择偶标准更低。打工时长和打工地点在一定程度上反映了城市融入和城市化水平。以往研究结果表明，城市融入度越高和城市化水平越高的地区，农村新生代青年择偶标准越可能经历从传统向现代的转变（许传新，2013），本章的结果显示此影响过程是复杂的。具体而言，在城市化水平较高的南京工作和打工时间较长的农村新生代青年，偏向于更传统的择偶标准。其原因可能是，农村新生代青年在城市融入过程中虽然体验到传统与现代、农村与城市的双重择偶标准，但融入城市面临诸多困难，使得他们在面对现实生活情境时仍然会做出传统取向的选择。

四　农村新生代青年的婚恋匹配模式

如果说择偶条件、择偶标准主要是探讨农村新生代青年"希望找什么样的人谈恋爱或结婚"或者是"谁想和谁结婚"的问题，那么婚恋匹配模式则是讨论已经有婚恋对象的农村新生代青年究竟选择了什么样的伴侣，或者说是"谁最终和谁谈恋爱或结婚"。婚恋匹配主要分为先赋性匹配和自致性匹配，其中先赋性匹配主要是指婚恋双方原生家庭的社会经济地位基本匹配；而自致性匹配则主要是指双方通过自致努力所获得的社会经济地位较为一致，包含教育、职业、收入等。由于农村新生代青年的职业阶层具有较高的同质性，本部分主要从家庭经济条件、文化程度、经济贡献（收入）匹配模式来分析他们的婚恋匹配模式。

（一）同质婚与异质婚的现状比较

为了厘清农村新生代青年中同质婚与异质婚的分布，表2-5比较了婚恋双方在家庭经济条件、文化程度和经济贡献（收入）上的差异。

表2-5　婚恋双方在家庭经济条件、文化程度、经济贡献（收入）分布上的比较

单位：%

	家庭经济条件	文化程度	经济贡献(收入)
男方强	25.3	29.1	35.1
女方强	20.8	22.6	11.5
差不多	45.9	44.1	42.3
说不清	8.0	4.3	11.2

表2-5的结果显示，从先赋性匹配来看，男女双方家庭经济条件差不多的情形最为常见，占45.9%，男方比女方家庭经济条件好的比例为25.3%，女方比男方家庭经济条件好的比例为20.8%。由此可见，当前农村新生代青年的婚恋主要是同质婚，门当户对的婚恋观在农村新生代青年中依旧具有显著的影响力。这一结果在较大程度上支持了婚姻交换论，即家庭资源是婚姻市场中的重要筹码，家庭资源相当更有利于男女双方在婚姻市场和未来家庭生活中形成平等关系。

从自致性匹配来看，男女双方在文化程度上匹配的比例最高，占44.1%，男方比女方文化程度高的比例为29.1%，男方比女方文化程度低的比例为22.6%。这表明与择偶梯度上男高女低的传统模式相比，农村新生代青年在文化程度匹配上更多遵循同类匹配的模式。造成这一结果的原因可能是农村新生代青年的择偶对象多来自同学或工作中遇到的同龄人，因此男女双方在文化程度上差异不大。即使在这一维度出现了22.6%的女性下向婚的情况，但因为80%的农村新生代青年处于初中、

高中或中专的中等教育阶段，所以实际的受教育程度差别并不大。

除文化程度上的匹配外，农村新生代青年中婚恋双方的经济收入匹配的比例也较高，占比为 42.3%，男方比女方收入高的占 35.1%，而女方比男方收入高的仅占 11.5%。该研究结果部分支持了 Becker（1981）的婚姻市场匹配理论。婚姻市场中存在积极匹配和消极匹配两种模式，双方收入相当是积极的婚姻匹配；若夫妻一方收入的提高是以另一方收入的减少为代价的，则为消极的婚姻匹配。后一种模式的目的是实现家庭收益的最大化，均衡的结果可能是性别的完全分工，即其中一方（大多数情况下是女性）完全退出劳动力市场。但目前数据显示，农村新生代青年家庭收入的完全分工模式并未成为主流。

综合来看，表 2-5 的结果表明，虽然农村新生代青年经历了从传统农村到现代城市的地域转变，婚姻市场较之以往也更具开放性和流动性，但同质婚仍然是这一群体婚恋模式的主流，先赋性因素匹配并没有弱化。除普遍的同质婚现象以外，婚姻市场的梯度仍然存在，女性在家庭条件、文化程度、收入方面向上梯度的婚恋比例均达到 30% 左右，虽然女性下向婚恋比例有一定上升，但总体仍呈现男性占据主导、男高女低的婚恋模式。究其原因，可能是城乡二元劳动力市场的分割，使得次级劳动力市场中的农村女性面临更多的劳务用工限制，其工资薪酬及孕育阶段的劳动福利难以得到保障，所以她们倾向于选择比自己经济条件更好的另一半。

（二）农村新生代青年婚恋匹配的影响因素

在厘清了农村新生代青年婚恋匹配的基本模式后，本部分进一步考察了同类匹配的影响因素。参照以往的研究（马磊，2019），我们将婚恋匹配分为两类：一类为同质婚，即将男女双方在家庭经济条件、文化程度、经济贡献（收入）方面差不多的婚恋实践赋值为 1；另一类为异质婚，即在上述几方面呈现男方更具优势或女方更具优势的婚恋实践，赋值为 0。另外，"说不清"作为缺失值处理，以此为因变量建立了三个 Binary Logit 回归模型（见表 2-6）。

表 2 - 6　影响同质婚的 Binary Logit 回归模型

变量	模型 6:家庭背景同质			模型 7:教育同质			模型 8:收入同质		
	B	S.E.	Exp(B)	B	S.E.	Exp(B)	B	S.E.	Exp(B)
男性(女性=0)	-0.142	0.190	0.867	-0.093	0.194	0.911	-0.059	0.187	0.942
受教育年限	0.007	0.035	1.007	-0.081**	0.036	0.923	-0.004	0.034	0.996
非独生子女(独生子女=0)	0.034	0.181	1.035	0.038	0.184	1.038	-0.103	0.176	0.902
非留守(留守=0)	-0.076	0.158	0.927	0.007	0.161	1.007	0.042	0.156	1.043
谈恋爱年龄(21 岁及以上=0)									
18 岁及以下	-0.470**	0.199	0.625	-0.481**	0.200	0.618	0.085	0.194	1.089
19~20 岁	0.133	0.189	1.142	-0.437**	0.194	0.646	0.004	0.188	1.004
家庭经济状况	-0.146	0.093	0.864	0.106	0.094	1.112	0.070	0.091	1.072
父母对新观念的接受度	0.049	0.084	1.050	-0.011	0.086	0.990	0.072	0.083	1.075
父母没有催过婚恋(有=0)	0.271*	0.163	1.312	0.308*	0.166	1.361	0.179	0.160	1.196
家庭和谐度	0.118***	0.038	1.125	0.058	0.038	1.060	0.060*	0.036	1.062
父亲受教育程度(高中及以上=0)									
初中及以下	-0.090	0.160	0.914	-0.201	0.162	0.818	-0.360**	0.157	0.695
城市(南京=0)									
成都	-0.003	0.190	0.997	0.177	0.192	1.194	-0.017	0.186	0.983
武汉	-0.117	0.191	0.889	0.086	0.195	1.089	0.035	0.188	1.036
打工时长(11 年及以上=0)									
5 年及以下	-0.056	0.255	0.946	0.155	0.259	1.168	-0.163	0.251	0.850
6~10 年	0.029	0.190	1.029	0.263	0.193	1.301	0.010	0.188	1.010

变量	模型 6：家庭背景同质			模型 7：教育同质			模型 8：收入同质		
	B	S. E.	Exp(B)	B	S. E.	Exp(B)	B	S. E.	Exp(B)
工作收入(5000 元以上=0)									
3500 元及以下	0.418*	0.223	1.519	-0.128	0.223	0.880	0.121	0.218	1.129
3501~5000 元	0.265	0.202	1.303	-0.153	0.203	0.858	0.113	0.197	1.120
非服务业(服务业=0)	-0.122	0.153	0.885	-0.086	0.156	0.918	-0.007	0.151	0.993
未婚(已婚=0)	0.396**	0.193	1.485	0.269	0.195	1.308	0.168	0.189	1.183
介绍认识(自己认识或其他=0)	0.550***	0.158	1.731	0.037	0.161	1.038	0.100	0.154	1.105
市内婚姻(跨市或跨省=0)	0.196	0.156	1.217	0.151	0.159	1.163	0.064	0.153	1.066
双方相容标准(是=0)	-0.221	0.368	0.802	-0.845**	0.402	0.430	-0.067	0.348	0.935
经济能力标准(是=0)	0.237	0.170	1.267	0.163	0.173	1.177	0.361**	0.167	1.434
生理条件标准(是=0)	0.195	0.157	1.215	0.260*	0.159	1.297	0.124	0.154	1.132
常数项	-2.010**	0.781	0.134	-0.443	0.788	0.642	-1.497	0.760	0.224
-2LL	1055.5			1021.1			1083.9		
χ^2	51.4**			32.386			18.766		
Nagelkerke R^2	0.083			0.055			0.031		
n	805			775			801		

注：* p＜0.1，** p＜0.05，*** p＜0.01。

第一，个体因素与婚恋匹配。如表2-6所示，农村新生代青年受教育程度越高，越不注重教育维度的同质匹配，在其他条件保持不变的情况下，个体受教育年限每增加1年，同质婚的比例下降7.7%。描述性统计分析发现，与初中受教育程度组别相比，在更高受教育程度组别中，男性受教育程度超过女性的比例明显更高。这说明在教育维度上，高中及以上学历的农村新生代青年更多呈现男高女低的择偶梯度，而不是"同类匹配"。受教育程度较低的农村新生代青年由于择偶教育范围相对狭窄，所以更有可能被动选择教育同质婚，这在一定程度上支持了机会结构理论。另外，与年满21岁以后谈恋爱的人相比，18岁及以下谈恋爱的人更不看重家庭背景和教育同质匹配，19~20岁谈恋爱的人的教育同质匹配概率下降35.4%，但不同性别、是不是独生子女、是否留守等变量对农村新生代青年婚恋匹配模式的影响并不显著。

第二，家庭因素、城市因素与婚恋匹配。首先，与有过被父母催婚恋经历的人相比，没有被催婚恋的农村新生代青年的婚恋匹配模式更倾向于家庭背景和教育同质婚，他们在婚恋选择上拥有更大自主权，倾向于寻找与自己相似的另一半，而被家庭催婚恋的人更可能为了达到父母尽快成婚的要求而降低标准向下匹配。其次，原生家庭和谐度较高的农村新生代青年的家庭背景同质匹配和收入同质匹配的可能性增加了12.5%和6.2%，这契合了中国传统的"门当户对"的观念，越是生活幸福的原生家庭越期望子女在婚姻市场上匹配同类资源，尤其是家庭条件和经济收入的匹配，从而提升他们未来家庭生活的幸福感。另外，父亲受教育程度越低，子女越难以形成收入同质婚，同质婚的比例下降30.5%。这很有可能是因为受教育程度较低的父亲更看重经济收入，希望子女能通过婚姻的向上流动实现物质生活水平的改善。

第三，外出流动因素与婚恋匹配。在外出流动因素中，只有收入对农村新生代青年的家庭背景匹配模式有一定影响。与收入5000元以上的人相比，收入在 3500 元及以下的农村新生代青年更有可能形成家庭背景的同类匹配。按理来说，农村新生代青年外出务工时间越长、工作地城市化水平越高、越是从事服务行业，越有可能形成异质婚，但目前的数据显示，外出务工时长、工作地点、工作行业等对婚恋匹配的影响均不显著。究其原因，也许是农村新生代青年的居住空间与城市居民相对隔离，社会交往呈现阶层的内卷化和同质化，所以他们更可能在"同是天涯外乡人"的圈子中缔结同质婚。

第四，择偶方式、择偶标准与婚恋匹配。相较于已婚者，农村新生代青年中的未婚者在恋爱时更为理性，尤其注重家庭背景的匹配。与自己寻觅婚恋对象的方式相比，通过介绍认识另一半的农村新生代青年呈现较高的家庭背景同质匹配概率，"父母之命，媒妁之言""门当户对"的传统模式仍然具有较强的生命力。值得注意的是，虽然通婚距离对婚恋同质匹配具有正向影响，但统计不显著，这说明农村新生代青年在城市化过程中虽然实现了地域空间和社会交往范围的扩大，但其所接触的婚配对象在家庭背景和社会经济地位上与以往相比并没有太大的不同，婚恋双方的阶层地位具有较大的相似性。另外，与强调双方相容的农村新生代青年相比，不强调双方相容条件的人更有可能形成教育异质婚；越是强调双方相容的农村新生代青年，越有可能寻找教育相似的伴侣，以期双方的思想观念等能够更加契合。再有，与看重生理条件的人相比，不强调生理条件的农村新生代青年更可能形成教育同质婚；与看重经济能力的农村新生代青年相比，不强调经济能力的人更可能形成收入同质婚，越是强调经济能力的人，越可能希望通过婚姻的向上流动，改变自身弱势的经济地位。

五　本章小结

本章利用成都、武汉和南京三地的调查数据，比较分析了农村新生代青年的择偶方式、择偶圈、择偶条件和婚配模式。研究结果表明，快速城市化和工业现代化所产生的巨大流动拉力和农村传统文化及情感依恋的内向驱动力，使农村新生代青年的婚恋模式总体上呈现兼具同质性和异质性的双重特征。

首先，在择偶方式上，农村新生代青年的择偶途径仍然以传统介绍认识为主，自由恋爱的比例未超过传统认识的比例，择偶方式并未完全从传统走向现代，而是表现为传统与现代相结合的复杂样态。其次，在择偶圈上，伴随农村新生代青年的城市化进程，他们的择偶圈和地域范围不断拓展，但总体仍然以同市为主，同省跨市或跨省未成为主流。再次，在择偶条件上，农村新生代青年的择偶条件正从传统向现代转变，他们越发看重人品、情感、性格等双方相似相容条件，塑造和谐幸福、稳定美满的婚姻家庭是其择偶的主旋律。在这一前提下，由于社会结构和文化的影响，女性更看重经济能力，男性更看重生理条件。最后，在婚恋匹配上，家庭背景、文化程度、收入的同类匹配是农村新生代青年婚配的主流模式；但婚恋择偶梯度依然存在，女性向上择偶的比例较大，与此同时，男性占据主导、男高女低的婚配模式并未完全消失。

考虑到婚恋风险成本，农村新生代青年中的女性在择偶方式上更可能选择传统的认识途径。传统文化中"男主外、女主内"的性别分工模式及"男高女低"的择偶梯度的影响依旧根深蒂固，使得女性在择偶标准上更看重经济条件。但与此同时，受教育程度的提升拓展了农村新生代青年的地域流动范围和社会交往圈，客观上扩大了婚恋圈；受教育程度提升所带来的生活条件的改善和需求层次的提升，也促使农村新生代青年的择偶标准从传统的物质标准向现代的相似相容标准转变。尤其需要注意的是，独生子女的婚恋事关其父母未来的养老生活安排，所以他们在婚恋对象选择上更看重父母的意见，更倾向于通过熟人介绍认识，不太会选择远距离通婚。另外，有留守经历的农村新生代青年可能因为父母外出务工时为他们提供了良好的经济支持，也可能因为其成长期父母的管教较少，所以在择偶时不太看重传统的经济物质条件。另外，越早谈恋爱的农村新生代青年，其婚恋匹配模式越现代，他们倾向于自主选择，受门当户对和教育同质匹配的束缚较小。

农村新生代青年从农村进入城市，其城市就业质量和生活质量在很大程度上取决于自身努力程度，可能导致原生家庭的作用和影响减弱。例如，父母更期望子女能就近择偶、成婚，但如果本地婚姻支付成本超出其能力范围，他们也会做出让步，同意子女自由恋爱或远距离通婚。尽管如此，原生家庭还是会通过各种途径和方式影响独生子女的择偶观念和择偶标准，并对他们的择偶进程起到一定的加速作用。原生家庭对农村新生代青年择偶的影响还体现在其为子女提供了婚恋的重要参照系，发挥着无形的示范作用。具体而言，其一，家庭和谐度越高，子女择偶时越不看重对方的经济条件，但越可能形成家庭背景和收入同质婚。其二，父亲的受教育程度越高，越可能将现代的择偶模式传递给子女，子女越可能通过自主结识的方式找到另一半，也越注重双方的相似相容，而不是生理条件。其三，父母各种方式的催促，使得农村新生代青年的婚恋更符合传统婚恋观念的期待，尤其强调家庭背景和文化程度的"门当户对"，且其择偶方式倾向于熟人介绍，择偶圈也相对固定。

城市因素对农村新生代青年婚恋则产生了复杂的综合影响。首先，流动时间越短的农村新生代青年，越有可能通过自主认识的方式择偶，也越有可能近距离通婚，他们更看重双方相似相容，但不太强调对方的经济条件。其次，经济融入程度越高，农村新生代青年自由恋爱的机会越大，他们也越不会遵循家庭背景同质匹配的模式。但一部分流动时间较长的农村新生代青年由于在城市较长时期寻觅配偶未果，可能会转向传统的择偶途径，并在基于自身经济实力的情况下，更注重对方家庭背景和经济能力，以期实现婚姻市场交换中的对等。

因此，尽管城市化为农村新生代青年提供了自主选择婚恋对象的地理空间和文化环境，强化了择偶是其个人意志自由体现的观念，但家庭和城市等现实社会结构因素依旧引导和制约着他们的择偶实践，并最终影响他们的择偶方式、择偶圈、择偶标准以及婚恋结果。

第三章

脚本的习得与激活:
农村新生代青年的性价值观

醒来的身体,它初春的寒意
绿了窗台上一盆小小的水仙
—— 它小小的秘密,小小的惊慌

—— 郑小琼《绿》

社会变迁下私人生活的重构长期以来都是社会学关注的核心议题，而性及相关领域的探讨无疑有助于我们理解这一过程中"结构上的不可见性"及"实践的增量"。中国传统社会里唯生物意义上的性不被认可，性通常被建构在以生殖为首要目的的婚姻制度及社会生活中（费孝通，1998；霭理士，2008），形成了"初级生活圈"的一系列角色规范、人际关系、态度倾向，借此达至社会控制的功能（潘绥铭，2003）。1980年之后的改革开放、市场经济转型所推动的史无前例的席卷社会生活各个层面的变革，在一定程度上使婚姻去制度化成为可能（阎云翔，2017；Yeung and Hu，2016），其结果是个体对社会制度的依赖降低，性与婚姻、生育之间的关联也被削弱。

私人生活的"松绑"激发了个体的自主性，年青一代的性价值观尤其是对婚前性行为的态度发生了相应的变化。国内已有的调查结果表明，近30年来尽管青少年对婚外性行为及非婚性行为仍持有较为保守的态度，但明确表示不能接受婚前性行为的比例已有所下降（徐安琪，2003；潘绥铭、杨蕊，2004；王飞，2015）。遗憾的是，已有研究对象多为城市未婚青少年，且以中学生或大学生群体为主，针对流动人口特别是农村新生代青年的调查较少，诚然这一方面是因为在后者中进行抽样及调查难度相对较大，另一方面也说明农村新生代青年的私人生活尚未得到充分的重视。

现有为数不多的相关文献，要么是冠以"未婚先孕""临时夫妻""性压抑""性犯罪"等标题的媒体报道（蒋肖斌，2015），要么是聚焦于"危险性行为"、"HIV预防"或生殖健康等议题的学术研究和工作报告（杨博等，2012；宋月萍、李龙，2015）。显然，这两者都无法帮助我们更好地理解当下农村新生代青年的私人生活，因为大众媒介的想象及有选择的报道无法替代社会事实，而学术研究还应增加对个体所处时代背景及生活际遇的观照。

事实上，农村新生代青年的流动与迁移是当前正在进行的社会转型中不容忽视的重要构成，也是其自身生命历程中的重大事件。据国家统计局发布的《2017 年农民工监测调查报告》可知，1980 年及以后出生的农村新生代青年已经成为农民工主体，占全国农民工总量的 50.5％。与老一代流动人口相比，农村新生代青年外出务工时间更早，游离于城乡之间的他们与初级生活圈的关联更为松散。同时，处于婚育高峰期亦即性生活活跃期的农村新生代青年结婚更晚，以 15～59 岁已婚流动女性为例，2014 年其平均初婚年龄为 23.7 岁，比 2000 年提高了 2.75 岁，其中婚前外出流动者的平均初婚时间较婚后外出流动者晚近 1 年（国家卫生和计划生育委员会流动人口司，2016）。

在这一背景下，农村新生代青年对婚前性行为的态度更能彰显社会变迁与生活际遇、婚姻制度与个体诉求之间的张力（Hendrick et al.，2006；李银河，2002）。因此，本章期望通过对农村新生代青年婚前性行为的态度及其形成机制的探讨，揭示他们私人生活的变迁及在这一过程中社会—个体的互动。

一　性价值观的研究脉络

（一）性价值观的规范习得

传统社会学理论倾向于从个体所身处的社会结构、文化制度去解剖性价值观，其核心是考察个人行为与社会规范及价值是否一致。就性价值观而言，大致可分为性肯定观和性否定观。前者是以积极的、正面的观点看待性，承认对性的追求是个人生活和社会生活中的建设性力量；而后者认为性冲动、性欲、性驱力是一种危险的、有潜在破坏性的力量，需要通过压抑、升华或其他方式加以控制，从而维护社会秩序（阮芳赋，2004）。实际上，历史进程中大多数社会均持否定的性价值观，并通过社会化机构或代理人对个体施加影响，使其形成合乎规范的性态度，主要的方式包括提供相关文化规范促使个体将其内化为自我控制，在社会互动过程中通过对规范的应用形成非正式的社会控制，或者就偏差性行为采取直接的惩戒等（Watt and Elliot，2017）。就性价值观的社会化而言，性教育是最为常见的方法，个体在获取性知识的同时将会被传递、强化性道德。

作为社会化的主要机构，学校是制度化的性教育主体。美国早在19世纪末就在公立教育系统中引入了性教育，并通过财政经费的划拨鼓励实施禁欲主义的教育，倡导婚前性贞洁（Pampel，2016）。相较于美国，我国青少年的性教育起步较晚，直到1988年才通过立法的形式规定学校要对未成年人开展青春期性教育，其定位为"青春期心理卫生和性道德教育、男女同学真诚友谊的教育"。1995年，国家计划生育委员会颁布的工作纲要更是明确指出，要将农村小学高年级纳入青春期教育课程体系中；2006年，国务院颁布的《中国遏制与防治艾滋病行动计划（2006—2010年）》则关注了校内、校外青少年特别是流动人口对艾滋病防治等知识的普及（刘文利，2008）。由此可见，当前性教育尽管包含了对性相关知识的普及，其实质仍是强化性道德，从而减少婚前性行为的发生和性病的传播，但学校性教育到底在青少年性价值观的养成中发挥了怎样的作用，目前的研究尚未达成共识（Hong et al.，2016）。

父母通常理所当然地被认为是子女性社会化的代理人（诺克斯、沙赫特，2009），但有研究表明，父母在性教育中并未承担起应有的责任，青少年甚至认为父母在他们的性社会化过程中是"不完全的"或"不情愿的"参与者（Kim，2009）。家长参与度低主要缘于性的议题容易引起尴尬和不满，而且他们对交流的内容、程度、方式及结果没有十足的把握。相较于性知识的传播，父母更倾向于强调性行为（如怀孕、性传播疾病）的危险和消极后果。在跨文化研究中，有研究者指出亚洲文化中相互依赖或集体主义的取向，使得家庭、社区等群体的需求优先于个人需求，因此父母会依照更加严格的道德和社会行为规范对子女尤其是女儿施以性社会化。但是，由于性的文化禁忌传统的存在，美国亚裔父母与子女之间缺乏直接的、口头的交流，更多的是以一种隐晦的、高度依赖语境的微妙信号完成相关信息的传递和接收。

个体性价值观的社会化还受到了同辈群体的影响，这是一种更为平等的互动，不同于学校、家庭性教育中规训与服从的被动关系。调查结果证实，同辈群体是青少年获取性信息的重要渠道（Potard et al.，2008），同时也或直接或间接地为青少年提供了有关性的同伴规范（Bongardt et al.，2015）。还有研究将宽容的性态度视为观念上的创新，并指出在高生育率、低避孕率以及性与生育紧密关联的时期，创新者是那些来自城市、受过高等教育并享有物质安全的年轻人。随着低生育率、避孕药高使用率时期的到来，创新者对非传统性行为所持有的宽容态度会传递给其他人，观念的扩散会导致原先两极分化的性价值观趋同（Pampel，2016）。

另外，大众传媒对个体性社会化的影响也不容忽视，有研究者认为其作用甚至超过了其他社会化代理人或机构。大众传媒的影响可以被理解为一种青春期性代偿行为（杨雄，2005），即青少年由于缺乏性生活，或者无法从学校、家庭及其他来源获取足够的性信息，而通过另外的方式所进行的宣泄或转移，如从杂志、电视节目或互联网浏览性知识、相关影音或文字，甚至色情内容等。一些学者将大众传媒视为"性超级同伴"，指出其所呈现的性与现实有所不同，特别是当媒体上的性看起来既有趣又无后顾之忧时，就有可能暗示个体做出相应的行为或对性持有宽容的态度，而这与学校及父母所传递的价值观相悖（Peter and Valkenburg，2008）。

比较可知，上述性社会化代理人或机构所提供的性教育对个体性价值观的形成会产生不同方向上的影响，其中学校和父母力图强化传统的性道德，而同辈群体和大众传媒则可能会促使其更为开放，但目前国内文献对性教育实效及不同代理人或机构影响力的探讨较少，相关机制有待进一步的实证。国内外的研究还显示，尽管人们的性态度总体上越来越趋于开放，但仍存在性的"双重标准"（Bordini and Sperb，2013；王进鑫，2012b），即男性对婚姻之外的性行为较为宽容，且他们更容忍的是男性自身而不是女性的非婚性行为。就农村新生代青年而言，本书认为较早离开校园和家庭、在农村和城市之间切换生活场景的他们，对非婚性行为的态度可能居于中间地带，不仅受到学校和父母的传统性道德规范的教化，也会从同辈群体及大众传媒处获取性知识和性规范，并因此受到显著的影响。

（二）生命历程中的情境选择

性社会化强调了社会环境对个体性价值观的影响，但越来越多的研究表明，性社会化是一个双向的过程，既包括社会化代理人或机构的规训，也不乏个体的主动选择（Overbeek et al.，2018；Watt and Elliot，2017）。人们对非婚性行为容忍度的提升可被视为现代个体的赋权（empower）、解放（emancipate）。当个体的需要和利益超越了集体的需要和利益时，其将按照自我意愿选择而不是遵守社会所预设的行为模式。

从生命历程的视角出发，我们可以更好地解读个体化的意义。如果说社会学习、社会认知视角为理解个体性价值观的形成提供了一个横剖面的"瞭望口"，那么生命历程视角则是提供了历时性的考察机会，借此可以发现年轻人对自己生命历程所做的行为努力是如何与结构化的机会、限制等共同决定自身目标及发展路径的（Shanahan，2000）。这一发展的理论范式对农村新生代青年性价值观形成机制的探讨有两方面的启发：其一，个体的生命历程嵌套于社会过程中，社会变迁的历史力量会作用于个体；其二，个体成长中的过往经历与当下筹划相互关联，构成个人的生命传记，并将形塑他们之后的生活轨迹。

首先，社会变迁的途径和逻辑作用于个体的生命历程并影响其价值观的形成，这通过 Twenge 等（2015）关于 1972～2012 年美国成年人性行为和性态度文献的梳理可见一斑。美国 20 世纪六七十年代的"性革命"主要涉及出生于 1945～1964 年的"婴儿潮"一代（Baby Boomer Generation）。与之前的世代相比，"婴儿潮"一代在资本主义扩张、社会运动频发、意识形态斗争等力量的交织作用下呈现更为开放的性态度。但 20 世纪 80 年代 HIV/AIDS 危机爆发后，他们对包括婚前性行为在内的非婚性行为的态度相对保守。20 世纪 90 年代，在 HIV/AIDS 被高度关注的背景下成长起来的 X 一代（Generation X'er），则因早期的认知经历延续了相对保守的性态度。到了千禧一代（the Millennials），他们对"勾搭文化"（hookup culture）的变通使得约会转变为非伴侣关系的朋友即"性互惠朋友"（friends with benefits）之间的性关系，表现出更为开放的性态度。

就性价值观而言，社会变迁对私人生活更为直接的影响是经济、教育的发展导致个体的婚姻过渡普遍被延迟，甚至少数人选择放弃进入婚姻。数据显示，1970～2010 年，美国女性和男性的初婚年龄分别从 21 岁、23 岁提高至 27 岁、29 岁。在婚姻过渡延迟而性发育成熟越来越早的当下，原先被限制在婚姻内的性行为也出现了一些相应的变化，如 LAT 关系（Living Apart Together Relationships），即"分开的同居"或"相爱但不同居"的兴起。它指那些伴侣（有时也指夫妻）选择保持包括性关系在内的亲密关系但不住在一起。有研究指出，"分开的同居"可能并不是一种新的偏好或生活方式的选择，而仅仅是基于"灵活的实用主义"的权宜之计。这是因为对于大多数 LAT 伴侣来说，他们与那些生活在同一屋檐下的夫妻一样都将性忠贞视为两性关系的必要构成（Duncan and Phillips，2010）。

其次，个体向成年过渡时那些看似离散的经历实则是个人传记的组成部分，"社会化"或"拒绝社会化"等青春期体验也会形塑他们之后的生活路径。例如，早期父母的婚姻关系会影响后续子女性社会化的结果，那些父母婚姻关系不和谐的家庭，或因疏于对孩子的监管，或因子女的消极回避，从而未能对其性道德的形成产生正向影响。又如，成长过程中同龄人的性行为和性经验会被个体视为一种表达自主或自由理想的方式，从而使其选择类似的开放观念和态度（Somers and Surmann，2005）。

还需要注意的是，性价值观的"双重标准"会随着婚恋阶段（第一次约会、非正式交往、正式交往、定婚前和定婚后）的推进而呈现收敛的趋势（Sprecher and Hatfield，1996）。其中，性的"双重标准"在第一次约会阶段表现得最为突出，而定婚前后男性对男性、女性发生婚前性行为的接受度则几乎无差异。究其原因，可能是越临近婚姻门槛的婚前性行为，越会被视作婚姻的前奏而非随意的性行为。

毫无疑问，20世纪80年代后出生的农村新生代青年，是当前城乡社会流动大潮中的主力军，其流动经历及婚恋模式等都表现出不同于老一代外出务工者或其他同龄人群体的特征与趋势。最为突出的是，农村新生代青年成长于改革开放后期，接触的是更为开放及多元的社会文化，且大多数人在进入婚恋阶段之前即开始了外出务工生涯。从生命历程视角出发，一方面，我们需要关注农村新生代青年原生家庭的家庭关系及远离父母监管的成长环境对其性价值观的影响。另一方面，我们也要考察婚姻过渡延迟的背景下，农村新生代青年身体上的性成熟与合法化性行为的延迟之间存在的矛盾是否会激发其"灵活的实用主义"，从而提升他们对婚前性行为的容忍度，尤其需要比较不同恋爱次数、婚姻状态及初婚年龄下的男性及女性对婚前性行为的容忍度是否存在差异。

二 农村新生代青年性价值观的测量

结合已有研究的经验、局限以及中国本土化情境，本章将农村新生代青年的性价值观直接界定为"对婚前性行为的接受度"，而不是以

"性伴侣个数"或"是否有随意性行为"等自我报告结果为衡量指标。为了尽可能地反映个体的真实态度，本章还借鉴个人感知技术，将问题所指对象设定为配偶。与此同时，考虑到可能存在的性的"双重标准"，本章在问题设置上还采取了性别配对的形式，因变量的测量是分别询问调查对象是否能够接受"丈夫有婚前性行为"或"妻子有婚前性行为"，选项得分从 5 到 1 依次表示"完全可接受""比较接受""一般""不太接受""完全不接受"。

本章的解释变量分为两类。其一，规范习得机制主要考察农村新生代青年是从学校、父母、同辈群体及大众传媒哪个社会化渠道获取性知识的，回答"是"赋值为 1，回答"否"赋值为 0。其二，情境选择机制中，"小时父母是否常争吵""周围是否有人婚前同居"均为虚拟变量，恋爱次数取值分别为"0 次""1 次""2 次""3 次及以上"，婚姻状况按是否结婚以及初婚年龄划分。本章的控制变量有性别、年龄、是不是独生子女、受教育程度、月收入及务工所在地。剔除变量缺失值后，本章最终的分析样本为 956 个，样本分布及变量取值如表3-1 所示。

表 3-1 主要变量的描述性统计（$n=956$）

单位：%

变量	变量取值	比例
控制变量		
性别	男性/女性	62.9/37.1
年龄	16~20 岁/21~30 岁/31~35 岁	12.8/63.9/23.3
是不是独生子女	独生子女/非独生子女	23.2/76.8
受教育程度	初中以下/初中/高中及以上	3.0/56.3/40.7
月收入	≤3500 元/3501~5000 元/>5000 元	41.9/37.2/20.8
务工所在地	南京/武汉/成都	32.1/33.1/34.8
规范习得机制		
从学校习得性知识	是/否	10.7/89.3

变量	变量取值	比例
跟父母习得性知识	是/否	5.3/94.7
跟同辈习得性知识	是/否	22.7/77.3
从传媒习得性知识	是/否	60.5/39.5
情境选择机制		
小时父母是否常争吵	是/否	30.5/69.5
周围是否有人婚前同居	有/无	61.7/38.3
恋爱次数	0次/1次/2次/3次及以上	20.1/36.9/21.5/21.5
婚姻状况	未婚/已婚	46.3/53.7
初婚年龄	均值为23.25岁	

数据表明，农村新生代青年性知识的来源分布极不均衡。其中，大众传媒是最为重要的渠道，有超过一半的农村新生代青年借此方式获取性知识；其次，同辈群体也发挥了一定的作用；相对而言，学校提供的性教育较为有限，父母则在子女性教育上严重缺席。从农村新生代青年的过往经历来看，有约1/3的人生活在不和谐的家庭中，婚前同居在他们所接触的群体里较为普遍；有超过一半的人谈过一两次恋爱，剩下的人中从未谈过恋爱和谈过多次恋爱的人各占一半；另外，已婚者略多，且初婚年龄与过往相比的确呈现延迟的趋势。

本章分别就农村新生代青年对男性婚前性行为接受度和女性婚前性行为接受度进行了调查，结果如表3-2所示。

表3-2　农村新生代青年对男性/女性婚前性行为的接受度（$n=956$）

对男性婚前性行为	男性(%)	女性(%)	总体(%)	对女性婚前性行为	男性(%)	女性(%)	总体(%)
完全不接受	11.1	16.9	13.3	完全不接受	18.0	20.6	18.9
不太接受	13.1	19.4	15.5	不太接受	20.0	21.4	20.5
一般	31.3	32.1	31.6	一般	31.4	29.3	30.6
比较接受	22.1	18.3	20.7	比较接受	16.3	18.0	16.9
完全可接受	22.3	13.2	18.9	完全可接受	14.3	10.7	13.0
$\chi^2=22.860, df=4, p=0.000$				$\chi^2=3.983, df=4, p=0.408$			

表 3 - 2 数据显示，总体而言，农村新生代青年对男性婚前性行为和女性婚前性行为的接受度存在较大差异。除态度模糊者（回答"一般"者）比例较为接近外，对男性婚前性行为接受的比例（回答"完全可接受""比较接受"）为 39.6%，较接受女性婚前性行为的比例（29.9%）高出 9.7 个百分点。与此同时，不接受（回答"完全不接受""不太接受"）男性婚前性行为的比例为 28.8%，而不接受女性婚前性行为的比例则高达近 40%。表 3 - 2 还显示出不同性别的农村新生代青年对男性/女性婚前性行为的接受度。结果表明，对男性的婚前性行为，男性较女性明显具有更加宽容的态度；对女性的婚前性行为，虽然也呈现男性较宽容、女性较保守的性别差异，但差异较小且未能通过显著性检验。结果还显示，不论是男性还是女性，他们均对男性的婚前性行为而不是女性的婚前性行为给予了更多的容忍。

为了进一步验证是否存在性的"双重标准"，本章还计算了每个样本在对男性婚前性行为与对女性婚前性行为的态度上的得分差，如果两者之差大于 0，则表明个体对男性的婚前性行为更加宽容。结果发现，态度得分差大于 0 的比例为 22.3%，等于 0 和小于 0 的比例分别为 75.2%、2.5%。也就是说，农村新生代青年中有超过 1/5 的人存在态度偏倚，且数据显示，男性农村新生代青年更有可能对男性的婚前性行为持宽容态度（$\chi^2 = 37.553$，$p = 0.000$）。

三 农村新生代青年性价值观的形成机制

为了更好地厘清农村新生代青年对男性婚前性行为、女性婚前性行为态度的形成机制，本章分别以这两个变量为因变量进行了 Ordinal Logistic 回归分析。其中，对男性婚前性行为态度的回归结果如表 3 - 3 所示。

表 3 - 3 农村新生代青年对男性婚前性行为态度的 Ordinal Logistic 回归模型

变量	模型 1		模型 2		模型 3	
	B	S.E.	B	S.E.	B	S.E.
控制变量						
年龄	0.010	0.012	0.010	0.012	0.009	0.016
性别(女性=0)	0.485***	0.131	0.420***	0.132	0.354**	0.137
是不是独生子女(是=0)	-0.308*	0.141	-0.321*	0.142	-0.324*	0.143
受教育程度(初中以上=0)	0.070**	0.023	0.058*	0.024	0.029	0.025
月收入(>5000 元=0)						
≤3500 元	-0.122	0.170	-0.086	0.171	-0.029	0.174
3501~5000 元	-0.013	0.161	-0.024	0.162	-0.002	0.165
务工所在地(南京=0)						
成都	0.032	0.146	-0.014	0.146	-0.030	0.149
武汉	-0.045	0.144	-0.026	0.146	-0.107	0.147
规范习得机制						
从学校习得性知识(否=0)			0.290	0.193	0.358	0.195
跟父母习得性知识(否=0)			-0.525*	0.263	-0.514	0.265
跟同辈习得性知识(否=0)			0.715***	0.142	0.634***	0.145
从传媒习得性知识(否=0)			0.525***	0.122	0.404***	0.124
情境选择机制						
小时父母是否常争吵(是=0)					-0.357**	0.129
周围是否有人婚前同居(有=0)					-0.764***	0.127

续表

变量	模型 1		模型 2		模型 3	
	B	S.E.	B	S.E.	B	S.E.
情境选择机制						
恋爱次数（≥3 次＝0）						
0 次					-0.767***	0.194
1 次					-0.676***	0.165
2 次					-0.703***	0.181
婚姻（初婚年龄≥25 岁＝0）						
未婚					-0.112	0.221
初婚年龄≤21 岁					-0.339	0.235
初婚年龄 22～24 岁					-0.230	0.198
截距 1	-0.875	0.531	-0.619	0.536	-2.468***	0.698
截距 2	0.118	0.529	0.398	0.534	-1.404*	0.694
截距 3	1.491**	0.531	1.823***	0.537	0.108	0.693
截距 4	2.551***	0.535	2.923***	0.542	1.271	0.694
n	956		956		956	
LR chi 2	39.981***		92.805***		176.550***	
Pseudo R^2	0.041		0.093		0.169	

注：* p＜0.05，** p＜0.01，*** p＜0.001。

从表 3 - 3 控制变量的结果可知，女性、非独生子女、受教育程度较低者明显要比男性、独生子女和受教育程度较高者的态度更为保守，这可能是因为后者相对来说个体化程度更高，更不受传统性道德观的束缚。其他变量如年龄、月收入和务工所在地则未对农村新生代青年的婚前性态度产生显著影响。

在考虑了规范习得的影响之后，模型 2 比模型 1 的解释力提高了5.2%。相较于那些没有从同辈群体、大众传媒处获取性知识的人来说，通过同辈群体和大众传媒接受性教育的农村新生代青年对男性婚前性行为的宽容度几乎是前者的 2.0 倍和 1.7 倍。从父母那里获取性知识的人，其性态度则相对更为保守，但学校作为性社会化代理机构并未显著影响个体对男性婚前性行为的接受度。比较性社会化作用的方向可知，从父母那里接受的性教育会抑制农村新生代青年的性开放程度，而其他社会化代理人或机构的影响则相反。

模型 3 在引入了向成年过渡的相关情境变量后，解释力进一步提升，但控制变量中教育的影响不再显著，规范习得机制中父母性教育的规训作用也不再奏效。结果表明，农村新生代青年之前的生命历程的确会影响他们对男性婚前性行为的看法，特别是儿时父母经常吵架、周围有人婚前同居以及他们自身的恋爱经历均有可能使其性态度更为开放。具体而言，与那些在父母经常吵架家庭长大的人相比，在和睦家庭长大的农村新生代青年容忍男性婚前性行为的概率会下降 30.0%。那些周围人无婚前性行为的农村新生代青年，相对而言接受男性婚前性行为的可能性会下降 53.4%。相较于恋爱经历丰富的人来说，没有或仅有一两次恋爱体验的人对待男性婚前性行为也会更加保守，但初婚年龄的增加未显著提升他们对男性婚前性行为的容忍度。

与表 3 - 3 相对应，表 3 - 4 是就农村新生代青年对女性婚前性行为接受度展开的探讨，重点在于比较规范习得机制与情境选择机制的实效是否与其在男性婚前性行为接受度上的表现相似。

表 3-4 农村新生代青年对女性婚前性行为态度的 Ordinal Logistic 回归模型

变量	模型 4		模型 5		模型 6	
	B	S.E.	B	S.E.	B	S.E.
控制变量						
年龄	0.013	0.012	0.012	0.012	0.018	0.016
性别(女性=0)	0.153	0.130	0.082	0.131	-0.083	0.136
是不是独生子女(是=0)	-0.273	0.141	-0.276*	0.141	-0.269	0.142
受教育程度(初中以上=0)	0.075***	0.023	0.064**	0.024	0.031	0.025
月收入(>5000 元=0)						
≤3500 元	0.139	0.169	0.155	0.170	0.177	0.173
3501~5000 元	0.199	0.161	0.182	0.162	0.187	0.164
务工所在地(南京=0)						
成都	-0.082	0.145	-0.123	0.146	-0.138	0.148
武汉	-0.096	0.144	-0.068	0.145	-0.147	0.147
规范习得机制						
从学校习得性知识(否=0)			0.399*	0.192	0.482*	0.194
跟父母习得性知识(否=0)			-0.657*	0.264	-0.593*	0.266
跟同辈习得性知识(否=0)			0.471***	0.141	0.368**	0.143
从传媒习得性知识(否=0)			0.438***	0.121	0.333***	0.123
情境选择机制						
小时父母是否常争吵(是=0)					-0.347**	0.128
周围是否有人婚前同居(有=0)					-0.574***	0.125

变量	模型 4		模型 5		模型 6	
	B	S. E.	B	S. E.	B	S. E.
情境选择机制						
恋爱次数（≥3 次＝0）						
0 次					− 0.754***	0.193
1 次					− 0.613***	0.164
2 次					− 0.561**	0.180
婚姻（初婚年龄≥25 岁＝0）						
未婚					0.006	0.220
初婚年龄≤21 岁					− 0.666**	0.235
初婚年龄 22～24 岁					− 0.356	0.197
截距 1	− 0.325	0.528	− 0.186	0.532	− 1.795**	0.692
截距 2	0.712	0.528	0.871	0.532	− 0.682	0.690
截距 3	2.011***	0.532	2.201***	0.537	0.724	0.690
截距 4	3.077***	0.537	3.287***	0.543	1.851**	0.693
n	956		956		956	
χ^2	19.537*		53.604***		128.494***	
Pseudo R^2	0.020		0.055		0.126	

注：* p＜0.05，** p＜0.01，*** p＜0.001。

比较表 3-4 的模型 4 与表 3-3 的模型 1 可知,控制变量中教育仍然影响了农村新生代青年对女性婚前性行为的态度,但性别与是否独生子女的影响不明显,原因可能是男性、独生子女在接纳女性婚前性行为的态度上不似对待男性婚前性行为那样开放,从而使得他们与女性、非独生子女在这一态度上的差异不再显著。

引入了规范习得机制之后,模型 5 结果显示,父母的性教育在农村新生代青年对女性婚前性行为的态度形成上发挥了传统道德的控制作用,那些接受了父母性教育的人的容忍度相对而言下降了 48.2%。但学校性教育的作用方向与假设相反,其不是抑制而是提升了农村新生代青年对女性婚前性行为的容忍度。同辈群体、大众传媒的作用与表 3-3 模型 2 的结果相似,即从这两个渠道接受性教育的人具有更为开放的性态度,相较于那些未从中获取性教育的人来说,他们接受女性婚前性行为的可能性提升了 50% 以上。

模型 6 中增加了与生命历程相关的变量,控制变量的影响消失,规范习得机制中学校、父母、同辈群体及大众传媒的性社会化依旧会显著影响农村新生代青年对女性婚前性行为的态度。比较表 3-3 中模型 2、模型 3 与表 3-4 中模型 5、模型 6 可知,学校、父母性教育的作用主要体现在对女性婚前性行为的态度形塑上,但两者的作用方向大相径庭。与模型 3 相似的是,儿时不和谐的家庭氛围、周围人的婚前性行为及自身恋爱次数都会显著提升农村新生代青年对女性婚前性行为的容忍度。不同的是,结婚年龄会在一定程度上影响到农村新生代青年对女性婚前性行为的态度。相较于 25 岁及之后才结婚的人来说,较早结婚的人更加保守,更不赞成女性发生婚前性行为。

四 性的初体验:从打工妹到成为别人的新娘

在实地访谈中,我们询问了农村新生代青年的性态度。大多数人对婚前性行为不再讳莫如深,能够坦然表达自己的观点。从反馈可知,农村新生代青年获取性知识的渠道有限，而他们的性态度大多是在城市与乡村、同龄人与父母、他者与自我的互动、冲击和震荡中形成的。

第二章曾提及阿玲的相亲故事，出生于江西南昌农村的她还有一个哥哥、两个姐姐。父母早年在南昌的建筑工地打工，他们被留在老家跟奶奶一起生活。下文我们将通过阿玲的讲述来看看她是如何从旁观者到亲历者，逐步形成自己的性态度并完成性的初体验的。

阿玲第一次近距离地接触婚前性行为，是因为哥哥的一段经历。哥哥初中还没毕业就不读了，先是在老家学做饼，学了一段时间没兴趣就出去打工。在老家时，虽然有女孩喜欢哥哥，但他没有正式谈过恋爱，直到出去打工进了服装厂，才在厂里经老乡介绍谈了个女朋友。女孩是同县的老乡，她算是哥哥的初恋。

哥哥原本和这个女孩感情挺好，谈了好几年，也住在了一起，还生了一个小孩。可是后来他们之间出现了一些感情问题，最终分道扬镳。阿玲怎么看待哥哥的这段恋爱呢？

> 他们没结婚，就是……同居，在一起……因为，在我们看来，他们肯定是一对夫妻了，就是没急着办结婚证。可能那时候也没考虑那么多，我父母没催，（女方）那边也没催，因为他们家还有点儿不同意。具体什么原因，我也不清楚，因为那时候我还小，还在家里没出去（打工），不是太了解。

哥哥这段无疾而终的爱情、有实无名的婚姻并未对阿玲产生太大的影响。一方面是因为她当时年纪尚小，对婚恋及亲密关系知之甚少，也未多加关注；另一方面是因为哥哥的婚前性行为在她及家人们看来，实际上就是婚姻的前奏或类婚姻的形态，所以并未在家庭内外掀起太大的波澜。

直到几年后，阿玲离开家乡外出打工，无意撞见朋友未婚同居的秘密，引发了她内心的激烈动荡。这是她第一次真正直面婚前性行为。

我在厂里时有一个很好的小姐妹，也有一个玩得来的男同事。后来我从厂里出去了，没想到他们却成了一对。而且，在我不知道的情况下，他们同居了，被我偶然发现了。那一次是去（前）男同事的出租房聚会，我就感觉他们俩的关系有点不一样。后来，我就问她："你们在一起了？"她还不好意思，什么也没说，没说是也没说不是，我就当她是默认了。

　　当时我很惊讶，因为他们没和我透露他们正在谈（恋爱），我就在想他们怎么突然在一起了？感觉有点难以接受，我两个那么好的朋友突然就在一起了，剩下自己孤零零的。那时我失落了好久……

　　后来在父母的催促下，阿玲回家相亲。从第一次见面到定亲办酒进展很顺利，大概只用了七八天的时间，阿玲和对象的婚事就被定下来了。然而，定婚当天双方家长却因为聘礼的事情闹了不愉快。冲突解决后，阿玲对象的年假也休完了，要回广东继续打工。他要求阿玲跟他一起出去，阿玲特别排斥，觉着如果跟他出去，那就是铁定跟他在一起了，她还想再处一下。但男方家并不同意，他们认为定完亲还两地分居的话，最后很有可能就是结不成婚。后来，还是阿玲妥协了，跟男方去了广东。到广东的第一天，阿玲就遭遇了前所未有的尴尬。

　　第一天的时候，好尴尬哦。因为他那时候是住在一个单身宿舍里嘛，很小。他也还算是有点体贴我的感受，怕我尴尬，就让我睡床上，他自己打地铺。这一点还挺感动我的，毕竟那时候也算是冬天了。

　　坐了一天的车（太累），我也没管他，躺床上没一会儿就睡着了。然后睡到半夜的时候，他冷得不行，跟我说能不能上床睡。我没吭声，他就当我是默认了，然后到床上来了。他一上来，我就一个人贴到墙边去睡。我说："上来睡没关系啊，咱们得离得远一点。"他也同意了。不是有两床被子嘛，一人一床被子。这样也挺尴尬的。睡到半夜我就被冻醒了，然后我就喊："冻死了，还有没有别的被子？"他说："要不然两床被子一起呗。"想想也是哦，都快冻死了，那算了吧。

当晚，阿玲和对象相安无事。后来因为宿舍实在太小，阿玲提议出去租房子住。一个礼拜后，就在租的房子里他们完成了彼此人生的第一次性体验。

我挺保守的，在一起之后我觉得自己就是他的人了，也就认定他了，虽然我感觉他对我也挺好的，但还是有点不开心。因为就这样把自己给嫁了，人家还能谈个恋爱呢，我现在连谈恋爱的机会都没有了。

阿玲跟对象在一起后，本准备出去找工作的，但找了一圈也没找到合适的，最后歇了几个月，等到怀孕后就回家备产去了。等到阿玲生完小孩再出来打工时，见到厂里那些没领结婚证就同居的小年轻，她觉得这种状态似乎很正常。而且，对于通过相亲结识的人来说，在一起后又没结婚的并不太多，她解释"现在一般都是定婚后就住在一起了，后面才结婚"。至此，阿玲完成了从单身到成家的过渡，也在这一过程中形成、实践并明晰了自己的性态度。

五　本章小结

本章就农村新生代青年的婚前性态度及其形成机制进行了统计和分析，结果显示，农村新生代青年对男性婚前性行为的容忍度更高。通过进一步的比较可知，不同性别的农村新生代青年在女性婚前性行为的接受度上不存在显著差异，但在对待男性婚前性行为的态度上男性较女性更为宽容。调查还显示，大众传媒、同辈群体是农村新生代青年性知识的最主要来源，而学校及父母未能充分发挥性教育的功能。不同渠道的性社会化对农村新生代青年性态度影响的假设得到了部分验证。与假设一致的是，大众传媒、同辈群体的有效介入会使个体具有更为开放的婚前性态度，家庭性社会化的作用则相反；与假设不一致的是，学校的性教育并未起到强化传统性道德的作用，反而提升了农村新生代青年对女性婚前性行为的容忍度，这有可能是学校性教育更强调提升性别平等意识或其他原因所致，也有可能是学校性教育的方式不当使学生选择了非传统的价值观念。另外，成长过程中不和谐的家庭氛围、周边婚前同居行为的存在及丰富的恋爱经历都会提升农村新生代青年对婚前性行为的接受度，但婚姻过渡的延迟仅是提高了他们对女性婚前性行为的接受度。

研究结果表明，尽管农村新生代青年在看待男性和女性婚前性行为上仍存在性的"双重标准"，但其性态度总体上呈现"去传统化"的趋势。结合调查数据和访谈资料，我们可以从规范习得机制和情境选择机制两个方面对农村新生代青年性态度的复杂图景加以阐释。

1. 性脚本的自主化习得

农村新生代青年性脚本（sexual script）的主要构成是基于社会文化、制度规范对婚前性行为的规训和导引，越是传统的社会越有可能鼓励婚前禁欲、反对随意性行为，且受传统性别观念的影响，对女性婚前性道德的要求会更为苛刻。就农村新生代青年的成长环境而言，尽管传统价值观念依然有所保留，但乡村社会的开放度和宽容度也日趋提高；与此同时，家庭和学校在其性教育中又多处于缺席或低参与度的状态，这些都使他们在接受性社会化时具有更大的自主能动性。比较而言，农村新生代青年更倾向于从大众媒介和同辈群体那里获取无道德负担的性知识，而不是被动地、毫不抗拒地接受来自家庭和学校的性教育和性规范。

2. 性态度的情境式激活

当正值青春期的农村新生代青年辞别乡土社会、进入城市灵活就业时，其客观上也游离于正式或非正式的道德监督体系之外，他们所处的新的社会环境及生命历程就有可能以不同的方式激活性脚本，从而显现出某种调和的性态度和行为预期。例如，农村新生代青年不再固守性贞洁，但仍然珍视两性关系中的承诺，表现为其恋爱次数相对有限。又如，当婚姻过渡不得不延迟、恋爱未能顺利通往婚姻时，个体会选择相对有利的参照群体调整自己对规范的认知，从而在一定程度上弱化农村新生代青年对婚前性行为尤其是女性婚前性行为的不道德感。女性的婚前性行为也会因情境的变化而被有限度地接受，这说明性的双重标准虽然存在，但正在由传统型双重标准向过渡型双重标准转变。

根据笔者长期的田野观察可知，身处社会转型中的农村新生代青年尤其是女性在婚恋及性观念上正经历着前所未有的冲击与挑战。越来越多的农村新生代青年从学校出来即投身打工浪潮，他们时常会身处两难情境：一方面，随着生命历程的进展与初级生活圈的脱嵌，个体在性关系上具有了更多的自主性和紧迫性；另一方面，传统性道德的约束虽然减弱但影响依旧存在，会通过择偶方式、通婚圈的限制以及定婚仪式等加以监管和规范。而且，一旦面临婚恋及性道德危机，农村新生代青年的原生家庭会从实际情形出发，寻求灵活的权宜之计，如有人在父母及家族的帮助支持下迅速筹划定婚、结婚，也有人借助自媒体或文学影视作品等证明"现在年轻人都这样（开放）"，还有人增加了性规范的弹性空间，认为"只要是奔着结婚去的婚前性行为都是可以接受的"，本次调查中就有54.6%的人认为"只要两人真心相爱，其他都可以不考虑"。

总之，当事人会或主动或被动地通过对传统文化观念的阐释、变通，以及关注焦点的转移、参照群体的改变等，有限度地调节规范，合理化自我认知，从而使得对婚前性行为的容忍度得到一定程度的提升。需要指出的是，因为数据的局限，本章未能就规范习得机制中不同性社会化渠道所提供的性教育的时间、内容、形式和方法的具体影响展开探讨，还有待后续研究的进一步深化。

综上所述，在社会急剧变迁的当下，城市化进程中的农村新生代青年获得了更大的自主性，其拼凑（bricolage）地利用既有的社会和文化安排、制度、思考方式去应对变化了的情形。这说明农村新生代青年的性态度不可能始终不变，也不可能急剧逆转，而是社会制度、文化规范与个体生命历程交织与互构下的一种相对主义的性价值观。本章对于理论及实际工作者的意义在于：一方面，我们需要反思学校和父母在流动儿童、留守儿童性教育中的作用，促使其在义务教育阶段能发挥更为积极有效的性社会化功能；另一方面，我们需要在农村新生代青年变化的、充满不确定性的生命历程里，联合多部门、多机构搭建新媒体信息交流及服务平台，完善生殖健康信息沟通、婚恋心理咨询及服务体系，保障其从学校到社会、从青年到成年的顺利过渡。

第四章

延续与重塑：
农村新生代青年的婚姻家庭观念

还有一盏灯

让我还没望过去

就已经泪湿眼眶

——余秀华《一座城，一盏灯》

改革开放以来,家庭领域发生了家庭权利关系向年青一代下移、个人主体意识渐增、浪漫型亲密关系兴起等一系列影响深远的变化(阎云翔,2017),家庭关系的变革使得年轻人对婚姻、性别及生育的观念和认知也发生了改变。出生并成长于"个体化崛起时代"的农村新生代青年,被普遍认为在身份认同、情感体验等方面明显不同于老一代外出务工者,其中最突出的表现是对个体自由和独立主体的追寻,而这也正是他们外出务工的重要缘由(卢晖临、潘毅,2014)。农村新生代青年不仅与历史性的家庭关系变革这一宏观社会进程相遭遇,同时也将在其城市化过程中陆续经历恋爱、结婚、成家、生子等生命历程中的重要事件。对他们而言,成家立业的生命历程嵌套于改革开放以来家庭关系变革和人口流动加剧的历史进程中。在此阶段,农村新生代青年婚姻家庭观念如何?其对婚姻与家庭的认知,是恪守责任型的传统规范,还是向浪漫型的现代婚姻家庭观念转变?这些问题是本章需要考察和回答的。

基于此,本章将从农村新生代青年对婚姻的认知、两性的角色认知及生育观念这三个方面展开分析,试图呈现并厘清其婚姻家庭观念的现状、变迁趋势及影响因素,以期为更深入地理解他们的婚恋实践提供线索。

一 农村新生代青年对婚姻的认知

脱离了乡村伦理规范直接控制的农村新生代青年,其婚恋行为和婚恋关系发生了重要变化。外出务工让农村新生代青年掌握了婚恋的主动权,但也可能使其婚恋面临潜在的风险。对于未婚者而言,一部分农村新生代青年不再遵守传统的、线性的婚恋过渡时序规范,女性的未婚先孕成为传统婚姻角色规范松弛后的意外后果(王小璐、王义燕,2013)。对于已婚者而言,家庭离散对农村新生代青年的婚姻形态产生了一定冲击,在外务工者有可能与其他异性同居而形成非法的、处于灰色地带的"临时夫妻"关系(陶自祥,2019)。与此同时,农村新生代青年对婚姻的态度也不再像老一辈一样慎重保守，婚姻缔结和解体过程中的责任约束减少（王会、欧阳静，2012）。

与老一代相比，农村新生代青年在对待婚姻时序、婚姻缔结与解体的认知上所发生的转变，被认为是婚姻观念正在经历着的从传统到现代的转变。有研究者指出这种转变并不彻底，因为虽然农村新生代青年对婚姻的理解和认知在内核上发生了现代性的转变，但在表现形式上依旧保留了传统婚姻观念的"外衣"（尹子文，2010）。即使受到城市现代化的婚恋观念的冲击，传宗接代、物质取向、凑合过日子等传统的婚姻观念在农村新生代青年的婚姻认知中并未被完全摒弃（曹锐，2010）。

上述研究从总体上勾勒了目前农村新生代青年婚恋关系的变动趋势，也揭示了身处城市化进程中的农村新生代青年复杂的婚姻认知。本章将从农村新生代青年的结婚目的、婚姻维系因素、理想初婚年龄及婚姻家庭观念几个方面展开探讨。

（一）结婚目的与婚姻维系因素

随着婚姻的祛魅化和自由恋爱的普遍兴起，对于现代年轻人而言，结婚不再是一个不言自明的生命历程事件，青年群体进入婚姻的动机开始日趋多样化。图4-1和图4-2分别展示了农村新生代青年结婚的首要目的和次要目的。

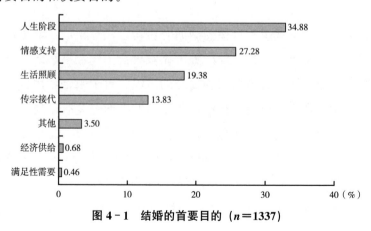

图4-1　结婚的首要目的（$n=1337$）

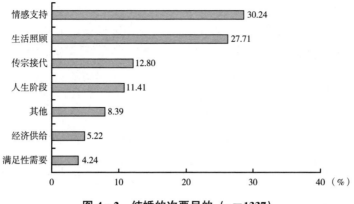

图 4-2　结婚的次要目的 （n＝1337）

　　从图 4-1 和图 4-2 可知，结婚作为个人生命历程中向成年过渡的重要标志，超过 1/3 的农村新生代青年将其视为人生的必经阶段；30.24％的农村新生代青年认为结婚的次要目的是获取情感支持，因为婚姻是两性建立亲密关系、提供情感慰藉的纽带。除此之外，图 4-1 和图 4-2 还显示，在其他结婚目的选项中，选择生活照顾和传宗接代的比例累计超过了 30％，这在一定程度上凸显了婚姻对于农村新生代青年的工具性价值。但以往"嫁汉，嫁汉，穿衣吃饭"这种单纯的经济供给目的不再突出，另外为满足性的需要而结婚的比例最低。

　　结婚目的考察了个体对婚姻的诉求，而婚姻维系因素也能对此加以补充和印证。在充满变数的流动环境中，婚姻的维系受到多种因素的影响和威胁。实际上，维系亲密关系比建立亲密关系更为重要，也更具挑战性。对于农村新生代青年而言，他们认为哪些因素能促进婚姻的长久延续呢？图 4-3 对此进行了统计。

　　如图 4-3 所示，有超过一半的农村新生代青年认为尊重/理解和爱情是婚姻维系的重要因素，选择孩子和亲情作为婚姻维系因素的比例也分别达到了 48.16％ 和 37.27％，而选择物质条件的仅有20.71％。由此可知，农村新生代青年对婚姻仍持有较高的情感期待，希望自己能从婚姻中感受到尊重/理解，以及浪漫的情感。其次，婚姻

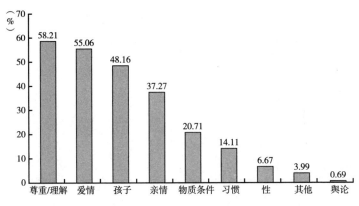

图 4-3 　农村新生代青年对婚姻维系因素的认知（*n*＝1337）

缔结的成果——孩子和亲情也能促进婚姻的长久。仅有少部分人认为物质条件和习惯能维系婚姻的稳定，而性以及舆论对婚姻稳定性的影响并未在图 4-3 中得到体现，有待后续进一步的考察。

（二）理想结婚年龄

理想结婚年龄反映了个体对进入婚姻时点的期望，进入婚姻时点的早晚不仅关系到个体是否能如期完成婚姻角色的过渡，也与个体对婚后生育、工作等重要事件的规划和安排有着重要联系。首先，我们考察了农村新生代青年的理想结婚年龄。就全部样本而言，男性的理想结婚年龄为 25.71 岁，女性的理想结婚年龄为 23.51 岁，比法定结婚年龄分别高出 3.71 岁和 3.51 岁。分性别来看，男性对自身理想结婚年龄的设想为 25.36 岁，而女性认为男性最理想的结婚年龄为 26.30 岁，比前者大了将近 1 岁；女性对自身理想结婚年龄的设想为 24.06 岁，男性对女性理想结婚年龄的设想则为 23.18 岁，比女性自身的设想小了 0.88 岁。可见，农村新生代青年对理想结婚年龄的期望总体呈现"男高女低"的特征，但女性期望能更晚一些时间进入婚姻。进一步的分析可知，农村新生代青年中的女性对两性理想结婚年龄的期望均比男性显著更晚，受教育程度越高的农村新生代青年越期望晚婚，原生家庭不和谐的人对进入婚姻更加迟疑。另外，打工经历对农村新生代青年的两性理想结婚年龄也具有显著的延迟作用，打工时间越久、外出打工时已年满18周岁的农村新生代青年对理想婚龄的期望越晚。

现实与理想总会有差距，农村新生代青年对婚姻的安排与其理想的初婚年龄也并不完全一致。图4-4显示了农村新生代青年的理想结婚年龄和实际结婚年龄的差异。

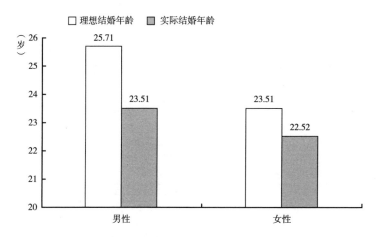

图4-4　农村新生代青年理想结婚年龄和实际结婚年龄的差异（$n=1337$）

从图4-4可以看出，农村新生代青年中男性的实际结婚年龄为23.51岁，比其期望的结婚年龄小了2.20岁；女性的情况同样如此，女性的实际结婚年龄为22.52岁，比其理想结婚年龄小了近1岁。尽管农村新生代青年中男性预期的结婚年龄比女性大2.20岁，但实际结婚年龄比后者大近1岁，同时男性理想结婚年龄与实际结婚年龄的差距同样大于女性，这在以往的调查研究中也得到了证实（贾志科、风笑天，2018）。对于实际结婚年龄较大的过来人而言，他们也更支持较大的理想结婚年龄，当然这有可能是理想结婚年龄影响了其实际的婚姻规划，也有可能是基于婚姻实践对认知的修正。

（三）婚姻家庭观念

前文关于结婚目的及婚姻维系因素的分析，揭示了农村新生代青年对婚姻家庭的基本认知，那么对于当前婚姻家庭领域中一些具有争议的观念，他们又持有怎样的态度呢？图4-5从婚姻意义和婚姻形式两个维度对农村新生代青年婚姻家庭观念进行了调查。

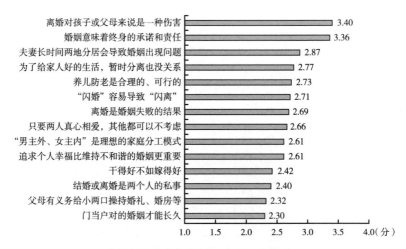

图4-5　农村新生代青年的婚姻家庭观念得分（$n=1337$）

图4-5中显示了农村新生代青年对当前社会普遍关注的14个有关婚姻家庭的陈述的态度，其中1分表示"很不同意"，2分表示"不太同意"，3分表示"比较同意"，4分表示"很同意"。总的来看，农村新生代青年对婚前、婚后生活的既有观念存在明显的态度倾向。在有关婚姻缔结、个人感情的问题上，农村新生代青年表现出较为开放的态度，如在对待"门当户对的婚姻才能长久""父母有义务给小两口操持婚礼、婚房等""干得好不如嫁得好"的问题上，农村新生代青年主要持否定的态度，而对"追求个人幸福比维持不和谐的婚姻更重要""只要两人真心相爱，其他都可以不考虑"持较为肯定的态度。但在有关家庭生活、婚姻维系的问题上，农村新生代青年的婚姻家庭观念则

趋向保守，他们较为认同的观点有"离婚对孩子或父母来说是一种伤害""婚姻意味着终身的承诺和责任""夫妻长时间两地分居会导致婚姻出现问题""为了给家人好的生活，暂时分离也没关系""'闪婚'容易导致'闪离'""养儿防老是合理的、可行的""'男主外、女主内'是理想的家庭分工模式"。这表明，尽管农村新生代青年与当下的大多数城市年轻人一样追求浪漫的亲密型关系，但在对待婚姻存续和家庭内部分工等问题上，依然表现出对传统规范及观念的遵从。

调查发现，婚姻家庭观念的地区差异是非常显著的，与成都相比，武汉和南京的农村新生代青年的婚姻家庭观念更为保守；相较于有留守经历的农村新生代青年而言，那些没有留守经历的人的婚姻家庭观念更为传统。打工时的年龄对婚姻家庭观念产生了显著影响，与打工时未满18岁的人相比，那些年龄更大的农村新生代青年对婚姻家庭观念的态度更为现代化。另外，如果在家庭中男性发挥主要的经济支柱作用，那么农村新生代青年的婚姻家庭观念就更趋于保守；反之，如果女性对家庭经济的贡献越大，则农村新生代青年的婚姻家庭观念越现代。恋爱次数越多的农村新生代青年，越有可能持有相对保守的婚姻家庭观念；婚恋满意度对婚姻家庭观念存在显著负向影响，即个体的婚姻满意度越高，则其婚姻家庭观念越趋于现代化。

综合上述对农村新生代青年结婚目的、婚姻维系因素、理想结婚年龄、婚姻家庭观念及其影响因素的调查结果，我们可以得出以下两点结论。

首先，由农村新生代青年的结婚目的和婚姻维系因素可知，他们的婚姻家庭认知总体上呈现以亲密关系为核心的特征。对于以"80后"和"90后"为主体的农村新生代青年而言，结婚是其生命历程的必经阶段，他们将通过组建家庭、承担家庭责任完成向成年的过渡。

其次，农村新生代青年的婚姻家庭观念介于传统与现代之间，且受到多种因素的影响。具体来看，现代性的婚姻家庭观念主要表现在婚姻缔结和个人情感问题上，而在对待家庭生活和婚姻维系问题时则趋于保守。在向成年过渡过程中，一方面，农村新生代青年感知到传统角色规范的压力，例如理想结婚年龄、婚姻的责任及意义等；另一方面，农村新生代青年对婚姻也有着浪漫的想象和憧憬，期望在婚前拥有更大的自主空间，珍视夫妻间的尊重与理解，希望通过婚姻寻求情感支持而不是单纯的经济依赖，同时他们也期待建立长久的亲密关系。

二　农村新生代青年对两性角色的认知

由前文可知，城市化进程与个人生命历程的嵌套，引发了农村新生代青年婚姻家庭观念的变化。其中特别需要重视的是，性别观念的变化、城乡流动及向成年的过渡使得农村既有的关于两性的角色规范和角色分工观念遭遇现代化力量的冲击，从而引发其家庭和婚姻实践的重要变革。有研究认为，根植于父权制家庭的性别关系因农村新生代青年的外出流动得以重新协商，流动机会赋予了女性挑战传统性别观念的自觉意识和能力（金一虹，2010）。

但现有的研究表明，外出务工对不同性别群体的性别观念及其不同维度的影响程度并不相同。有研究指出，外出务工弱化了性别分工的传统观念，但未动摇财产继承的传统观念；与男性相比，外出务工对女性的性别观念有更显著的影响，女性更可能接受平等的性别观念（许琪，2016a）。此外，与老一代女性外出务工者相比，农村新生代青年中的女性持有更平等的性别观念，甚至与同龄的城市妇女相比也不存在差别（郑真真，2017）。

事实上，研究者通常认为外出务工对农村新生代青年中的女性群体具有更为积极的意义。女性获得外出务工的机会相比男性更为困难，但毫无疑问，外出务工是她们拥有收入来源进而成为独立个体的重要生命历程事件。农村新生代女性渴望走出家庭的庇护，"过更好的生活"成为其打工过程中的职业目标，同时这一目标也蕴含了她们对成为独立主体的愿望（吴海红，2018）。"打工妹"由此获得了与父权家庭议价、协商甚至反抗的机会，其主体性也在与市场、资本、父权的抗争中得到确立（潘毅，2011）。"打工妹"群体的诞生凸显了农村新生代群体内部的性别分化，打工境遇塑造了女性特殊的职业经历和性别体验，显著提升了她们在家庭中的事务决策权和实权（刘鑫财、李艳，2013）。但外出务工使女性成为独立个体的意义往往伴随结婚、生育的来临而中断，她们有可能不得不中止其职业生涯而回归家庭（金一虹，2010）。与此同时，劳动力市场的分割、普遍存在的性别收入差距、难以逾越的城乡壁垒都决定了女性对独立主体的追寻过程并非一帆风顺，在遭遇打工的艰辛和生活困顿的压力下，寻求由男性庇护的亲密关系成为她们迫不得已的选择（肖索未，2014）。

城乡迁移的务工经历对农村新生代青年中的男性而言也存在影响，但其对男性的影响不及女性，且在现有研究中可能的变化大多是经由男性气质的变化间接体现出来的。在性别界限分明的农村新生代青年群体内部，女性并非承受性别压力的唯一受损者，男性也并不总是父权红利的既得利益者。外出务工并未使男性挑战要求男人养家糊口的传统性别规范，但在资本、城乡和性别的三重结构压迫下，农村新生代青年中男性传统的霸权型气质被削弱，这为在家庭关系中女性挑战男性特权、要求更平等的性别分工提供了空间（杜平，2015）。尽管男性对自身性别气质的重塑往往是以妥协和不得已为代价，但也在一定程度上改变了家庭关系，促使其主动或被动地参与到原先主要由女性承担的家务劳动中。值得注意的是，农村新生代青年中的男性在家庭性别分工中的转变只是让渡了部分家庭经济权利，在涉及父权制的核心方面（父系和从夫居）却极少让步（王欧、王天夫，2019）。

已有研究阐明了外出务工对农村新生代青年中不同性别群体在打工经历、家庭关系、性别分工等方面不同的影响路径和形塑机制，部分解释了为何同为流动群体的男性和女性在性别观念上存在显著差异，但尚缺乏深入探究，也忽略了代际变化造成的农村新生代青年群体内部的分化。基于此，本章将使用"干得好不如嫁得好""'男主外、女主内'是理想的家庭分工模式"这两个测量性别观念的重要评价指标来考察农村新生代青年的性别观念。其中,"干得好不如嫁得好"反映了职场与婚姻对女性的角色期待,以及女性自身的职业规划和婚姻选择;"'男主外、女主内'是理想的家庭分工模式"则反映了家庭内部基于性别的劳动分工,以及夫妻的家务合作情况。

（一）"干得好不如嫁得好"观点的调查

"干得好不如嫁得好"这一颇具争议的观点,源于 20 世纪 90 年代中期市场经济逐步推进过程中的社会大讨论(杨菊华、杜声红,2017),这一观点将女性置于工作和家庭的两难选择困境中。在女性还未走出家门的年代,"嫁得好"成为女性实现阶层流动的唯一途径。现代社会赋予女性外出工作的机会,她们同样可以凭借"干得好"成为独立自主的个体。相较之前女性只能选择"嫁得好"而言,"干得好"的出现似乎预示着女性选择的机会更多了。但实际上,"干得好"与"嫁得好"之间的争辩恰恰反映了传统性别观念并未放松对女性角色的规训,而且这两者可能使得女性在个人发展规划、时间分配等方面遭遇冲突与困扰。所以,对"干得好不如嫁得好"的看法能够较好地反映两性对自身性别角色的认知,图 4-6 就农村新生代青年对"干得好不如嫁得好"的认可程度进行了调查。

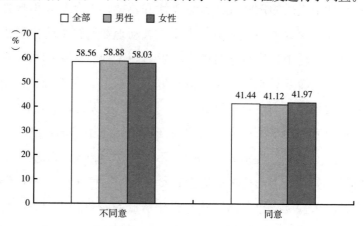

图 4-6 农村新生代青年对"干得好不如嫁得好"的认可程度（$n = 1337$）

如图 4－6 所示，就全部样本而言，农村新生代青年对"干得好不如嫁得好"大体上持否定态度，接近 3/5 的农村新生代青年并不认同此观点。这与第三期中国妇女社会地位调查的统计结果相似，彼时调查中有 56％的受访者不同意"干得好不如嫁得好"（许琪，2016b）。分性别来看，男女之间对"干得好不如嫁得好"的看法相差不大，女性农村新生代青年对"干得好不如嫁得好"的赞同比例比男性高了 0.85 个百分点，但不存在显著差异（$\chi^2=0.060$，df＝1，p＝0.807）。这表明，无论是男性还是女性，农村新生代青年对"干得好不如嫁得好"的认同度均相对较低。

　　为了进一步探究影响农村新生代青年对"干得好不如嫁得好"的认知的因素，本章以"干得好不如嫁得好"为因变量（0 表示不同意，1 表示同意），建立了 Binary Logistic 回归模型，结果见附录 2 表 1。模型 1 是对全部样本进行回归的结果，在控制了其他变量的情况下，女性赞同"干得好不如嫁得好"的概率是男性的 1.43 倍；农村新生代青年对"干得好不如嫁得好"的看法存在显著的地区差异，其中武汉、南京地区的农村新生代青年更倾向于赞同"干得好不如嫁得好"；有过留守经历的农村新生代青年对"干得好不如嫁得好"的认同度更低，但打工经历对他们"干得好不如嫁得好"的认知不存在显著影响。另外，男方对家庭的经济贡献可以显著提升农村新生代青年对"干得好不如嫁得好"的认同度；结婚年龄在 25 岁及以上的晚婚农村新生代青年也更赞同"干得好不如嫁得好"；婚恋满意度能够显著降低他们对"干得好不如嫁得好"的认同度，与对婚恋不满意的人相比，对婚恋满意的农村新生代青年赞同"干得好不如嫁得好"的可能性降低了 37.3％。

　　模型 2 分性别的回归结果显示，对农村新生代青年中的男性而言，地区差异依然显著，与成都的新生代男性青年相比，武汉和南京地区的新生代男性青年赞同"干得好不如嫁得好"的概率更大；月收入为 3501～5000 元的新生代男性青年比月收入在 3500 元及以下的赞同

"干得好不如嫁得好"的可能性降低了37.0%，但这一显著影响在月收入5000元以上的新生代男性青年群体中并不存在；对婚恋满意的男性更有可能不认同"干得好不如嫁得好"。

对农村新生代青年中的女性而言（见附录2表1中的模型3），武汉地区的女性性别观念较为传统，其赞同"干得好不如嫁得好"的可能性是成都女性的2.40倍；小时父母常争吵能显著提升女性对"干得好不如嫁得好"的认同度；男方家的家庭经济地位更高时，女性赞同"干得好不如嫁得好"的可能性比那些双方家庭经济地位差不多的女性高出70.69%；结婚年龄在25岁及以上的女性对此也更有可能表示认可；与对婚恋不满意的女性相比，对婚恋满意的女性赞同"干得好不如嫁得好"的可能性降低了52.6%。

(二)"'男主外、女主内'是理想的家庭分工模式"观点的调查

"男主外、女主内"作为传统父权家庭的性别分工模式，要求女性承担起发生在家庭这一私领域中的大部分无偿劳动。这一分工模式不仅塑造了劳动价值的性别差异，而且女性从事家务劳动产生的价值难以得到认可，并在很大程度上将女性塑造成家庭照料的主要承担者。伴随女性走出家门独立工作，传统的"男主外、女主内"的性别分工模式无疑会对女性在公领域的劳动产生负面影响，甚至加剧女性工作与家庭之间的冲突。"男主外、女主内"反映了传统的性别观念对两性在家庭领域中差异化的角色期待和规范，对这一性别分工模式的看法也成为测量家庭内部夫妻间性别平等状况、两性自身性别角色认知的重要指标。图4-7显示了农村新生代青年对"'男主外、女主内'是理想的家庭分工模式"的认知。

如图4-7所示，就全部样本来看，超过一半的农村新生代青年赞同"男主外、女主内"是理想的家庭分工模式，不同意的比例为45.73%。第三期中国妇女社会地位调查询问了相似的问题——"男人以社会为主，女人以家庭为主"，调查结果表明，42.2%的受访者对此

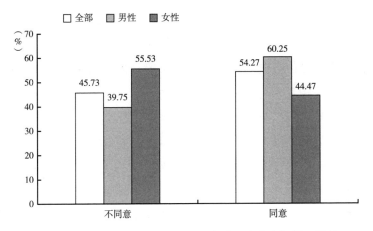

图 4-7　农村新生代青年对"'男主外、女主内'是理想的
家庭分工模式"的认知（$n=1337$）

并不认同（许琪，2016b），这与本章的结果相似。分性别来看，农村新生代青年中的男性赞同"'男主外、女主内'是理想的家庭分工模式"的比例达到了 60.25%，而女性赞同的比例仅为 44.47%，比男性低了 15.78 个百分点。卡方检验的结果也显示，男女双方对此问题的认知存在显著差异（$\chi^2=30.338$，df=1，p=0.000）。这表明，农村新生代青年中男性对"男主外、女主内"这一传统的性别分工模式更为认同。

为了进一步探究农村新生代青年将"'男主外、女主内'是理想的家庭分工模式"认知的影响因素，本章以"'男主外、女主内'是理想的家庭分工模式"为因变量（0 表示不同意，1 表示同意），建立了 Binary Logistic 回归模型，结果见附录 2 表 2。

如附录 2 表 2 所示，模型 4 是对全部样本进行回归的结果。回归结果显示，在控制了其他变量的情况下，农村新生代青年中女性赞同"'男主外、女主内'是理想的家庭分工模式"的可能性比男性要低32.6 个百分点；地区因素对农村新生代青年的性别观念的影响依然显著，与在成都工作生活的人相比，武汉和南京地区的农村新生代青年赞同"'男主外、女主内'是理想的家庭分工模式"的可能性更高；小时父母常争吵也会显著增加其赞同"男主外、女主内"的概率；男方家的家庭经济地位更高时，被调查者可能认同"男主外、女主内"的分工模式；而相较于与配偶异地分居的人，与配偶同住一个城市的农村新生代青年赞同"男主外、女主内"的可能性更低。

分性别的回归模型5和6显示，小时父母常争吵显著地提升了农村新生代青年中男性对"男主外、女主内"的认同度，但这一影响在女性群体中并不存在；男方家的家庭经济条件更好时，男性认同"男主外、女主内"的可能性比双方家庭经济条件差不多的被调查者高出56.8个百分点。对于农村新生代青年中的女性而言，地区差异依然是显著的，成都地区的女性赞同"'男主外、女主内'是理想的家庭分工模式"的可能性更低；与男性类似，当男方家庭经济条件更好时，女性赞同"'男主外、女主内'是理想的家庭分工模式"的可能性要比家庭经济条件差不多的被调查者高出85.7个百分点。但与男性的不同之处在于，与配偶同住一个城市会显著降低女性对"男主外、女主内"的认同度，其赞同"男主外、女主内"的可能性比与配偶不在一个城市的被调查者降低了50.2个百分点。

本章以"干得好不如嫁得好"和"'男主外、女主内'是理想的家庭分工模式"为指标，对农村新生代青年的性别角色认知进行了分析，探讨了影响他们性别角色认知的因素，研究的主要结论如下。

第一，农村新生代青年对性别角色的认知在"干得好不如嫁得好"和"男主外、女主内"这两个维度上存在分化。对于"干得好不如嫁得好"，农村新生代青年大体上持否定态度，而对"男主外、女主内"主要持赞成的态度。这表明，相比于"嫁得好"，农村新生代青年更看重工作带来的"干得好"的收益。外出务工作为农村新生代青年实现经济自主、走向独立的重要事件，在一定程度上削弱了婚姻的阶层流动功能，凸显了公领域在阶层流动中的重要性，是对传统性别观念的突破。但具体到家庭内部，外出务工并未动摇传统的基于性别的家庭分工，农村新生代青年对性别角色的认知依然恪守着传统的"男主外、女主内"的性别分工模式，也就是说，城市化进程中农村新生代青年所接受的趋于男女平等的现代性别观念，对其家庭领域内的性别观念的影响较为有限。

第二，影响农村新生代青年性别角色认知的因素并不相同，且存在显著的性别差异。相比之下，农村新生代青年中的女性更倾向于认同"干得好不如嫁得好"，而男性则更认同"'男主外、女主内'是理想的家庭分工模式"。家庭关系、婚恋经历对农村新生代青年的性别角色认知具有显著的影响，但对不同性别的影响作用并不相同。婚恋满意度可以显著降低农村新生代青年对"干得好不如嫁得好"的认同度，但女性对"干得好不如嫁得好"的态度还受到男方家庭条件的影响，男方家庭条件更好时，女性的性别观念趋向传统；男方家庭条件更好还可以显著提高两性农村新生代青年对"男主外、女主内"的认同度，但对女性而言，和配偶同住一个城市会降低其对"男主外、女主内"的认同度。

三　农村新生代青年的生育观念

生育兼具数量、时间和性别三个维度（顾宝昌，1992），生育观念则涵盖了个人对生育动机、生育数量、生育性别偏好、生育时间、生育质量的看法，是一个多层次、多面向的复杂概念，对个人的生育行为和生育安排具有重要的预测意义。同时，作为家庭生活的重要事件和婚姻缔结的直接结果，生育不仅是个人与家庭的决策安排，社会环境和国家政策也会影响甚至改变其行为方式和观念态度等。

城市化进程在一定程度上对传统的婚育安排和生育观念造成了冲击，显著降低了农村流动人口的生育水平（郭志刚，2010），其中流动人口的城市化是降低农村流动人口生育水平的关键因素（梁同贵，2017）。农村流动妇女的理想子女数量显著低于未外出务工的妇女，外出经历给流动妇女带来了接触城市现代生育文化的机会，从而间接影响其生育意愿和观念，这一影响在未婚流动妇女中表现得更为明显（尤丹珍、郑真真，2002）。而城市的现代生育文化也进一步通过农村新生代青年进入城市务工后形成的社交网络对其生育观念产生影响。具体而言，当农村新生代青年的社交网络倾向于弱关系而非老乡关系时，他们多育的可能性会更低（伍海霞、李树茁，2008）。流动经历对农村新生代青年的男孩偏好也存在显著的影响，他们初次流动时的年龄越小、流动时间越长，男孩偏好的生育观念会越来越弱化（李树茁等，2006）。

改革开放以来，伴随计划生育政策在全国范围内的普遍实施，当代中国青年的生育观念发生了明显的代际变化，从早生、多生、生男的传统生育观念过渡到晚育、优育、男女都一样的现代生育观念（罗天莹，2008）。生育观念的代际变化同样也在农村新生代青年身上得到了验证。现有研究表明，与老一代流动人口相比，农村新生代青年选择生育一孩的比例显著更高，生育男孩的偏好开始弱化，且更加注重生育质量，传统型、经济型的生育目的趋于减少（庄渝霞，2008）。另外，在城市化和市民化进程的影响下，农村新生代青年的生育意愿较其父辈而言，出现了显著降低的趋势，其期望子女数量以一个和两个为主，且在农村新生代群体内部并不存在显著的分化现象（梁土坤，2019）。外出务工带来的福利保障也在一定程度上降低了传统农村"多子多福"的现实需求，福利保险有利于农村新生代青年向少生、晚育的现代型生育观念转变（许传新，2012）。流动经历不仅挑战了农村传统的婚育轨迹，也在一定程度上重塑了农村人口尤其是农村新生代青年群体的生育观念。

上述研究从总体上勾勒了外出务工对农村新生代青年的生育观念从传统向现代转变的影响，研究主要关注了他们的理想子女数量、生育的性别偏好，但对理想生育年龄、生育动机的研究则相对匮乏。而在"全面两孩""全面三孩"等系列政策实施的背景下，详尽讨论农村新生代青年的生育观念对了解其目前的生育意愿和生育需求具有重要意义。基于此,本章将围绕农村新生代青年的生育观念,进一步考察其理想生育子女数量、理想生育性别、理想生育年龄以及生育动机,并探讨其生育观念的影响因素。

(一) 理想生育子女数量和理想生育性别

20世纪70年代末期,计划生育政策在全国范围内的普遍推行,使得"少生、优生、晚生"的新型生育观得到了当时年轻人的广泛认可。在计划生育政策的影响下,我国20多年来的生育率一直低于世代更替水平(计迎春、郑真真,2018)。那么当前,农村新生代青年的理想生育子女数量如何?是否也倾向于少生?另外,理想生育子女数量是否能反映实际生育子女数量?图4-8对此进行了分析。

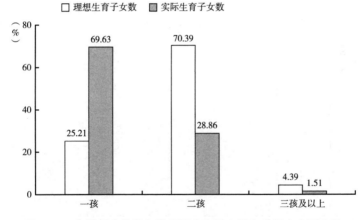

图4-8 农村新生代青年的理想生育子女数和实际生育子女数

如图4-8所示,农村新生代青年的平均理想生育子女数为1.81个,其中约1/4的人只想生一个孩子,超过7成的人想生两个孩子,想生三个及以上孩子的比例仅为4.39%。但就目前农村新生代青年的实际生育情况来看,平均生育子女数仅为1.02个,接近7成的农村新生代青年只生育了一个孩子,生育两个孩子的比例为28.86%。由此可见，不管是理想生育子女数还是实际生育子女数，农村新生代青年的平均生育数量较之以往都有所减少，处于育龄旺盛期的年青一代对生育两个孩子的意愿也不是特别迫切。

人们对生男孩或是生女孩的期待并不总是相同的，中国的传统生育文化中存在男孩偏好，并由此塑造了两性不对等的生育价值。尽管受到计划生育政策的影响，但男孩偏好在我国的生育文化中仍未彻底消失，尤其在农村地区依然根深蒂固（王文卿、潘绥铭，2005）。在生育数量受限的情况下，计划生育政策要求的"少生"可能会挤占女孩的出生机会，少数人可能会把机会优先给男孩，并由此导致出生性别比偏高和异常（杨雪燕等，2011）。理想生育性别反映了在理想状态下人们对生育子女的性别期待，也从侧面反映了人们的性别平等意识。图4－9显示了农村新生代青年的理想生育性别和实际生育性别。

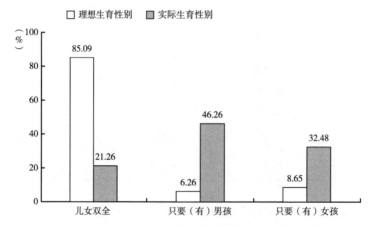

图4－9　农村新生代青年的理想生育性别和实际生育性别

从图4－9可以发现，85.09％的农村新生代青年希望儿女双全，只想要女孩的比例为8.65％，而只想要男孩的比例仅为6.26％，比只想要女孩的比例低2.39个百分点。从农村新生代青年的理想生育性别来看，似乎不存在明显的男孩偏好。但从目前他们的实际生育情况来看，儿女双全的比例为 21.26%，只有女孩的比例为 32.48%，而只有男孩的比例则高达 46.26%，高出前者 13.78 个百分点。农村新生代青年的理想生育性别与实际生育性别之间存在较大差距，这一方面是因为生育行为的变化滞后于生育观念的改变，另一方面是因为实际的生育行为不仅是直接生育主体的决策，还受到重要他人的影响。

（二）理想生育年龄

农村新生代青年的生育年龄也是亟待关注的现实问题，城市化进程对他们的婚育轨迹产生了影响，在一定程度上延迟或改变了其原本的婚育安排，尤其对女性的工作选择与家庭生活有着更为直接的作用。婚育安排首先体现在农村新生代青年初婚年龄的增加上，而初婚时点的变化也涉及生育以及新生儿的照料和后续的抚育问题等。那么，现阶段农村新生代青年对婚育时点的设想如何？其与实际轨迹之间的关系如何？图 4-10 对此进行了分析。

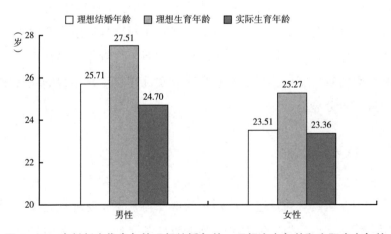

图 4-10　农村新生代青年的理想结婚年龄、理想生育年龄和实际生育年龄

如图 4-10 所示，农村新生代青年中男性的理想生育年龄为 27.51 岁，与其理想结婚年龄间隔 1.80 岁；女性的理想生育年龄为 25.27 岁，与其理想结婚年龄间隔 1.76 岁。男性的理想生育年龄大于女性，

但两性的理想生育间隔并不存在太大差别，也就是说不管是男性还是女性，他们关于结婚后多久生孩子的时点规划是较为一致的。从农村新生代青年的实际生育情况来看，男性的实际生育年龄为 24.70 岁，比其理想生育年龄提前了近 3 岁；而女性的实际生育年龄为 23.36 岁，比其理想生育年龄提前了近 2 岁。由此可知，农村新生代青年的实际生育年龄早于理想生育年龄，这一现象在以往的研究中也得到了证实（张银锋、侯佳伟，2016）。

进一步探讨的结果显示，影响农村新生代青年理想生育年龄的因素与上文所分析的理想结婚年龄存在较多相似之处。这比较好理解，因为生育作为婚姻生活的重要环节，与个人的结婚相关事宜及其影响因素密切相关。首先，与农村新生代青年中的男性相比，女性对两性理想生育时点的期望会更晚，受教育程度越高、结婚越晚的人，他们所期望的理想生育年龄也相对越大。其次，值得注意的是，"90 后"农村新生代青年对男性理想生育时点的设想比"80 后"更早；小时父母常争吵的农村新生代青年对男性理想生育时点的期望更晚；打工时长越久、打工时年龄越大的农村新生代青年对男性理想生育时点的期望越晚，也就是说，打工经历会增加农村新生代青年对男性理想生育年龄延迟的容忍度，但这一效应在其对女性理想生育年龄的期待中表现得并不十分显著。

（三）生育动机

在传统父权家庭，儿子而非女儿才是家庭延续香火、继承姓氏及财产的"合法"对象，这一性别化的继承体系也相应地规定了儿子需承担起赡养父母、为父母养老送终的责任和义务，并由此建构了中国父母特殊的生育动机——"养儿防老"，即必须生育至少一个儿子，以保障自身的晚年生活。尽管已有研究发现"养儿未必能防老"，儿子对提高父母晚年生活质量的作用日趋减弱（尹银，2012）；相反，女儿正日益成为父母的主要赡养者（唐灿等，2009）。但"养儿防老"作为一种传统的孝道理念在中国父母的生育动机中依然广泛存在（孙晓冬，2018）。在本次调查研究中，有近 2/3 的农村新生代青年认同"养儿防老是合理的、可行的"。究其根源，主要是因为农村新生代青年的生育动机仍有着较强的现实需求，生育儿子不仅是事关延续香火的宗族大事，也与其未来的老年生活是否能得到保障联系在一起。

为了进一步探究农村新生代青年"养儿防老"观念的影响因素，本章以"养儿防老是合理的、可行的"为因变量（0 表示不同意，1 表示同意），建立了 Binary Logistic 回归模型，结果见附录 2 表 3。

模型 7 在只纳入控制变量后发现，与"80 后"农村新生代青年相比，"90 后"农村新生代青年更倾向于认同"养儿防老"的观念；在控制其他变量后，武汉和南京地区的农村新生代青年认同"养儿防老"的可能性分别是成都地区的 1.52 倍和 1.41 倍；与此同时，留守经历显著降低了农村新生代青年对"养儿防老"的认同度。

模型 8 在模型 7 的基础上进一步纳入了打工时长、打工年龄和是否有养老保险三个因素。回归结果显示，以上三个因素对农村新生代青年"养儿防老"的生育动机均不存在显著影响。模型 9 在模型 8 的基础上纳入了婚姻状况和生育子女性别因素，结果表明，与未婚的农村新生代青年相比，已婚者认同"养儿防老"的可能性显著提高；生育子女性别对农村新生代青年的"养儿防老"观念具有显著影响，具体来说，那些儿女双全、只有男孩、没有孩子的农村新生代青年认同"养儿防老"观念的可能性分别是只有女孩的人的 2.28 倍、1.75 倍和 2.45 倍。

通过上述分析，研究发现农村新生代青年的婚育观念及动机存在传统与现代并存的特征。

第一，农村新生代青年整体的生育意愿不甚理想，即使如此，其实际生育状况仍与理想生育子女数和理想生育性别存在一定差距。农村新生代青年的平均理想生育子女数为 1.81 个，超过 7 成的农村新生代青年想要生两个孩子，不存在明显的男孩偏好，且多数人希望儿女双全。但目前农村新生代青年的实际生育水平较低，平均生育子女数为 1.02 个，且就实际生育性别来看，男孩明显多于女孩。

第二，与理想结婚年龄一样，农村新生代青年的理想生育年龄同样表现为"男高女低"的特征，他们的理想婚育间隔大致在 1.8 岁左右，生育的实际时点较之生育预期有所提前。受教育程度、打工经历与实际结婚年龄同样对他们的理想生育年龄预设存在重要影响。就理想状况而言，农村新生代青年中男性和女性的理想生育年龄分别为 27.51 岁和 25.27 岁，但受教育程度、打工经历、结婚年龄仅显著影响了农村新生代青年对男性理想生育年龄的设想。

第三，农村新生代青年的生育动机与其养老需求联系在一起，即普遍认同"养儿防老"的生育观念。"90 后"、在武汉和南京地区工作生活的、没有留守经历的农村新生代青年对"养儿防老"有着更高的认可度。是否拥有养老保险对农村新生代青年的"养儿防老"观念不存在影响，已婚的农村新生代青年更认同"养儿防老"。生育子女性别则对农村新生代青年的"养儿防老"观念存在显著影响，与只生育了女孩的农村新生代青年相比，儿女双全、只有男孩、没有孩子的农村新生代青年更加认同"养儿防老"观念。

四　本章小结

本章考察了婚姻家庭观念，研究结论可以从以下几个方面为进一步认识身处城市化进程中的农村新生代青年的婚育状况提供实证经验。

（一）家庭变革背景下的婚姻认知分化

农村新生代青年的婚姻认知不能简单以传统或现代进行区分和贴标签，在其内部存在多元且复杂的价值取向。其突出表现为，一方面，农村新生代青年希望建立以尊重和爱情为基础的亲密关系，强调真心相爱和追求个人幸福，认为婚姻的缔结取决于双方的自由意愿，对门当户对和物质条件相对不那么看重；但另一方面，持有传宗接代和生活照顾等工具性婚姻观念的农村新生代青年仍然占有不小的比例，在此基础上，他们同样认可并强调家庭的责任和婚姻的完整，普遍认为分居会影响婚姻的稳定、离婚会对家庭造成伤害。那么，我们又该如何理解农村新生代青年婚姻认知的多元取向和分化现象？

自20世纪90年代以来，受市场化和全球化的冲击而日益"私人化"的家庭为家庭中个体的崛起提供了有利条件，在婚恋中表现为追求个人幸福的浪漫型亲密关系。然而，家庭中个体的崛起并没有相应地带来个体对家庭依赖的降低。事实上，伴随中国市场化和城市化进程的逐步加快，家庭越来越成为个体抵御风险、提供福利保障的兜底方。

因此，农村新生代青年婚姻认知的多元取向和分化现象恰恰凸显了中国现代化进程中杂糅的新型家庭意识形态——既强调家庭的情感与亲密关系，同时也将家庭视为过日子的共同体、互帮互助的合作社（吴小英，2016）。对农村新生代青年而言，家庭关系的变革无疑在他们身上留下了深刻的烙印，他们和大多数的同龄人一样，渴望亲密关系和浪漫爱情，但阶层身份、城乡二元的结构体制、日益高昂的生活成本却越发加强了他们对婚姻和家庭的依赖。

结婚虽然已不再成为年轻人感知成年的门槛性事件（王小璐，2014），但大多数农村新生代青年依然将结婚视为其生命历程中一个必经的人生阶段。这在某种程度上表明，对于在外务工的农村新生代青年而言，进入婚姻对其迈向成年、完成向成年角色的过渡仍具有重要意义。与大多数同龄的尚在学校的年轻人不同，伴随较早离开校园、离开家乡外出务工、在外独自谋生的复杂过程，农村新生代青年的成年之旅被零散地分割在不同时空之中，这无疑导致了他们特殊的成年体验和成年转型路径。

在这个过程中，外出务工时长、打工时点的延后显著延长了他们的理想结婚年龄，年满18岁才外出务工的农村新生代青年对婚姻与家庭持有更为现代的态度。外出务工作为农村新生代青年生命历程中的重要事件嵌套在其婚姻角色过渡的过程中，他们对婚姻的认知伴随其外出务工时点、地点的不同而产生巨大差异，其婚姻角色过渡呈现复杂、微妙、不可预期的趋势，并将对其未来的婚姻、家庭与职业安排产生持续、深远的影响。在中国独特的家庭伦理文化的情境下，进入婚姻、组建家庭被视为农村新生代青年完成向成年转型的关键且必经的环节（王欧，2019）。但在目前性别失衡的社会背景下，农村新生代青年中的部分男性有可能遭遇婚姻挤压，面临成婚困难等问题，甚至存在较为严重的心理失范效应（李卫东等，2014）。农村新生代青年对婚姻的认知事关其能否顺利完成婚姻角色过渡，对其能否如期进入婚姻、婚姻的存续和稳定都有重要影响。

（二）"理性选择"和"婚育重塑"后的性别角色认知

农村新生代青年中的女性为何会比男性更加赞同"干得好不如嫁得好"？本次调查结果显示，农村新生代青年中男性月收入在 3500 元及以下的仅占 29.64%，而在同样收入水平的女性中占比则高达 64.82%，也就是说，不同性别群体之间存在巨大的收入差距。劳动力市场的性别区隔使农村新生代青年中的女性成为"廉价"劳动力，而她们在劳动力市场的弱势地位则进一步阻碍了其试图通过外出务工实现"干得好"的机会。因此，对女性而言，寄希望于传统的阶层流通渠道——"嫁得好"成为无奈之举，是其在劳动力市场劣势境遇的折射。

那么，农村新生代青年中的男性又为何会成为"男主外、女主内"的传统性别分工模式的拥趸呢？女性外出务工在一定程度上打破了传统的"男主外、女主内"的家庭分工模式，她们也成为与男性一样拥有经济来源的独立打工者。在这种情况下，基于性别的分工模式不再具有天然的正义性，尤其受到了与配偶同住一个城市、需要兼顾工作与家庭的农村新生代女性的质疑和挑战。但男性作为传统"男主外、女主内"性别分工模式下的既得利益者、女性家务劳动的免费享受者，依然停留在传统的"男主外、女主内"的性别观点上，这无疑是在个体利益权衡下理性选择的结果（刘爱玉、佟新，2014）。不同性别的农村新生代青年在性别角色认知上的分化是否会引发婚姻中的矛盾和冲突进而影响到婚姻稳定性需要继续关注。

研究还发现，在农村新生代家庭中如果男方的经济贡献更大、家庭条件更好，那么家庭成员的性别观念更趋向传统，但女方的经济贡献和家庭条件却并未对其性别观念产生影响。农村新生代青年的性别观念表现出较明显的男性本位取向，这进一步表明，其家庭依旧维持着父权、父系、从夫居的特征。尽管外出务工在很大程度上造成了农村流动家庭的离散化现象（金一虹，2009），但农村家庭中的父权制度却在衰微中延续并重建（金一虹，2010）。在城市化背景下成长起来的农村新生代青年，尤其是女性具有独立自主的主体身份，但这一主体身份往往会因婚育经历而受到父权意识形态和传统性别观念的重新规范和形塑。

男方的家庭经济条件和经济贡献成为影响农村新生代青年性别角色认知的关键因素，当男方家庭具备较好的经济基础时，其家庭成员的性别观念会向传统转变，但这并不意味着当家庭经济基础较差时，其性别观念会趋向平等。受家庭经济基础影响的性别角色认知在一定程度上加剧了男女双方在性别观念上的分歧和冲突，无论是因"嫁得不够好"而引发的夫妻争吵，或是因家务分工不合理而造成的家庭矛盾，都会对农村新生代青年家庭和婚姻的稳定性产生影响。两性的性别观念对婚姻维系和家庭合作具有重要影响，婚恋满意度对性别观念平等化的促进作用不容忽视，这说明良好的婚恋关系可以通过调节两性的性别观念实现融洽的家庭合作。

（三）趋弱的生育意愿与隐匿的生育偏好

本次的调查结果显示，超过 7 成的农村新生代青年想要两个孩子。

而在已婚已育的农村新生代青年中，生育两孩的比例仅为28.86％。由于本次调查的时点处于"全面两孩"政策起步阶段，农村新生代青年的两孩生育意愿是否能得到充分释放还有待进一步观察。在"全面两孩"政策尚未达到政策预期的生育水平的情况下（风笑天，2018），农村新生代青年较强的两孩生育意愿实际上传达了一个积极的生育信号，尤其是在本次调查研究中还有55.42％的农村新生代青年尚未生育，这一群体今后的生育行为值得研究者持续关注。

但生育几个孩子并非一个简单的决策问题，生育两孩或三孩所需的养育成本、户籍、房价、教育与抚养问题都可能影响到农村新生代青年实际的生育水平和生育潜力，也将进一步影响到他们的后代是否会成为未来的流动儿童或留守儿童。值得注意的是，尽管农村新生代青年具有较强的两孩生育意愿，但其目前的理想生育数量仅为1.81个。事实上，受到人口流动带来的对结婚和生育安排的影响，农村新生代青年更倾向于晚婚、晚育且少育，其理想生育年龄已提高至25～28岁。与此同时，以往研究也证实了生育率的降低是导致离婚率上升的重要原因（许琪等，2013）。子女作为维系夫妻婚姻的重要纽带，农村新生代青年生育水平的下降意味着家庭中子女数量的减少，这是否会影响到农村新生代青年的婚姻稳定性也需要进一步探讨。

儿女双全是大多数农村新生代青年对生育性别的期望，甚至出现了只想要女儿的比例略高于只想要儿子的趋势。但在农村新生代青年实际生育性别中，男女性别比并不均衡。农村新生代青年是否对其出生子女的性别进行人为干预和选择不得而知，但可以肯定的是，农村新生代青年的生育实践并未与其生育理想状况保持一致。

农村新生代青年生育实践中所凸显出的性别偏好折射了其传统的生育动机——"养儿防老"。农村新生代青年的"养儿防老"观念受到生育子女性别的影响，只生育了女儿的人受到生育现实的限制而不得不降低对"养儿防老"的预期，但只要生育了儿子，"养儿防老"就成为一种合理、可行的生育动机。结合前文对性别角色认知的分析就可以发现，农村新生代青年的家庭依旧维持着鲜明的父权、父系、从夫居的特征。尽管作为传统孝道观念的"养儿防老"在实践中正日益失去效用，但不管生育的儿子是否能为自己养老送终，依靠儿子养老始终是父权家庭赖以延续、香火传递的生存信念，这一信念规范仍将通过代际互动及其他形式等对农村新生代青年的生育观念产生影响。

第五章

成家与立业：
家庭生命周期初始阶段的压力及应对

我背负着一家的重担
在逆境中前行，牢记生存的意义
绽放余生的光芒

——韩仕梅《偶遇》

"这个世界不只有眼前的苟且，还有诗和远方。"此话曾一度击中无数年轻人的心灵。有人说，这一理想契合了青春不可抑制的两种冲动——渴望轰轰烈烈、不染烟火气的纯粹爱情，以及说走就走、放飞梦想的远行。对于农村新生代青年而言，他们相较城市同龄人会更早跨越成家立业的门槛，进入家庭生命周期的初始阶段。那么，他们当前所面临的现实境遇如何？是否能够毫无压力地追求"诗和远方"？为回答这些问题，本章先对农村新生代青年的压力来源展开调查，再对压力的主要表现及影响因素加以剖析，最后考察他们应对压力的方式和释放压力的途径。

一　农村新生代青年的压力来源

在心理学研究中，压力表现为个体的情感状态，而社会学则更倾向于认为压力是社会结构压力在个体层面的反映。此次对农村新生代青年压力来源的调查，采取对压力来源进行主观报告的方式，具体做法是向被调查者询问"您觉得自己目前的压力主要集中在哪些方面"，被调查者根据自身情况，从结构式问卷的给定答案中选出最为主要的两类压力来源。调查结果如表5-1所示。

表5-1　农村新生代青年有关家庭压力主要来源的自我报告（$n=1337$）

压力来源	第一压力(%)	第二压力(%)	累计均值(标准差)
结婚	14.0	7.5	0.37(0.72)
养孩子	22.9	11.8	0.58(0.85)
照顾父母	5.5	8.9	0.21(0.53)
家庭关系	6.4	4.5	0.18(0.52)
置房	14.9	11.9	0.42(0.74)
工作	17.2	13.5	0.49(0.78)
收入	14.9	31.8	0.63(0.74)

压力来源	第一压力（%）	第二压力（%）	累计均值（标准差）
健康	1.0	5.0	0.07(0.30)
其他	3.1	5.2	0.07(0.28)
合计	100.0	100.0	

从农村新生代青年所报告的第一压力来源来看，首先，养孩子是他们目前感到最棘手的事项，占比达到22.9%；其次，17.2%的人认为工作的压力较大；再次，收入、置房和结婚也对其形成了困扰，选择这些事项作为第一压力来源的比例分别为14.9%、14.9%和14.0%。农村新生代青年所报告的第二压力来源排在前面的分别是收入、工作、置房和养孩子，其占比分别为31.8%、13.5%、11.9%和11.8%。由此可见，对于农村新生代青年而言，他们所感知的压力与其正面临的任务"成家立业"密切相关。一方面，他们即将开始家庭生命周期或正处于建立家庭到扩展家庭的初期，与之相关的结婚、置房、养孩子都是迫在眉睫的任务。另一方面，在工作中取得成绩并获得更高的收入对于他们来说也存在不小的挑战和压力。与当前紧迫的"成家立业"任务相比，维持健康、家庭关系以及照顾父母等并未对农村新生代青年造成太大的压力。

表5-1还对农村新生代青年所报告的第一压力和第二压力进行了加权累计，具体方式是将第一压力赋值为2，第二压力赋值为1，两者相加得到某事项的压力总值。从累计情况来看，农村新生代青年最为主要的压力来源于五个方面，即收入、养孩子、工作、置房和结婚，而在健康、家庭关系和照顾父母等方面的压力相对较小。

如果进一步梳理各项压力，会发现农村新生代青年所报告的主要压力来源可以分为两大类：一是家庭发展的压力，包括结婚、养孩子、照顾父母、家庭关系、置房；二是个人发展的压力，包括工作、收入、健康。实际上，家庭发展压力与个人发展压力并不是孤立存在的，而是相互关联、相互作用的。为了更好地辨析不同特征的农村新生代青年所面临的压力类型的差异，表5-2针对性别、年龄、婚姻状况及生育子女数量进行了比较，其中家庭发展压力和个人发展压力的计算方法同表5-1的累计压力总值的处理方法。

表5-2 农村新生代青年压力主要来源的比较分析（$n=1337$）

特征		家庭发展压力		个人发展压力	
		均值	标准差	均值	标准差
性别	女性	1.33	1.07	1.59	1.04
	男性	1.33	1.04	1.61	1.04
	F(p)	0.002(0.964)		0.092(0.761)	
年龄	21岁及以下	0.89	0.97	1.99	0.98
	22～26岁	1.31	1.00	1.60	0.99
	27～31岁	1.53	1.05	1.44	1.05
	32～36岁	1.52	1.09	1.45	1.09
	F(p)	20.597(0.000)		15.257(0.000)	
婚姻状况	未婚	1.12	1.01	1.78	1.01
	已婚	1.52	1.05	1.44	1.05
	F(p)	47.773(0.000)		32.306(0.000)	
生育子女数量	无子女	1.13	1.01	1.80	1.02
	1个子女	1.53	1.05	1.43	1.05
	2个子女	1.64	1.00	1.34	0.99
	3个子女	1.63	1.19	1.25	1.04
	F(p)	7.879(0.000)		6.75(0.000)	

表5-2的结果显示，农村新生代青年所面临的家庭发展压力和个人发展压力不存在性别上的明显差异，但在不同年龄、婚姻状况及生育子女数量等组别的比较中存在显著差异。首先，从年龄的比较来看，随着年龄的增加，农村新生代青年所报告的家庭发展压力显著递增，而个人发展压力则显著递减。这说明虽然农村新生代青年同时面临"成家"和"立业"的任务，但在不同年龄阶段他们所需解决的任务的侧重点是不同的。对于21岁及以下的农村新生代青

年而言，他们刚从学校进入社会，亟须在城市站稳脚跟，实现经济上的独立，而寻找婚恋对象、建立自己的小家庭等任务相对来说还不是那么迫切，因此他们所面临的个人发展压力远高于其他年龄组别，面临的家庭发展压力则远低于其他年龄组别。27～31岁以及32～36岁年龄组则正好与之相反。处于这两个年龄阶段的农村新生代青年工作上逐渐得心应手，个人发展已经初见雏形，所以个人发展压力相对较小，但因为小家庭刚刚建立，随着孩子的出生，他们所感知的家庭发展压力也逐渐攀升。

其次，从婚姻状况的比较来看，农村未婚新生代青年的家庭发展压力为1.12，明显低于已婚群体所报告的1.52。农村未婚新生代青年所报告的个人发展压力为1.78，明显高于已婚群体所报告的1.44。也就是说，农村新生代青年中未婚者所感知的个人发展压力要高于已婚者，但家庭发展压力则正好相反。因为婚姻状况与年龄嵌套在一起，所以农村新生代青年在不同婚姻状况下所感知的压力不同，其原因与不同年龄组别的分析是大致类似的。

最后，表5-2还显示了不同生育子女数量下农村新生代青年的家庭发展压力和个人发展压力。结果表明，无子女的农村新生代青年所报告的家庭发展压力为1.13，远低于已生育孩子的人，而对生育了2个或3个孩子的人来说，他们普遍面临维持家庭生活的较大压力；但生育2～3个孩子的农村新生代青年所报告的个人发展压力远低于未生育及生育了1个孩子的人。这进一步说明随着家庭生命周期的发展，农村新生代青年所感知的压力类型不同，亟待解决的任务侧重点也有所差异，继而他们会在工作与家庭两个领域间调整自身的目标和策略，并投入相应的时间和精力。

二 农村新生代青年的压力认知

在调查了农村新生代青年的压力来源后，我们发现当前他们所感知的压力直接或间接地与家庭生活相关，属于家庭压力的范畴。所谓家庭压力，是指家庭系统中的压力或紧张，此时家庭处在低潮、有压迫的、扰乱的、不平静的情境之中（布思，1994）。有研究认为，家庭压力是普遍的，也是不可避免和正常的（徐安琪、包蕾萍，2007）。表5-3展示了家庭压力的测量指标，其不仅涵盖了缔结婚姻、维持婚姻等婚姻生活各个方面的压力，还包括家庭生活中所能体验到的经济压力和工作—家庭冲突等重要压力来源。

表5-3　家庭压力的指标与测量

一级指标	二级指标	三级指标	测量方式
家庭压力	婚姻生活压力	婚恋压力	是否被催促过谈恋爱或结婚？
		婚姻维系压力	婚姻维系起来难吗？
	家庭生活压力	经济压力	月收入是否够花销？
		工作—家庭冲突	工作干扰家庭（WIF）、家庭干扰工作（FIW）和工作家庭平衡

对农村新生代青年而言，家庭压力涵盖了婚恋压力、婚姻维系压力、经济压力和工作—家庭冲突四个方面。婚恋压力、婚姻维系压力是农村新生代青年在婚姻生活中的压力。其中，婚恋压力指标涉及所调查的全部农村新生代青年，但婚姻维系压力指标仅涉及当前已婚的农村新生代青年。经济压力、工作—家庭冲突是农村新生代青年在家庭生活中的压力。工作—家庭冲突是对工作和家庭生活两者关系的测量，包括三个方面的问题，即"没有时间和精力考虑结婚或家里的事情""为了家庭放弃了个人的发展机会""对家庭的责任使得我更加重视现在的工作"，分别代表工作干扰家庭（WIF）、家庭干扰工作（FIW）和工作家庭平衡。在建构了家庭压力指标体系之后，下文将据此对农村新生代青年的家庭压力现状进行全面的描述和分析。

（一）农村新生代青年的婚恋压力及影响因素

作为生命历程中的重要事件，青年的成家立业应有大致的时点范畴，并因此形成了在一定的年龄范围内完成此过渡的期待。这种期待是对有关事件发生或生命阶段起始的年龄期望，具有明显的约束性（包蕾萍，2005）。最近一二十年来，年轻人所感受到的婚恋压力越发显著，甚至有大龄未婚青年被标签为"剩男""剩女"，这也引发了社会的广泛关注（王小璐，2009）。毫无疑问，婚恋时点的延后与社会文化对婚恋时点的期望之间的差异，让婚恋成为家庭压力的一个重要来源。针对这一压力，通常原生家庭会采取催促或安排相亲的方式来帮助青年应对，对农村新生代青年而言更是如此（祝平燕、王芳，2013）。

此次调查的结果显示，在农村新生代青年中有超过一半的人曾经被父母催促过婚恋，在未婚农村新生代青年中这一比例已达到57.5%。从被催促婚恋的人报告的时点可知，有25.4%的人是在20岁这一年就开始被催促婚恋，而到21岁时过半数的人有过被催促婚恋的经历。这表明21岁是一个分水岭，从此阶段开始农村新生代青年将有很大的可能会被催促婚恋，他们也会因此感受到前所未有的婚恋压力。

为进一步探究婚恋压力的影响因素，本章进行了 Binary Logistic 回归分析（见附录3表1）。从结果可知，是不是独生子女、受教育年限等变量对婚恋压力的作用不显著，而性别呈现显著作用。相较于女性，男性更有可能被催促进入婚恋状态，从而体验到婚恋压力。分性别来看，农村新生代青年中男性被催促婚恋的比例为64.7%，女性被催促的比例为38.9%。毫无疑问，男性被催促婚恋的比例明显高于女性，这表明男性所面临的婚恋压力更为突出。再比较不同性别的农村新生代青年被催促婚恋的时点可知，在20岁时有33.7%的女性曾被父母催促过婚恋，比同期男性比例高出11.2个百分点。

结合被催促婚恋的比例及其开始的时点可知，尽管农村新生代青年中的男性和女性都面临较大的婚恋压力，但造成婚恋压力的原因可能不尽相同。对于男性而言，其在婚姻市场处于相对劣势的地位，不仅面临性别挤压，还需承担高额的婚姻支付成本，因此他们更有可能会被父母催促婚恋，但时间并不太紧迫。而对于女性来说，她们在婚恋市场具有相对优势，因此被父母催促婚恋的比例明显低于男性，但被催促的时点相对提前，主要是因为父母期望她们能把握住进入婚姻市场的黄金时间，减少因大龄而"被剩下"的风险。

值得注意的是，农村新生代青年童年时期生活经历的不同，也会使他们感知到不同的婚恋压力。具体而言，在经济条件较差、父母经常吵架的家庭成长起来的农村新生代青年，更有可能会被父母催促婚恋。究其原因，存在多种可能。其中，最常见的情形是农村家庭普遍将子女结婚视作父母最为重要的任务之一。对于那些家庭经济不理想、家庭不和睦的家庭而言，其父母更期望子女尽早组建家庭，过上好日子。当然，也不乏一些父母还期望通过子女的婚姻改善自己的生存状况。综上可见，农村新生代青年是否会被催促进入婚恋状态、能否感知到婚恋压力，在很大程度上取决于社会有关婚姻家庭的文化规范及他们过往和当下的生命历程。

（二）农村新生代青年的婚姻维系压力及影响因素

婚姻稳定性是婚姻质量的重要体现，而要保持这种稳定性本身就是婚姻压力的一个重要来源。本章所指的婚姻维系压力仅针对农村新生代青年中的已婚群体。因为对未婚者而言，婚姻维系仅是一种理想化状态下的压力认知，而不是客观存在的压力体验，所以这里未予以讨论。

统计结果显示，5.9%的人表示维系婚姻非常难，21.2%的人表示比较难，35.1%的人表示婚姻的维系难度一般，25.7%的人表示婚姻维系起来不太难，还有11.9%的人认为婚姻维系起来完全不难。这一结果表明，农村已婚新生代青年中近 3 成人在婚姻生活中明确感受到了维系的压力，大多数人认为压力水平一般或较低。

本章对婚姻维系压力影响因素的探讨模型如附录 3 表 2 所示。模型 4 的结果显示，性别、受教育年限、生育子女数、婚龄、是否与爱人共居以及男方是否掌握家庭实权等变量对农村已婚新生代青年的婚姻维系压力均未产生显著的影响。发挥作用的变量有两个，即感情满意度和女方是否掌握家庭实权。具体来说，越是对婚姻中的情感表示不满意的农村已婚新生代青年，越有可能认为维系婚姻存在压力；女方掌握家庭实权对农村新生代青年的婚姻维系压力有正向的影响，也就是说女方的控制权会深化他们对婚姻难以维系的认知。

模型 5 是针对农村已婚新生代青年中的男性展开的探讨。分析结果表明，受教育年限、生育子女数、婚龄、是否与爱人共居、是否由男方掌握家庭实权等变量对男性的婚姻维系压力不存在显著的影响，但感情满意度和是否由女方掌握家庭实权发挥了明显的作用。这一结果与全模型中的分析结果类似，表明女方掌握家庭实权的事实会增加农村已婚新生代男性所感知的维系婚姻压力，而感情满意度则可能对此压力予以纾解。

模型 6 是针对农村已婚新生代青年中的女性展开的分析。数据显示，生育子女数、是否与爱人共居以及女方是否掌握家庭实权等变量对农村新生代青年中的已婚女性的婚姻维系压力没有显著的影响，而受教育年限和感情满意度则呈现显著的影响，婚龄、男方是否掌握家庭实权则是在 10% 的水平下具有显著作用。可见，农村已婚新生代青年中的女性如果受教育程度较高，或者由男方控制家庭的实权，那么她们更有可能感知到维系婚姻的压力，但对亲密情感的满意度能在一定程度上缓解她们的这一压力。

综合比较模型 5 和模型 6 可知，针对不同性别的农村已婚新生代青年而言，婚姻维系压力的影响因素既存在共性也存在差异。共性之处在于无论是男性还是女性，若他们对婚姻中两性情感表示满意，则越有可能较少感知到婚姻维系的压力。不同之处在于：对男性而言，妻子掌握家庭实权会增加他们的婚姻维系压力；对女性而言，自身对家庭实权的掌握并不会降低她们对婚姻维系压力的认知，而受教育年限会明显增加她们所感知的婚姻维系压力。由此可见，家庭权力结构在婚姻维系压力的形成中具有重要的作用。农村新生代青年的家庭受传统农村家庭文化观念的影响，在家庭权力结构中仍然是将男性视为家庭权力的主导者，所以对男性而言，女性掌握家庭实权会削弱他们在婚姻家庭生活中的掌控力，而对女性而言，她们的受教育程度越高，就会越追求平等，并意识到自身婚姻所面临的各种威胁和压力。

（三）农村新生代青年的经济压力及影响因素

家庭日常生活中需要一定的经济支撑，家庭成员的衣食住行等诸多方面都有赖于家庭经济收入的维系。实际上，农村新生代青年外出务工最主要的目的之一就是谋取更高的经济收入，从而更好地满足家庭成员的物质生活需求。那么，现阶段农村新生代青年的经济状况如何？他们是否感受到了经济压力呢？

当问及"您现在每个月的收入够花销吗"，15.1%的被调查者表示足够且有较多结余，41.9%的被调查者表示够且有一点结余，22.7%的被调查者表示刚好够，15.8%的被调查者表示不是很够，还有4.5%的被调查者表示差很远。可见，大多数农村新生代青年的经济条件较好，但也有超过2成的人每月收入不够日常花销，存在一定的经济压力。调查还显示，不同性别的农村新生代青年所感受到的经济压力存在显著的差异，其中男性的自评经济压力均值为2.44，女性的自评经济压力均值为2.67。这可能是因为女性主要负责家庭开支或者需要接济原生家庭，对经济压力的感知更为敏锐；而男性通常对家庭经济收入有较大的信心或不直接经手家庭开支，所以对经济压力不敏感。

此外，年龄也会显著影响农村新生代青年对经济压力的感知。相较于26岁及以下、32岁及以上的年龄组而言，27～31岁的农村新生代青年自我报告的经济压力均值最大。这很有可能是由于这一年龄组的人正处于家庭生命周期的形成和扩展阶段，子女的出生及抚育增加了不少的开支，从而使他们感知到更大的经济压力。

与社会民众一般认知相符的是，生育子女数量越多，给家庭带来的经济压力也就越大。未生育子女的农村新生代青年自我报告的经济压力均值为2.27，育有1个子女的经济压力均值为2.62，育有2个子女的为2.65，而育有3个子女所感知的经济压力均值达到了3.44。由此可见，生育子女的确给农村新生代青年带来了巨大的经济压力。其中存在两个分水岭：一是生育1个孩子之后，此时的家庭开支会明显高于两人世界时；二是生育3个孩子前后，家庭的经济压力可能会达到峰值，而生育1个孩子和生育2个孩子对家庭经济压力的影响不甚明显。这暗示着在现有的生育政策下，农村新生代青年具有较高生育二孩的可能性，但要生育三孩仍存在不小的现实阻碍，因生育三孩而带来的家庭经济开支的激增必然会影响个体及家庭的生育决策。

由上述分析可知，经济压力是农村新生代青年家庭生活中面临的主要压力之一。为了探究其形成的机制，本章对其影响因素展开了分析（见附录3表3）。需要说明的是，分析经济压力的影响因素时所用到的样本是所有接受调查的农村新生代青年样本；另外，鉴于婚姻状况和生育状况在很大程度上存在关联，所以在分析中未使用婚姻状况作为自变量，而只纳入了生育子女数量，后者既可以指证调查对象的婚姻状况，也可以用来区分他们目前所处的不同生育阶段。

模型7的结果表明，性别、是不是独生子女、受教育年限3个变量未对农村新生代青年的经济压力产生显著的影响，但收入状况、生育子女数量、是否具备自有建房或购房以及是否对工资收入满意等变量具有明显的作用。具体来看，相较于月收入在3501～5000元的人，月收入在3500元及以下的农村新生代青年更有可能感受到经济上的压力；生育子女数量越多，经济上的负担也相应越大；相较于没有建房或购房的人来说，拥有自有建房或购房经历的人更有可能承受经济压力；另外，对工资收入越是满意的人，越是较少感受到经济方面的压力。

模型 8 是针对农村新生代青年中的男性展开的分析。结果表明，是不是独生子女、受教育年限未对他们的经济压力产生显著影响，而月收入、生育子女数、是否建房或购房以及是否对工资收入满意具有明显的作用。相较于月收入在 3501～5000 元的人而言，月收入在 5000 元以上的人所感受到的经济压力更小，对工资收入的满意度也能减轻他们在经济方面的压力；但生育子女数量的增加和建房或购房的经历则会增加家庭支出，从而增大农村新生代青年的经济压力。

模型 9 是针对农村新生代青年中的女性展开的分析。结果表明，是不是独生子女、受教育年限、是否建房或购房、是否对工资收入满意等因素都未呈现显著的影响，但月收入和生育子女数量呈现显著的正向作用。与模型 8 相比，农村新生代青年中女性的自身收入状况尤其是较低水平的经济收入会加剧她们的经济压力，但家庭里的大项开支如建房或购房并没有显著增加她们的经济压力。

上述的分析发现，农村新生代青年经济压力的影响因素主要源于两个方面：一是经济收入水平，工资收入的多少以及对工资收入是否满意都是生计能力强弱的体现；二是经济支出水平，生育子女数量和建房或购房等都会影响家庭的经济状况。总的来说，收入水平的提高或支出水平的下降都能有效缓解他们的经济压力。从农村新生代青年中男性和女性的经济压力影响因素比较来看，两者也存在一些差异。例如，在经济收入方面，较高收入水平及对工资收入满意能明显减轻男性的经济压力，但女性对较低收入水平造成的经济压力更敏感；建房或购房等大宗经济支出主要增加的是男性的经济压力，对女性的影响不显著，但养育孩子无论是对男性还是对女性来说都是经济压力的主要来源。而经济压力来源上的这种性别差异，与两性在劳动力市场的收入状况、在婚姻支付中男性为主的现实情形以及家庭内部的分工模式均具有一定的关系。

（四）农村新生代青年的工作—家庭冲突及影响因素

工作—家庭冲突是当个体面对多重角色压力时产生的一种角色紧张和角色失衡，而这种紧张和失衡可能会同时对工作领域和家庭领域的结果变量产生消极影响（许琪、戚晶晶，2016）。除了工作—家庭冲突，工作—家庭平衡是工作和家庭关系的相对和谐形态。Greenhaus 和Beutell（1985）将工作—家庭冲突区分为工作会影响家庭（WIF）、家庭也会影响工作（FIW）。不同方向的工作—家庭冲突是由不同原因造成的。工作对家庭的冲突主要受工作压力的影响，而家庭对工作的冲突主要受家庭压力的影响（Frone et al.，1992）。对农村新生代青年而言，高流动性和不稳定的居住形态可能会让他们面临的工作—家庭冲突更为突出。本章对农村新生代青年的工作—家庭冲突情况进行了调查，分析结果见表 5-4。

表 5-4　农村新生代青年工作—家庭冲突情况（$n=1337$）

单位：%

选项	工作干扰家庭	家庭干扰工作	工作—家庭平衡
从不	27.0	33.8	12.2
偶尔	29.7	22.9	13.8
有时	27.4	24.9	26.1
经常	9.7	7.4	40.9
不清楚	6.1	11.0	7.0
合计	100.0	100.0	100.0

表 5-4 的数据显示，在工作—家庭冲突中的第一种情形即工作干扰家庭的情形中，有 37.1% 的农村新生代青年明显感知到工作对家庭

生活产生了干扰，其中有 9.7％的人认为工作干扰家庭的频率很高。就工作—家庭冲突中的第二种情形即家庭干扰工作的情形来看，32.3％的农村新生代青年明显感知到家庭对工作的干扰，但仅有 7.4％的人报告这种干扰出现的频率较高。从农村新生代青年报告的工作—家庭平衡情况可知，26.0％的人表示工作—家庭平衡从不存在或偶尔存在，40.9％的人表示工作—家庭平衡经常可达至，26.1％的人表示工作—家庭平衡有时可以达至。

　　通过上述分析，我们发现在农村新生代青年中存在一定的工作—家庭冲突，这种冲突既有工作对家庭的影响，也有家庭对工作的干扰，相比较而言，前者出现的比例更高。但总体来说，农村新生代青年能够较好地调整冲突，从而达至工作与家庭生活之间的平衡状态。进一步分析可知，农村新生代青年所报告的工作—家庭冲突状况存在一定的性别差异，主要体现在工作对家庭的干扰这一维度上。女性所报告的工作对家庭造成的干扰均值为 2.12，男性报告的均值为 2.27，明显高于女性。女性所报告的家庭对工作的干扰均值为 2.00，而男性报告的均值为 2.11，尽管后者报告的均值稍高，但未通过显著性检验。从工作—家庭平衡情况来看，女性报告的均值为 2.97，男性报告的均值为 3.07，也未表现出明显的差异。因此，从工作—家庭关系来看，男性较女性更有可能面临工作影响家庭的情形。这可能是由于男性在职业和家庭中被赋予了较高的职责期望，但"男主外、女主内"的传统思想会使其在面临工作—家庭冲突时将工作的优先级置于家庭生活之前，从而使得工作干扰家庭的可能性增加。

　　与此同时，处于不同家庭生命周期的农村新生代青年，在工作—家庭冲突上的体验也存在差异。对于未婚和已婚的两部分群体来说，他们在工作干扰家庭维度上不存在显著差异，但在家庭干扰工作及工作—家庭平衡的维度上存在明显的不同，报告的均值分别为 1.93、2.19 和 2.92、3.13。由此可知，农村已婚新生代青年所报告的家庭干扰工作的均值更高，但他们也更有能力使工作—家庭尽量保持平衡发展。

另外，生育子女数量对农村新生代青年工作—家庭关系状况的影响不同于婚姻状况的影响。具体来说，不同生育子女数量仅显著影响了他们在工作干扰家庭维度的得分，而未能影响家庭干扰工作及工作—家庭平衡维度。在工作干扰家庭维度上，生育子女数量的影响呈现两头压力大的趋势，即尚未生育子女以及已经生育了3个孩子的农村新生代青年所报告的冲突程度明显大于生育了1~2个孩子的人。这很有可能是由两方面的原因导致的。对于尚未生育子女的农村新生代青年来说，工作时间长、工作地点远、工作范围窄会影响到他们婚恋对象的寻找及婚姻的缔结；而对于已生育3个孩子的农村新生代青年来说，家庭事务及育儿需要大量的时间和精力，但繁忙的工作使得他们无暇兼顾，他们优先选择了工作，从而产生了工作—家庭的冲突与矛盾。

有关农村新生代青年工作—家庭冲突影响因素的分析结果见附录3表4。需要说明的是，在工作—家庭冲突的分析中关注的家庭通常是指年轻人自己组建的小家庭，所以这部分分析只针对已婚的农村新生代青年。

其中，模型10对农村新生代青年工作干扰家庭压力的影响因素进行了分析。结果显示，受教育年限、月收入、生育子女数、是否与爱人共居、是否对感情满意、家庭实权掌握情况、每天工作时间、每月休息天数等变量都未对工作干扰家庭压力产生显著影响，仅性别、是否有劳动保险或福利及工作满意度具有较为明显的作用。男性较女性而言，更有可能认为工作干扰了家庭。相较于没有劳动保险或福利的农村新生代青年而言，有劳动保险或福利的人更倾向于认同工作干扰了家庭。这可能是因为有劳动保险或福利意味着工作单位的管理相对规范，可能会因管理条款的严格而影响到对家庭的照顾。与日常认知相符的是，越是对工作表示满意的人，越不太可能认为工作干扰了家庭。

从模型11的家庭干扰工作模型来看，性别、受教育年限、月收入、生育子女数、是否与爱人共居、是否对感情满意、是否有劳动保险或福利变量都未呈现显著的影响，而家庭实权掌握情况、每天工作时间、每月休息天数、工作满意度对工作干扰家庭具有明显的作用。结果表明，那些男方/女方掌握家庭实权、每天工作时间较长、每月休息天数较多的人，更有可能会认为家庭事务阻碍了职业的发展，其原因可能与家庭权力结构、工作强度以及工作单位性质等有关。

模型12的工作—家庭平衡模型显示，性别、受教育年限、月收入、生育子女数、是否与爱人共居、是否对感情满意、是否男方掌握家庭实权、是否有劳动保险或福利都未呈现显著的影响，每天工作时间和工作满意度对工作—家庭平衡具有明显的作用。也就是说，工作时间越长，农村新生代青年越是能体验到难以达到工作—家庭平衡的压力，而工作满意度越高，则越有可能缓解维系工作—家庭平衡的压力。

综合来看，家庭权力结构、工作强度、劳动福利和工作满意度是影响农村新生代青年工作—家庭冲突的重要因素。男方掌握家庭实权会提高家庭干扰工作的可能，较大的工作强度和较多的劳动福利也有可能会加剧工作—家庭冲突，而工作满意度则对此有抑制作用。这表明，公领域与私领域相互嵌套，对于农村新生代青年而言也不例外。公领域中与工作有关的因素，如工作强度、工作福利、工作性质、工作满意度等，实际上会将工作置于工作—家庭关系中的优先地位，从而直接或间接地导致了工作—家庭冲突。

三　农村新生代青年的家庭压力应对

前文明确了农村新生代青年的压力来源，并针对其中最为突出的家庭压力进行了分类别的考察，接下来我们将探讨农村新生代青年是如何应对家庭压力的。从问卷调查和实地访谈的反馈来看，他们主要从现实世界的社会支持网络以及虚拟世界的网络平台两个渠道来获取资源、信息及其他帮助。

（一）社会支持网络

农村新生代青年不同于其父辈长久地扎根于农村社会，而是在城乡之间流动，因而他们不可避免地会遭遇各种各样的困境，厘清他们会向谁求助能够更好地帮助我们明确其所建构的赖以生存和发展的社会支持网络。表5-5对不同情境下农村新生代青年应对家庭压力的社会支持网络进行了考察。

表5-5 农村新生代青年应对家庭压力的社会支持网络（$n=1337$）

单位：%

变量	需要帮忙时首先会去找谁							
	父母	爱人/对象	兄弟姐妹	老乡/朋友	同事	邻居	其他人	靠自己
找工作	8.7	3.7	7.2	30.1	14.4	0.2	1.8	33.9
经济求助	43.7	26.8	4.1	5.2	2.8	0.2	1.4	15.6
恋爱婚姻等需要决策	51.3	9.4	5.3	4.1	0.8	0.5	0.5	28.0
需要借一大笔钱	36.8	7.0	25.4	13.3	2.2	0.2	2.7	12.4
权益受到损害需要维护	21.8	12.5	12.5	12.2	4.1	0.8	6.8	29.4
心情不好想找人诉说	8.6	24.8	11.5	31.1	5.7	0.5	3.8	14.0

表5-5所涉及的求助情境实际上可划分为三类，即工作求助、经济求助及情感求助。首先，我们来看农村新生代青年求职的渠道和路径。结果显示，在找工作遇到困难时，有约1/3的农村新生代青年表示会靠自己，但大部分人还是会选择向他人求助。其中，30.1%的农村新生代青年表示会找老乡/朋友帮忙，14.4%的人表示会找同事，还有8.7%的人找父母，3.7%的人依靠自己的婚恋对象。而当自身权益受到损害需要维护时，29.4%的农村新生代青年首先是靠自己解决，21.8%的人会找父母，其他人则可能会向爱人/对象、兄弟姐妹、老乡/朋友等人寻求帮助。

其次，我们考察了农村新生代青年的经济求助渠道。在租房或买房遇到困难时，43.7%的农村新生代青年会向父母求助，26.8%的人表示会找爱人/对象共同分担，只有15.6%的人表示会靠自己。需要借一大笔钱时，36.8%的农村新生代青年表示会寻求父母的支持，25.4%的人会找兄弟姐妹帮忙，7.0%的人会找爱人/对象帮忙，13.3%的人会向老乡/朋友求助，仅12.4%的人选择靠自己。

最后，农村新生代青年所遭遇的情感求助具体也有两种情形。其一，当他们需要做出恋爱或婚姻等决策时，约一半的人会选择向父母求助，28.0%的人自行权衡和处理，还有9.4%的人表示会找爱人/对象帮忙。其二，当他们心情不好想找人诉说时，31.1%的人会找老乡/朋友，24.8%的人会从爱人/对象处寻求支持，14.0%的人靠自己消化，而找父母或兄弟姐妹帮忙的比例分别为8.6%和11.5%。

(二) 网络平台

除现实世界的社会支持网络外，农村新生代青年也会通过虚拟的网络平台寻求应对家庭压力的方法。一方面，网络的匿名性、娱乐化特征会给农村新生代青年的压力释放提供空间和媒介；另一方面，农村新生代青年从小就接触网络，能够熟练使用电脑、电子产品，加之他们离开了家乡，在城市的社会关系网络相对较窄，就更有可能会对网络产生一定程度的依赖。图5-1展示了农村新生代青年日常上网的主要内容，这有助于我们了解他们如何通过网络解压或寻求帮助。

如图5-1所示，农村新生代青年日常上网的主要内容的前三项分别是欣赏音乐/电影/小说（53.7%）、聊天/视频（45.9%）以及看新闻（45.4%），而频率最低的三项分别是投资/理财（4.0%）、学习/工作（14.6%）以及随便逛逛（14.6%）。由此可见，他们使用网络最为常见的目的是打发时间，在工作之余放松身心、舒缓情感压力。尽管农村新生代青年也会通过网络平台与家人朋友保持联络，但总的来说他们对网络的工具性价值利用不高，较少会将网络作为解

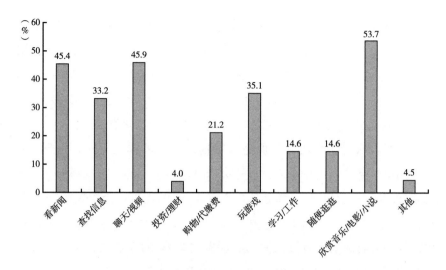

图 5 - 1　农村新生代青年日常上网的主要内容（*n*＝1337）

决工作或经济困境的渠道。这既与农村新生代青年网络素养不足、缺少自我投资、缺少持续学习的动机有关，也与网络信息参差不齐、充满风险有关。

四　本章小结

本章关注了农村新生代青年的压力，发现他们的压力直接或间接地与家庭生活相关，因此对家庭压力进行了重点考察。家庭压力包括婚恋压力、婚姻维系压力、经济压力、工作—家庭冲突四种不同类别，本章分别对其现状进行了描述和分析，并探讨了其影响因素，最后调查了农村新生代青年应对家庭压力的方式。结果表明，对正处于成家立业阶段的农村新生代青年来说，"诗和远方"的生活尚在别处，当下更多需要考虑的是"柴米油盐"的生存现实。

（一）成家立业中交织的压力

调查结果显示，收入是农村新生代青年所报告的最主要的压力来源，其次是养孩子和工作，而健康、家庭关系和照顾父母的压力则相对较小。分类来看，他们的家庭压力主要源于两个方面，即家庭发展和个人发展，也就是我们常说的"成家"和"立业"。而且，"成家"和"立业"作为农村新生代青年所面临的两大任务，两者之间相互嵌套、相互关联。伴随家庭生命周期的进展，农村新生代青年会在家庭发展与个人发展之间调整当下任务的侧重点。

首先，农村新生代青年的婚恋不是仅与他们自己有关的私人事务，也是家庭及社会多方介入的事件。其中，最为突出的体现是有超过一半的农村新生代青年曾经被父母催促过婚恋，且男性被催婚恋的比例远高于女性。不同性别的农村新生代青年遭遇婚恋压力的时点也不尽相同，男性的婚恋压力随年龄增长而增大，但女性则是在适婚年龄区间的前后阶段更为频繁地感受到压力。农村新生代青年被催促婚恋的压力是普遍存在的，这与社会对性别、年龄的婚恋期待和文化规范有关，也受他们童年时期原生家庭的经济状况及父母夫妻关系的影响。然而，即使农村新生代青年如期步入了婚姻，也并不意味着他们的婚姻关系就进入了"保险箱"。从婚姻维系压力来看，有27.1%的人表示婚姻维系起来存在一定的压力。家庭权力结构对农村新生代青年的婚姻维系压力具有显著的影响，女性受教育程度及对家庭实权的掌控等会影响到不同性别在婚姻维系上的压力，但夫妻之间感情能够有效舒缓这一压力。

其次，从经济压力来看，有超过2成的农村新生代青年表示每月收入不够日常花销，存在一定的经济压力。农村新生代青年的经济压力取决于其经济收入和经济支出的综合状况，因此工资收入及对工资收入的满意度会缓解他们的经济压力，但生育子女数和建房或购房的经济支出会增大他们的经济压力，同时，夫妻中谁在家中掌握实权也会导致经济压力上的性别差异。

最后，家庭权力结构、工作强度、劳动福利和工作满意度是影响工作—家庭冲突的重要因素，男方掌握家庭实权会提高家庭干扰工作的可能，但工作强度和劳动福利则会激化工作—家庭冲突。

结合家庭生命周期来看，农村新生代青年在经济上的捉襟见肘与之密不可分。在小家庭组建及扩展阶段，无论是结婚还是生育都会增加不小的开支，也会产生工作和家庭之间的冲突。从工作—家庭冲突来看，主要存在工作对家庭的干扰，其次是家庭对工作的干扰，尤其需要注意生育 3 个子女的农村新生代青年所感知到的冲突和压力。大多数情形下，随着年龄的增长及工作、家庭生活经验的积累，农村新生代青年也将逐渐探索出在两者之间保持平衡的方法。

（二）亲疏有别的家庭压力应对方式

面对家庭压力，农村新生代青年除了依靠自身化解困境，也会向外界寻求帮助以应对压力。具体来说，农村新生代青年所面临的求助情境可以分为三种类型，即工作求助、经济求助和情感求助。农村新生代青年在面临不同类型的压力和求助情境时，他们所选择的求助对象是不同的。

首先，在遭遇工作困境时，农村新生代青年主要会通过地缘或业缘来化解难题，而较少求助于亲缘。这主要是因为他们离开了农村选择在城市就业，原生家庭的父母或兄弟姐妹等难以给予工作上的支持。除此之外，他们也会靠自己的力量去解决与工作有关的难题。其次，在遭遇经济困境时，农村新生代青年更多的是向亲缘关系求助，尤其是寻求父母的经济支持，同时兄弟姐妹也能给予一定的帮助，但他们较少会向同事或朋友求助，毕竟经济上的借贷存在风险，而来自亲缘的支持是农村新生代青年最为坚实的后盾。最后，在遭遇情感困境时，如果是涉及婚姻家庭等重大事宜，农村新生代青年还是会首先征求父母的意见，这是传统家庭观念使然。但如果是心情郁闷，他们较少会向父母倾诉，而是会寻求老乡/朋友或者另一半的支持，这有可能是对父母"报喜不报忧"的心理所致，也有可能是父母与年轻人之间存在的时间和空间上的疏离，导致他们彼此缺乏共同的语言，并在分析问题、解决问题的思路上存在较大分歧。另外，除了社会支持网络，他们也会借助网络平台放松身心，释放情感压力，但难以从中获取实质性、工具性的支持。

总的来说，城市化进程中农村新生代青年流动的生活样态，虽然增强了他们的独立自主性，但也并未完全切断其与亲缘和地缘的联系。因此，当他们面临各种压力的时候，他们更多还是会向现实世界的社会支持网络寻求实质性的帮助，而较少依赖虚拟的网络平台。事实上，亲缘和地缘所提供的物质及精神上的支持，为农村新生代青年提供了在城市落脚甚至安家的底气。

第六章

性别与权利：
两性关系中的互动与沟通

我也好想做一个小女人

可无人依靠时，只能靠自己

担起一个儿媳的责任

妻子如此，母亲亦然

—— 韩仕梅《营生》

流动之中，农村新生代青年的成家立业与城市化嵌套在一起，这不只是工作生活场所的空间流动，还包括家庭结构和生活方式等方面的重要转变，以及对家庭关系的调整和适应等（风笑天，2006；钱文荣、朱嘉晔，2018）。

　　尽管农村新生代青年的典型形象仍然是未婚的打工者（"打工仔"和"打工妹"），但实际上已经包含了越来越多的已婚青年。农村新生代青年中的已婚者不同于以往离开配偶和子女独自在城市打拼的旧有发展路径，他们更倾向于夫妻双方一同进城，也希望带上自己的子女以核心家庭的形式举家在城市中安顿下来（范芝芬，2013）。农村新生代青年在城市的生活和工作不再是"离土不离乡"式的（费孝通，1984），他们不再仅仅视其为自己农村生活之外的一个短暂的或者暂时的插曲与经历，而是可能会离开农村长时间地生活和工作在城市中，同时他们也向往城市的生活和经历，并积极地寻找在城市中永久留居的机会（刘传江，2010）。心向城市的流动经历不仅使得农村新生代青年家庭的旧有结构和传统分工受到了极大的挑战，也使得家庭性别结构的传统基础受到了冲击。

　　当农村新生代青年中的已婚者将到城市打工作为理所当然的生活模式时，最基本的问题便是流动打工之后的生活安排（风笑天，2006）。如果是夫妻一方外出打工，那么相互分离的家庭生活和家庭关系就成为家庭安排的重点，家庭与婚姻的稳定性往往大受影响。如果夫妻双方都去城市打工，那么子女的抚育和教育安排，以及留在农村的父母的养老问题则更为突出。实际上，当年轻的已婚青年经由流动形成了与已有家庭的分离，留守问题便广受关注（段成荣、周福林，2005；杜鹏，2004）。

　　就已有研究而言，社会学的关注点一直以来都聚焦在家庭中留守的老人以及孩子。中国的传统家庭以三代同堂作为理想模式（Hsu，1967），尽管实际的居住模式中小家庭往往占据主导地位（Davis and Harrell，1993；王跃生，2006），但是三代之间密切的关系和互动确实存在特定的社会规范。家庭反馈模式指的是在家中的老人年迈之后，子女有义务对其进行养老，或者尽孝道（费孝通，1983）。如此，农村新生代青年在青年期就离开家庭流向大城市且不愿意再回到农村，是否意味着家庭与传统的养老模式已经进入危机，留守农村的老人已经难以保证老有所养？另外，农村新生代青年的子女抚养和教育也值得关注。无论他们将子女留在农村家庭中交给自己的父母代为抚育，还是将子女带在身边与自己共同流动，都是对传统的亲子关系、正常的家庭子女教养模式的挑战（蔡玉萍、彭铟旎，2019；风笑天，2006；段成荣、周福林，2005；谭深，2011；段成荣、梁宏，2004），也因此形成了备受关注的留守儿童和流动儿童的社会化议题。

而且，流动对农村已婚新生代青年的影响不仅仅在于向上的养老问题与向下的子女教育问题，同时也给其本身的夫妻关系带来了挑战，因为流动本身就冲击着家庭中的父权制基础（蔡玉萍、彭铟旎，2019；金一虹，2010）。在以前，中国传统家庭的夫妻关系是以男孩偏好和（父系）单系继承将女性排除在家庭核心之外的（费孝通，1998），之后又通过"从夫"的婚后居住模式让女性为婆家服务（杨菊华，2008），并通过对主导领域的社会划分（男主外、女主内），使得女性与家庭、生育、家务等联系在一起（左际平，2002）。而当下，农村新生代青年的城市化及流动至少使得他们在一定程度上能够脱离来自农村父母的控制，他们首先有了跟农村的原有体系"讨价还价"的可能性。更为重要的是，一同来到城市务工的夫妻必须更为紧密地合作才能应付城市的生活和工作，因此，在城市务工的农村新生代青年有着更为务实的夫妻分工安排。夫妻之间只有重新安排各自的生活和工作，才能兼顾工作和家庭的责任。所以，探讨在城市务工的农村已婚新生代青年有关夫妻关系的重新安排和处理，一方面能够审视他们对原有夫妻家庭规范的回应，另一方面也能折射出其在城市实际的工作、生活境遇，并对其家庭结构及稳定性进行预测。可以肯定的是，在农村已婚新生代青年的流动背景下，对其夫妻关系的实际运作和建构进行集中的讨论，具有非常重要的意义（金一虹，2010）。

尽管家庭个体化理论指出夫妻关系正日益成为家庭生活的中心（阎云翔，2016），不少研究者也意识到城市化进程中的流动给农村新生代青年的家庭带来了张力与挑战，影响到了家庭中夫妻之间的权利分配，甚至影响到了家庭中的生活方式和忠诚稳定（金一虹，2010；刘婧，2014），但现有农村新生代青年的相关研究关注的中心并未聚焦于两性的互动与沟通。具体而言，它们更多关注的是流动对社会经济和农民工本身福祉的影响（李强，2003；陈映芳，2005；李培林、李炜，2007；蔡禾、王进，2007），流动对他们家庭的影响，尤其是对"留守"和"流动"群体的影响，以及对子女抚育和老人赡养的影响等（谭深，2011；杜鹏，2004）。

综合相关文献可知，现有对农村新生代青年家庭生活尤其是夫妻关系的讨论主要体现在两方面的研究中。一是有关"留守妇女"的研究（吴惠芳、饶静，2009），这一议题关注的是夫妻双方仅一方（男方）进城打工的状况。相关研究既表明流动本身对农村家庭结构的挑战，同时还强调了女性在此过程中的弱势地位。二是流动被视为一种现代化过程，一定程度上是对农民工家庭父权制的瓦解（金一虹，2010）。尽管已有研究在取向上相差较大，但是大多数研究表明，流动或多或少地动摇了农村新生代青年家庭的父权制基础，也呈现了父权制在流动中进行的各种重构（金一虹，2010；蔡玉萍、彭铟旎，2019）。

已有研究关于流动对农村已婚新生代青年家庭的影响，存在以下两个方面的不足，有待进一步深化和补充。首先，既有研究关注流动对父权制的影响，但是关注点仅仅聚焦父权制受到的影响，对父权制影响下的夫妻关系实践却少有涉及。实际上，夫妻关系作为农村已婚新生代青年生活中最为实践而基础的部分，并未得到充分呈现，对于家庭社会学研究和农村社会学而言未免留有遗憾。其次，已有研究过分重视流动对农村已婚新生代青年家庭的重要意义，且偏向于流动对家庭权利和家庭决策的积极作用，但是流动在与父权制"讨价还价"的同时，很可能也会带来对家庭的消极影响，因此需要更为全面的探讨。

本章将在前述章节讨论的基础上，集中呈现农村已婚新生代青年的夫妻关系和家庭生活。鉴于已有研究可能存在的不足，本章将在以下方面有所侧重。第一，本章对农村已婚新生代青年夫妻关系和家庭生活的呈现，尽管仍然局限于量化指标，但将尽可能详尽地呈现城市化进程中这些夫妻流动的生活样态和互动逻辑，例如呈现流动中农村已婚新生代青年家庭内部的沟通、互动、冲突、协商。第二，本章对农村已婚新生代青年夫妻关系和家庭生活的分析，也期望能够呈现不同的面向和差异，并通过对差异的比较来探讨流动带来的可能影响，特别是其对家庭和婚姻稳定性的影响。

需要说明的是，本章所使用的数据是此次调查数据中的已婚者部分。调查共收集原始数据1337份，其中670份的已婚样本构成了本章的分析样本。本章将通过数据结果呈现农村已婚新生代青年在家庭生活安排、家庭分工、夫妻权利以及夫妻冲突四个维度的特征。本章将在第一部分首先呈现农村已婚新生代青年在打工过程中对自己家庭的安排，其重点是在此过程中对配偶和子女的家庭安排；第二部分将深入农村已婚新生代青年的家庭生活，讨论其对家务劳动的分工，并将家务劳动分工视为流动所带来的对自己家庭生活和夫妻关系进行的协商和重新部署；第三部分将讨论夫妻权利，深入探究原有的家庭关系和权利是否会随着流动而发生改变；第四部分则聚焦已有研究关注尚不算多的夫妻冲突，呈现流动中的农村已婚新生代青年所面临的家庭矛盾和冲突。

一　农村新生代青年的家庭生活安排

以户籍制度为中心限制城乡之间的流动一度是中国社会的现实（陈映芳，2005），但是随着中国经济体制改革的全面推进，城乡之间严格的人员分割逐渐被打破。以"转移农村剩余劳动力"为话语体系（吴敬琏，2002），农村人口逐渐取得了城市化进程中的合法性地位。只是，最初的外出务工者往往是以个体为单位进行流动，其家庭成员会留在农村，他们本身并不被认为是某种"流动"，而是被视为劳动力的蓄水池（李强，2003）；尤其是进城务工的"打工妹"，她们往往被认为只是趁着未婚到城市里看看，不久就会结束流动回到农村结婚生子的群体（潘毅，2011）。但是到 20 世纪 90 年代末，这一局面开始改变，越来越多的农村外出务工者开始在真正意义上流向城市：他们不仅完成了自身向城市的迁移，而且越来越倾向于将自己的配偶和子女也一并带到城市里生活。尽管户籍制度仍然在限制着农村居民的子女享受城市的教育资源和社会福利（陆益龙，2008），甚至不少人因此不得不让子女"留守"在农村（谭深，2011），但是他们是如此殷切地期待子女可以和他们一起留在城市、学在城市。

跟随外出务工的父母在城市生活的流动儿童（2015 年，浙江义乌，作者摄）

外出务工者逐渐从暂时性的进城转变为想要长久地居住在城市中，尽管户籍制度的分割效应仍然显著（陆益龙，2008），但城市越来越多地为他们提供着包括子女教育在内的各种资源（中央教育科学研究所课题组，2008）。1980年以后到城市务工的农村青年被命名为"新生代"（刘传江，2010），这一名词所包含的人口学意义并不仅仅是出生组的含义，农村新生代青年意味着更高水平的教育、更少的农村依恋，以及更为复杂的城市向往（李培林、田丰，2011）。农村新生代青年即便是在结婚生子之后，也往往会生活在城市中，他们并不期待回到农村，但是在城市里他们的生活面临诸多的挑战。因此，农村已婚新生代青年怎样安排他们的家庭生活成了重要的问题。

如表6-1所示，调查表明，在农村已婚新生代青年中仍然存在相当数量的人面临家庭分居的局面，且男性更可能会独自行动，但大约有6成的被调查者会选择和配偶一起进城务工。与此同时，对于已经有孩子的农村已婚新生代青年而言，仅有1/3左右的家庭能够将孩子带在身边，其中女性带着孩子一起进城务工的比例显著高于男性。

表6-1　分性别的农村已婚新生代青年与配偶及孩子共同居住状况

性别	是否与配偶同住($n=670$)（%）		是否与孩子同住($n=564$)（%）	
	是	否	是	否
男性	56.6	43.4	31.8	68.2
女性	66.7	33.3	41.7	58.3
p	0.008		0.015	

注：是否与孩子同住只统计有孩子的农村新生代青年家庭；p的原假设是性别之间不存在显著差异。

如前所述，农村已婚新生代青年期望能够举家在城市生活，因此可以假设，他们资源越多，就越有可能带上配偶和孩子一起在城市生活。因此，我们拟合Logit表，引入性别、年龄、受教育年限、是不是独生子女、父母受教育年限、是否有孩子、打工时间、月收入以及打工城市等变量来估计其对"是否与配偶同住"以及"是否与孩子同住"的效应，结果如表6-2所示。

表 6－2 估计是否与配偶同住以及是否与孩子同住的 Logit 表

变量	模型 1			模型 2		
	B	S. E.	Exp(B)	B	S. E.	Exp(B)
常数项	-0.921	0.987	0.398	-2.584*	1.069	0.075
性别（女性＝0)	0.872***	0.209	2.393	0.731**	0.225	2.078
年龄	-0.028	0.036	0.972	0.030	0.038	1.031
受教育年限	0.110**	0.044	1.117	0.104*	0.047	1.109
是不是独生子女（否＝0)	-0.482†	0.247	0.617	-0.727**	0.254	0.483
父母受教育年限	0.060*	0.030	1.061	0.020	0.031	1.021
是否有孩子（否＝0)	0.077	0.256	1.080			
打工时间	0.082*	0.033	1.086	0.018	0.035	1.018
月收入（5000 元以上＝0)						
3500 元及以下	-1.071***	0.268	0.343	-0.500†	0.284	0.606
3501～5000 元	-0.773**	0.246	0.462	-0.370	0.263	0.690
打工城市（南京＝0)						
成都	0.578*	0.231	1.783	0.562*	0.244	1.754
武汉	0.417†	0.221	1.518	-0.030	0.247	0.970
-2LL	734.450			625.034		

注：模型 1 的因变量为是否与配偶同住，同住＝1，不同住＝0，样本量＝597。模型 2 只统计有孩子的被调查者，因变量为是否与孩子同住，同住＝1，不同住＝0，样本量＝501。†p＜0.1，* p＜0.05，** p＜0.01，*** p＜0.001。

表 6-2 中模型 1 和模型 2 显示，农村已婚新生代青年的资源和收入越多，其就越有可能和配偶及孩子一起住在城市里。模型 1 中，性别、受教育年限、父母受教育年限、打工时间以及月收入都具有显著的影响。在其他条件相同的情况下，相较于女性，农村已婚新生代青年中的男性与配偶在城市共同居住的概率要高出 139.3%。与模型 1 的描述性统计不同的是，Logit 表中，男性占有显著的优势地位。当其他变量保持不变时，受教育年限每增加 1 年，他们与配偶在城市共同居住的概率就会高 11.7%。同样，当其他变量不变时，父母的受教育年限每增加 1 年，与配偶在城市共同居住的概率会高 6.1%。打工时间同样有显著影响，在相同条件下，打工时间每多 1 年，与配偶在城市共同居住的概率就会高 8.6%。而其他变量保持不变时，低收入者（月收入 3500 元及以下）比高收入者（月收入 5000 元以上）与配偶共同居住的可能性要低 65.7%，中等收入者（月收入 3501~5000元）比高收入者低 53.8%。

模型 2 的结果表明，性别、受教育年限、是不是独生子女具有显著的影响；而月收入只是边缘显著，毕竟不同于与配偶同住，与孩子共同居住在城市涉及随迁子女教育的制度安排。在其他条件相同的情况下，男性比女性有高出 107.8% 的概率会和孩子共同居住。当其他变量保持不变时，受教育年限每增加 1 年，与孩子共同在城市居住的概率会高出 10.9%。而同等条件下农村新生代青年中的独生子女比非独生子女与孩子共同居住的概率会低 51.7%，这可能与独生子女家庭祖辈更可能帮助带孩子相关。当其他变量保持不变时，低收入者与孩子共同居住的可能性会比高收入者低 39.4%。

模型 2 的结果指向了农村已婚新生代青年的家庭生活安排趋向：他们已经从暂时性进城转变为想要长久地定居在城市中，只要自身的条件允许，他们就倾向于和自己的配偶以及子女共同生活在城市中。但是，调查样本中仅 6 成的夫妻同住以及仅 3 成的子女同住则表明，当前完全融入城市的家庭生活安排对于他们而言还是存在相当难度的。

在城市，农村新生代青年不仅在职业和收入等方面不占据优势，而且教育、文化等资源的不足也使其发展受到制约。

二 农村新生代青年的家庭分工

城市化进程不仅使农村新生代青年在城乡之间或主动或被动地安排自己和家庭成员的生活，也使得其家庭内部在分工上出现了重要的调整。如前所述，父权制影响下的中国传统家庭是以严格的领域区分作为家庭分工的基础，即所谓"男主外、女主内"的文化规范：家庭中的男性被认为属于公共的社会的领域，而家庭中的女性则被限制在家庭的领域之内（左际平，2002）。尽管这种划分在现实生活中可能过于绝对，但是大量的研究表明，女性确实更多地与家庭领域和家庭责任捆绑在一起（刘爱玉等，2015）。即使是随着国家政策和经济的发展，有越来越多的女性投身到家庭以外的劳动生产中去，但是家庭中的家务劳动和子女照料仍然大部分由女性来完成（佟新、刘爱玉，2015）。

时至今日，除去家庭事务中的责任担当，女性作为劳动力在社会劳动中的参与也变得同样重要。无论是国家政策推动下的女性积极参与生产劳动，还是市场经济促使下的女性打工大军，她们都被认为是劳动力的重要来源（李小星，2010）。但也因此，职业女性往往会感受到工作—家庭冲突（宫火良、张慧英，2006）。不过女性的就业与收入可以提高她们在家庭分工中的议价能力，促使家庭分工在性别间进行新的调整（於嘉，2014；齐良书，2005）。对于农村已婚新生代青年而言，他们进城务工面临更多的挑战，这往往要求女性同样成为家庭中的生产者和劳动者，甚至在很多时候，男性也将不得不参与到家庭的家务分工和子女照料中来（蔡玉萍、彭铟旎，2019；金一虹，2010）。尽管农村新生代青年家庭在此过程中往往会借由一系列的策略重构父权的某些传统，但是城市化进程确实对他们的家庭分工产生了显著的影响。

我们将调查样本进一步限定为与配偶共同在城市居住的农村已婚新生代青年（未处理缺省值的情况下样本量为409），毕竟分离居住本身使得家庭内部分工变得不可能。表6-3的结果表明，流动可能对农村已婚新生代青年的家庭分工观念和行为产生一定的影响。就是否同意"男主外、女主内"的家庭分工规范而言，男性被调查者偏向于"同意"，其中16.7%表示"同意"，44.0%表示"比较同意"，也就是说赞同者超过60%；但是女性被调查者偏向于"不同意"，10.1%表示"很不同意"，45.5%表示"不太同意"，持否定态度的比例超过55%。卡方检验的结果表明这一性别差异是显著的，说明至少在观念上，农村已婚新生代青年中的女性在很大程度上已不再支持传统的家庭分工规范。

表6-3　分性别与配偶同住的已婚新生代青年的家庭分工状况

性别	是否同意"男主外、女主内"($n=407$)（%）				是否做家务/带孩子 ($n=409$)（%）	
	很不同意	不太同意	比较同意	同意	是	否
男性	5.3	34.0	44.0	16.7	32.7	67.3
女性	10.1	45.5	31.8	12.6	55.6	44.4
p	0.015				0.000	

注：只统计与配偶同住的农村新生代青年家庭；p的原假设是性别之间不存在显著差异。

但表6-3的结果还显示，在实践中家庭里的家务劳动和孩子照料等任务仍然主要由女性来完成。在问及"工作之余的闲暇时间做什么"时，超过一半的女性被调查者表示她们要带孩子和做家务，但是男性被调查者的这一比例大约为1/3，这一性别差异同样是显著的。因此，在家庭分工的实践中，农村已婚新生代女性在家庭分工中仍然是偏向"女主内"的。不同的是，农村已婚新生代男性中32.7%的百分比似乎暗示了有部分男性也参与了家务劳动，"帮助"女性做家务或者主动承担家庭中的一些责任，以适应在城市生活的需要。

那么流动经历怎样影响农村已婚新生代青年的家庭分工呢？我们引入农村新生代青年在城市打工的一些变量对是否同意"男主外、女主内"以及是否做家务/带孩子进行 Logit 表拟合。我们将是否同意"男主外、女主内"根据选择偏向"同意"还是"不同意"重新整合成一个二分变量：1＝同意，0＝不同意。比较遗憾的是，本次调查并没有对夫妻双方都进行测量，尤其缺乏夫妻双方打工收入比的变量，最终引入的变量包括性别、打工时间、每天工作时间、每月休息天数、月收入、是否有子女，同时控制年龄、受教育年限、是否与父母同住以及打工城市等变量。估计结果如表 6-4 所示。

与预想不太相同的是，表 6-4 的结果显示，打工经历并未对被调查者是否同意"男主外、女主内"或是否做家务/带孩子产生显著影响，无论是打工时间、每天工作时间、每月休息天数还是月收入的影响，在模型 3 和模型 4 中都不显著。在模型 3 中，对是否同意"男主外、女主内"观念有显著影响的是性别、是否有孩子以及是否与父母同住。当其他变量保持不变时，男性同意"男主外、女主内"观念的概率比女性要低 48.4%。当其他情况相同时，有孩子的农村已婚新生代青年同意"男主外、女主内"观念的概率要比没有孩子的人低 48.0%。而其他条件保持不变时，与父母同住的人认同"男主外、女主内"观点的比例会比不与父母同住的人高出 77.0%。就这一结果而言，与其说是流动本身带来的观念变化，不如说是在流动过程中因为子女抚养等问题在家庭内进行的各种协调，对农村已婚新生代青年家庭分工观念所产生的影响。

模型 4 呈现了农村已婚新生代青年实际做家务或是带孩子的状况。与模型 3 相似的是，显著的变量主要有 3 个——性别、是否有孩子以及是否与父母共同居住。当其他变量保持不变时，男性比女性做家务/带孩子的概率要高 151.6%。当其他条件保持不变时，农村已婚新生代青年中有孩子的人相较没有孩子的人，做家务/带孩子的概率要低 65.0%。当其他变量保持不变时，农村已婚新生代青年中与父母同住的人比不与父母同住的人做家务/带孩子的概率低 57.0%。

表 6-4 估计是否同意"男主外、女主内"以及是否做家务/带孩子的 Logit 表

变量	模型 3			模型 4		
	B	S. E.	Exp(B)	B	S. E.	Exp(B)
常数项	1.418	1.386	4.130	-0.911	1.429	0.402
性别(女性=0)	-0.661*	0.258	0.516	0.923*	0.269	2.516
打工时间	-0.056	0.047	0.945	-0.015	0.048	0.985
每天工作时间	-0.081	0.057	0.922	-0.087	0.060	0.917
每月休息天数	-0.004	0.040	0.996	0.067	0.041	1.069
月收入(5000元以上=0)						
3500 元及以下	0.032	0.331	1.033	0.295	0.344	1.344
3501~5000 元	-0.072	0.294	0.931	0.425	0.308	1.530
是否有孩子(否=0)	-0.654*	0.311	0.520	-1.050*	0.347	0.350
年龄	0.021	0.049	1.021	0.054	0.051	1.056
受教育年限	-0.052	0.054	0.949	-0.001	0.056	0.999
是否与父母同住(否=0)	0.571*	0.250	1.770	-0.843**	0.262	0.430
打工城市(南京=0)						
成都	-0.076	0.290	0.927	0.055	0.304	1.057
武汉	0.647*	0.284	1.910	-0.305	0.294	0.737
-2LL	478.688			449.010		

注：模型 3 的因变量为是否同意"男主外、女主内"，同意=1，不同意=0，样本量=368。模型 4 的因变量为是否做家务/带孩子，是=1，否=0，样本量=370。模型 3 和模型 4 都仅针对与自己配偶共同隔共在城市打工的农村已婚新生代青年家庭。* $p<0.05$，** $p<0.01$。

模型 4 的结果表明，第一，农村已婚新生代青年中男性在做家务和带孩子的比例上高于女性，这确实表明了在城市务工时，由于家庭生活的需要，男性或被动或主动地承担了家庭中的家务劳动，而这些原本在传统意义上多是由女性来承担。尽管这很可能是一种父权的调整（金一虹，2010），并不一定会影响到家庭中的夫妻权利和地位，但向往城市和留居城市客观上使得农村新生代青年家庭在不断地调整家庭内部的分工，以适应家庭在城市中相对边缘的环境。第二，生育孩子之后反而降低了做家务/带孩子的可能性，与父母同住也会显著减少做家务/带孩子。这暗示我们，农村已婚新生代青年家庭的这种调整，绝不是如已有研究所描述的那样仅仅在夫妻之间进行调整，双方的父母往往也牵涉其中。农村已婚新生代青年的家庭分工调整，常常在三代家庭（大家庭）的意义上发生。父母从农村来到城市做家务/带孩子，使得农村已婚新生代青年无论男女都可以从事劳动赚取工资，这或许是综合衡量之下的家庭策略。

农村已婚新生代青年期待能够和自己的家人一起居住并生活在城市中，但是当他们举家（往往是以核心家庭为中心）来到城市时，会发现完全适应城市的生活通常是困难的。毕竟，作为外来务工者，他们主要在次级劳动力市场就业和获取收入，而城市里很多资源的获得仍与户籍制度有关。因此，农村已婚新生代青年家庭想要扎根城市并不容易。正是在这种情形之下，农村已婚新生代青年会选择调整自己家庭的内部分工以适应城市的生活，他们也会根据自身的生活状况反馈并重构家庭观念和家务劳动分工。特别是在家务劳动中，传统意义上"主外"的男性也会参与其中，并且承担部分重要职责。另外，农村已婚新生代青年也会借助父母/家庭的力量来为自己在城市的家庭生活提供支持。城市化进程使得农村已婚新生代青年家庭权宜性地对自己的家庭分工做出调整。接下来的问题是：流动所带来的新的社会情境，以及农村已婚新生代青年就家庭分工所做出的各种调整是否会影响到他们的夫妻权利？

三 农村新生代青年的夫妻权利

流动到城市并且想要在此生活，似乎给农村已婚新生代家庭带来了相当有张力的情境：一方面，原有的家庭权利关系和结构需要维持；另一方面，家庭需要整合尽可能多的力量来应对他们在城市中所处的困境。上文的分析已表明农村已婚新生代青年会因此在城乡之间权宜性地安置自己的家庭成员，但即便家庭成员可以一起生活在城市，以家务劳动为中心的家庭内部分工仍将会有相应的调整。那么，在此情境下农村已婚新生代青年的夫妻权利是否也会发生改变呢？

尽管夫妻权利是来自西方的概念（Blood and Wolfe，1960），但是从规范的角度而言，中国家庭中的夫妻权利来自传统的家庭体系。由于在单系继承的家庭中女性完全被排除在家庭体系之外（费孝通，1998），所以妻子并不拥有任何正式的权利，以"在家从父、出嫁从夫、夫死从子"为核心的"三从"可以说将女性完全隔离在了家庭权利之外。但是，从实践的意义上而言，家庭中的女性并非毫无权利可言，女性往往通过情感维系、家庭策略、家庭女性的关系网络建立自己在家庭中实际的权利（Wolf，1960）。然而，就经验证据而言，大量的研究表明丈夫更有可能是那个最后拿主意的人。

经验研究实际测量的夫妻权利往往并非规范意义上的权利，家庭权利常常被简化为对家庭重大事务的决策权（徐安琪，2005）。当然在实际的家庭生活中，作为妻子的女性也会参与到家庭决策中来。有研究表明，女性在家庭中是有自己的决策空间的，比如家庭开支相关领域（王金玲，2009），甚至有研究发现妻子在家庭中的主导权会超过丈夫（阎云翔，2017）。另有一些研究则表明，家庭中的决策越来越多地由夫妻双方共同协商做出，所以夫妻权利平等已经成为夫妻权利的主流，这在城市家庭中表现得尤为明显（徐安琪，2004）。但是，更多的研究表明，中国家庭中的夫妻权利仍然表现出较为明显的男强女弱、男多女少的特征（王金玲，2009）。而且在家庭重大事务的决策上，丈夫仍然拥有着比妻子大得多的决策权（伊庆春、陈玉华，2006）。针对此，有研究者指出妻子进入劳动力市场获取收入以及对于家务劳动的承担有可能增加其在家庭决策中的话语权，但也许未必会改变家庭中的夫妻权利格局（李静雅，2013；左际平，2002）。

城市化进程所带来的影响超出了上述研究框架。一方面，城乡之间的流动使得农村新生代青年的小家庭从农村直接搬到了城市，由于农村新生代青年期待留在城市而不是回到农村，所以这样的小家庭受到传统家庭的束缚会明显减小。另一方面，农村新生代青年的城市生活很多时候并不尽如人意，他们必须对自己的家庭进行调整以迎接新社会情境所带来的挑战。问题在于，城市化进程带来了夫妻权利多大程度上的"讨价还价"的空间。

我们仍然将样本限定为夫妻双方共同生活在城市中的农村已婚新生代青年。表6-5的结果表明，农村已婚新生代青年的城市化进程并未影响到家庭中的夫妻权利关系。当要求被调查者对自己的家庭实权者进行自评时，无论是男性还是女性，都认为"男方"在家庭中更有实权，当然男性选择"男方"的比例显著高于女性。因此，就性别的总体比较而言，"男强女弱"的权利关系格局似乎在农村已婚新生代青年中也是适用的。但我们需注意到，在农村已婚新生代家庭中占据主流的夫妻权利模式实际上已是"夫妻权利差不多"的平权模式，42.5%的男性和59.2%的女性都选择了这一选项，且女性认同的比例显著高于男性。值得一提的是，城市家庭中夫妻权利的主流本来就是"平权"型的（徐安琪，2004），而农村新生代家庭的夫妻权利关系正在与之趋同。

表6-5　分性别与配偶同住的已婚新生代青年的夫妻权利状况

性别	谁在家庭中更有实权($n=391$)（%）		
	男方	女方	差不多
男性	31.0	26.5	42.5
女性	22.5	18.3	59.2
p	0.004		

注：只统计与配偶同住的农村已婚新生代青年家庭。

我们引入变量对"家庭实权"进行 Logit 表拟合，由于"谁在家庭中更有实权"是分类测量，我们以"男方"更有实权为参照组引入分类 Logit 表。引入的自变量主要有以下几组。一是性别；二是打工经历，主要是打工时间和月收入；三是年龄、受教育状况以及父母受教育状况（取父母中较高的受教育程度）；四是是否与父母同住以及是否做家务，我们也在 Logit 表中引入打工城市的变量，结果如表 6 - 6 所示。

从表 6 - 6 的结果可知，实际上打工经历并没有对农村已婚新生代家庭的夫妻权利产生显著的影响。无论是打工时间还是月收入，其影响都不显著。表中显著的变量主要有 4 个，即性别、受教育年限、父母受教育年限以及是否做家务。在同等条件下，相较女性而言，男性选择"差不多"的概率要比选择"男方"的高出 86.9%；而选择"女方"的概率和选择"男方"的并不存在显著差异。这似乎暗示着男性也更倾向于认同与妻子协商共同决策。当其他变量保持不变时，受教育年限每增加 1 年，选择"女方"的概率要比选择"男方"的高出 26.9%。当其他变量保持不变时，父母受教育年限每增加 1 年，选择"女方"的概率比选择"男方"的低 9.9%。这一结果表明，受教育程度的提高有利于农村新生代家庭中女性地位的提升，但是家庭教育背景则更利于传统夫妻权利关系的维系。另外，是否做家务也具有显著的影响。在同等条件下，相对于不做家务的人，做家务的人选择"差不多"的概率要比选择"男方"的低 50.9%。因此，与已有研究不同的是，家务劳动的承担似乎并未提升农村已婚新生代青年在家庭中的决策权利，相反做家务多的人反而可能会有相对剥夺感。

综上所述，为了适应城市新的社会情境，农村已婚新生代青年不断调整家庭分工，男性通过在家庭安排及家庭决策中所做出的诸多妥协对流动的父权加以了重构。因此，从农村新生代家庭的夫妻权利关系模式来看，夫妻平权的模式已成为主流；但从性别的总体比较来看，

表 6－6 估计夫妻家庭实权的 Logit 表

变量	女方			差不多		
	B	S.E.	Exp(B)	B	S.E.	Exp(B)
常数项	-2.532	1.746		-0.472	1.447	
性别(女性=0)	-0.209	0.375	0.811	0.625*	0.306	1.869
打工时间	0.038	0.066	1.039	-0.063	0.056	0.939
月收入(5000元以上=0)						
3500元及以下	0.297	0.441	1.346	-0.018	0.381	0.983
3501~5000元	-0.240	0.409	0.787	0.247	0.339	1.280
年龄	0.018	0.070	1.018	0.023	0.058	1.023
受教育年限	0.238**	0.079	1.269	0.079	0.063	1.082
父母受教育年限	-0.104*	0.049	0.901	0.035	0.045	1.036
是否与父母同住(否=0)	-0.104	0.359	0.901	0.047	0.315	1.048
是否做家务(否=0)	-0.323	0.341	0.724	-0.711*	0.282	0.491
打工城市(南京=0)						
成都	-0.022	0.411	0.979	0.166	0.356	1.181
武汉	-0.227	0.404	0.797	-0.008	0.338	0.992
-2LL				696.887		

注：因变量为家庭中实权掌握在男方、女方还是双方差不多，其中男方作为参照，样本量为 364。仅针对与自己配偶共同在城市打工的农村已婚新生代青年家庭。* $p < 0.05$；** $p < 0.01$。

仍呈现"男强女弱"的夫妻权利格局。有关农村新生代家庭夫妻权利调整中谈判、沟通、妥协等复杂过程及其影响，我们还将在后续的章节尤其是在对婚姻稳定性影响因素的探讨中进一步展开。

四 农村新生代青年的夫妻冲突

农村新生代青年从农村来到城市，不仅在城乡之间安排自己的家庭生活，也就城市的生存情境不断地调整家庭分工。尽管看上去家庭权利关系并未因此发生太大变化，实际上需要注意到这是以夫妻之间的沟通和妥协为前提的。除了夫妻权利的现状，我们更为关心的是夫妻之间是否会因此出现冲突，甚至影响到其婚姻和家庭的稳定性。

回顾文献可知，已有研究对于农村新生代家庭夫妻冲突发生原因的分析较为一致，即认为夫妻之间的冲突可被看作重新建构男性权利、应对城市生活的某种可能的策略（蔡玉萍、彭铟旎，2019）。尽管确有研究表明夫妻冲突对维护婚姻和家庭具有积极的促进作用（Fincham and Beach，1999），但是夫妻冲突大多时候会被认为是婚姻失败和家庭破裂的"指针"（田晓虹，1989），尤其是应对不当的夫妻冲突被认为是婚姻和家庭中的巨大破坏力，并且对亲子关系也有着明显的负面影响（易进、庞丽娟，1995）。夫妻冲突的正向功能可能在于夫妻和家庭压力的释放，但是这有赖于对夫妻冲突的合理解决：以积极的姿态，通过妥协和协商沟通解决夫妻冲突有可能会提升夫妻的婚姻质量，但是以言语和身体攻击等激烈的状态应对冲突，或是消极回避，则会给家庭婚姻质量带来显著的消极影响（贾黎斋等，2011；徐安琪、叶文振，2002；李晓敏等，2016）。遗憾的是，在夫妻冲突之中，积极的互动似乎并不多见（Meunier and Baker，2012）。

目前在农村已婚新生代家庭中，夫妻冲突似乎处于更难解决的境地。前述章节已经从多维度的分析结果指出，为了能够举家在城市中生活，农村新生代青年调整了家庭生活和内部分工。尽管作为一种权宜性或者说过渡型的家庭形式，农村新生代家庭可能会对夫妻冲突和矛盾的容忍度更高，但是长时期的两地分居（李卫东，2017），或者在城市的长时间工作投入，又或者是工作—家庭冲突（许传新、杨川，2015），必然会减少农村新生代青年的夫妻互动和相处时间。在现实的生活和经济压力之下，农村新生代家庭往往会选择夫妻两人同时进入劳动力市场就业，且双方都必须在工作和家庭之间进行艰难的调整。然而，不同的职业收入和不同的资源占有，尤其是当女性赚取与男性一样甚至更高的收入时，常常会引发夫妻之间的冲突和矛盾（蔡玉萍、彭铟旎，2019；李成华、靳小怡，2012）。应该说，农村新生代青年的城市化进程无疑增加了发生夫妻冲突的可能性（杨婷、靳小怡，2018）。

本次调查采用自我报告的形式来测量夫妻冲突。表6-7的结果表明，对于所有被调查的农村已婚新生代青年而言，他们的家庭内部存在夫妻冲突的比例较高。从表6-7中可以看到，超过40％的人报告有过"骂人行为"，超过35％有"赌气不理睬对方"和"想要离婚"的情形；而发生"打人行为"的比例接近30％，有过"拒绝同房"、"离家出走"和"提出离婚"经历的比例均超过10％。也就是说，在农村已婚新生代家庭中，既存在精神层面的冲突，也有着较高频率的肢体或者口角冲突。

表6-7 农村已婚新生代青年的夫妻冲突

单位：％，个

夫妻冲突	从不	有时	经常	n
骂人行为	59.0	37.7	3.3	608
打人行为	71.8	25.2	3.0	606
拒绝同房	84.1	14.5	1.3	598

夫妻冲突	从不	有时	经常	n
离家出走	83.8	15.1	1.2	598
赌气不理睬对方	61.4	36.0	2.7	603
想要离婚	63.6	32.7	3.6	605
提出离婚	81.8	16.0	2.1	605

表6-8区分不同的性别后发现，夫妻冲突存在显著性别差异。男性"骂人行为"、"拒绝同房"以及"赌气不理睬对方"情形发生的比例要显著高于女性；而女性在"打人行为"、"离家出走"、"想要离婚"以及"提出离婚"上的比例会显著高于男性。

表6-8 分性别农村已婚新生代青年的夫妻冲突

夫妻冲突	频率	男性（%）	女性（%）	p
骂人行为	从不	42.1	81.9	0.000
	有时	53.3	16.6	
	经常	4.6	1.5	
打人行为	从不	90.3	46.5	0.000
	有时	9.4	46.9	
	经常	0.3	6.6	
拒绝同房	从不	81.5	87.5	0.007
	有时	17.9	10.1	
	经常	0.6	2.3	
离家出走	从不	90.9	74.2	0.000
	有时	8.5	23.8	
	经常	0.6	2.0	
赌气不理睬对方	从不	42.9	86.3	0.000
	有时	53.9	11.7	
	经常	3.2	2.0	

夫妻冲突	频率	男性(%)	女性(%)	p
想要离婚	从不	82.4	38.6	0.000
	有时	16.8	54.1	
	经常	0.9	7.3	
提出离婚	从不	88.7	72.6	0.000
	有时	9.5	24.7	
	经常	1.7	2.7	

注：只统计与配偶同住的农村已婚新生代青年家庭；p 的原假设是性别之间不存在显著差异。

表 6-8 的结果表明，在农村已婚新生代家庭中，丈夫使用了相对温和实则回避的冲突方式，而妻子则更有可能采取相对激烈直接的冲突方式。这似乎暗示我们，一是农村新生代家庭在应对城市的生活情境时，女性所面临的压力很有可能会更大；二是农村新生代家庭的夫妻冲突很可能会形成"妻子要求、丈夫退缩"的模式，这一消极的互动模式会对他们的家庭和婚姻稳定性造成负面影响（曾红，2014）。

为了对农村新生代家庭的夫妻冲突展开进一步的讨论，我们将上述夫妻冲突的测量整合成夫妻冲突指数。上述夫妻冲突的题项都是以"从不"、"有时"以及"经常"来测量，我们按照 1～3 分赋分，7 个题项的内部一致性系数达到了 0.649。随后将 7 个题项的得分加起来，构成最低分为 7 分、最高分为 21 分的指数。得分越高，则说明夫妻冲突越频繁。

我们引入相关变量对这一夫妻冲突指数进行 Multiple Linear 回归分析。引入的变量有性别、打工经历、年龄、受教育年限、是不是独生子女、家庭背景、家庭状况以及打工城市。其中，打工经历有 3 个变量，即打工时间、每天工作时间及月收入；家庭背景由父母受教育年限测量，取父亲和母亲受教育年限较高者；家庭状况包括 4 个变量，分别为是否有孩子、是否对感情满意、是否与配偶同住、是否与孩子同住；打工城市为成都、武汉、南京，以南京为参照组。

表 6 - 9 中一共拟合了 3 个表。模型 5 是针对所有样本的拟合。尽管模型 5 中已经引入了性别变量，但为了突出性别差异，我们在模型 6 和模型 7 中分别单独对女性样本和男性样本进行拟合。

模型 5 的 R^2 达到了 18.9%。其中性别的影响不大，显著的变量主要有 4 个，即每天打工时间、年龄、是否有孩子以及是否对感情满意。当其他变量保持不变时，每天的打工时间每增加 1 小时，夫妻冲突指数会增加 0.074 个单位。在相同条件下，年龄每增加 1 岁，夫妻冲突指数会减少 0.070 个单位。对于同等条件下的农村新生代青年而言，有孩子的人相较于没有孩子的人，夫妻冲突指数会增加 0.532 个单位。当其他变量保持不变时，对感情满意的农村新生代青年相较于不满意的人，夫妻冲突指数要下降 1.622 个单位。模型 5 的结果表明，农村新生代青年的夫妻冲突确实受到工作—家庭冲突的影响（工作时长），也受到家庭内部结构的影响（是否有孩子）；而同样重要的变量还有感情满意度，对农村新生代青年而言，夫妻之间有效的互动和沟通能够提升感情满意度，进而显著地减少夫妻冲突。

尽管模型 5 的性别变量并不显著，但是我们仍然分性别进行了 Multiple Linear 回归分析，因为不同性别的夫妻冲突的形成机制可能并不相同。模型 6 针对女性样本进行分析，模型 7 则针对男性样本进行分析。从模型 6 中可以看到，R^2 达到了 23.4%，影响显著的变量主要有 3 个，即每天打工时间、月收入（边缘显著）以及是否对感情满意。在其他变量保持不变的条件下，农村新生代青年中女性每天打工时间增加 1 小时，其夫妻冲突指数就会增加 0.146 个单位；当其他变量保持不变时，3500 元及以下收入的女性相对于 5000 元以上收入的女性，夫妻冲突指数会增加 0.866 个单位（在 10% 的显著性水平下）；而同等条件下，对感情满意的农村新生代女性相对于不满意者而言，夫妻冲突指数会减少 1.789 个单位。

模型 7 的 R^2 达到了 15.8%，但是与模型 6 不同的是，具有显著作

表 6-9 分性别估计夫妻冲突的 Multiple Linear 回归结果

变量	模型 5		模型 6		模型 7	
	B	S.E.	B	S.E.	B	S.E.
常数项	10.555***	0.930	9.307***	1.926	10.156***	1.031
性别（女性＝0）	-0.240	0.171				
打工时间	0.011	0.029	0.014	0.052	0.016	0.035
每天工作时间	0.074*	0.036	0.146*	0.074	0.055	0.043
月收入（5000 元以上＝0）						
3500 元及以下	0.187	0.217	0.866†	0.488	-0.023	0.253
3501～5000 元	0.079	0.192	0.804	0.496	-0.025	0.203
年龄	-0.070*	0.031	-0.093	0.056	-0.048	0.037
受教育年限	0.017	0.036	0.053	0.074	0.002	0.041
是不是独生子女（否＝0）	0.120	0.194	0.572	0.374	-0.070	0.223
父母受教育年限	0.020	0.024	0.040	0.044	0.016	0.029
是否有孩子（否＝0）	0.532*	0.227	0.695	0.451	0.414	0.257
是否对感情满意（不满意＝0）	-1.622***	0.182	-1.789***	0.313	-1.516***	0.228
是否与配偶同住（否＝0）	0.008	0.170	-0.097	0.310	0.036	0.207
是否与孩子同住（否＝0）	-0.030	0.172	-0.145	0.286	0.069	0.222
打工城市（南京＝0）						
成都	0.276	0.196	0.324	0.368	0.195	0.235
武汉	0.139	0.185	0.258	0.345	0.028	0.215
R^2	0.189		0.234		0.158	

注：因变量为家庭中的夫妻冲突指数，模型 5 为所有样本，样本量为 492；模型 6 为女性样本，样本量为 290；模型 7 为男性样本，样本量为 202。†p＜0.1，* p＜0.05，*** p＜0.001。

用的仅有是否对感情满意这一个变量。当其他变量保持不变时，相较于对夫妻感情不满意的男性而言，那些感情满意度高的男性所在家庭的夫妻冲突指数减少了 1.516 个单位。比较模型 5 至模型 7 也可以发现，感情满意度这一变量具有稳定地减少夫妻冲突的作用；而每天打工时间以及月收入的影响仅仅作用于女性，这暗示了农村新生代女性的工作—家庭冲突对夫妻冲突的影响更为明显。

从调查的结果来看，城市化进程中的农村已婚新生代青年所在的小家庭存在较多的夫妻冲突。他们为了适应在城市的社会情境所做出的各种调整与妥协，难免会影响到家庭中的夫妻互动和关系，甚至在某些时候会引发夫妻冲突。与已有研究不同的是，夫妻冲突并不仅仅是农村新生代家庭中谈判、沟通和妥协的某种策略，它从本源上讲仍然是一种冲突，其不仅本身带有明确的破坏性，并且极有可能成为影响农村新生代青年家庭和婚姻稳定性的负面干扰因素。本书在接下来对婚姻家庭稳定性的集中论述中将做进一步的探讨。

此次问卷调查及实地访谈的结果均表明，农村新生代家庭中最为常见的冲突是以相对温和的形式呈现的，如口角、赌气等，直接提出离婚的相对较少。值得关注的是，农村新生代男性基本上选择的是回避型的夫妻冲突形式，而女性则更倾向于采取激烈型的夫妻冲突方式。拟合的结果表明，夫妻之间有效的情感沟通和互动，特别是较高的感情满意度能显著地减少夫妻冲突。另外，对于农村新生代家庭中的妻子而言，其夫妻冲突更多地受到了工作—家庭冲突的影响。

五　本章小结

本章主要探讨的问题是，城市化进程中的农村已婚新生代青年如何进行两性之间的互动与沟通。基于问卷调查的结果，本章对农村已婚新生代青年的家庭生活安排、家庭分工、夫妻权利以及夫妻冲突进行了呈现，并就城市化进程所带来的影响展开了较为细致的分析。本章既强调了流动对传统父权制以及传统夫妻关系形成的挑战，也揭示了农村已婚新生代夫妇在流动的特殊社会情境之下所进行的各种协商、妥协和重新分工，以及因此形成的夫妻矛盾和夫妻冲突。

对于农村新生代青年而言，他们在由农村向城市迁移的过程中，持有留下来发展的期望，这种流动显著地改变和影响着家庭内部的关系。已婚的农村新生代青年不仅要在城乡之间做出各种家庭安排，还要重新调整家庭权利和家庭分工以应对在城市的生存环境，在某些时候，他们还不得不应对由此形成的夫妻冲突。总的来说，城市化进程确如已有研究所说的是影响个体和家庭的"重大事件"，农村已婚新生代青年正是在这一重大事件之下改变着自己与配偶以及孩子之间的家庭关系，而这些改变很可能会影响到其家庭与婚姻的稳定性。

可以肯定的是，这些影响都存在明显的性别差异。中国家庭关系本身就烙有父权制的印迹，因而具有性别差异的张力。而城市化进程似乎为性别张力在农村新生代家庭的再分工、再调整提供了舞台。一方面，女性（妻子）在流动中获得了传统家庭所没有的可能性，对原有的父权制提出了挑战；另一方面，男性（丈夫）在流动中也在不断地调整和改变自己的互动和沟通方式，妥协或者重塑流动的父权。就本章的分析结果而言，这一过程中固守和变迁总在矛盾地进行着，农村已婚新生代青年既在维护或者重构着原有的家庭关系和体系，也在城市流动的过程中不得不进行各种变迁和回应。

另外，农村已婚新生代家庭的夫妻关系和互动在一定程度上受到了打工经历的影响，但打工时间和月收入等所起到的作用相对有限。农村新生代青年组建家庭的过程显得更为重要，包括择偶结婚、共同居住、生育子女、子女抚育等都具有较为关键的影响，其中很重要的原因可能在于制度区隔。具体而言，他们中的大多数人在城市里属于打工阶层，主要局限于次级劳动力市场，打工时间很长但是收入有限；他们及其子女、家庭未能充分享有城市的教育、医疗等各类资源。作为流动群体的他们实际上并未完全融入城市生活，所以其中的差异所带来的影响相对有限。但无论如何，家庭的生命周期仍在继续，而这些生命周期所带来的需求及其回应，则更可能塑造农村已婚新生代青年的家庭关系、沟通、互动、冲突甚至结构。

而流动对家庭和婚姻稳定性的影响，也许并非如很多人所想象的那样是一个单纯的消极过程，与其说是流动本身带来的影响，不如说是城市化进程为农村新生代青年的家庭和婚姻的重新稳定提供了舞台。另外，就流动对家庭和婚姻稳定性进行静态分析很可能会忽视结构性因素、家庭因素和个人主体因素的相互作用，这是一个复杂的过程。其间，流动既会带来对原有结构的挑战，也会带来革新、变化、适应，而作为其中的主体的农村新生代青年，无论是男性还是女性均会充分发挥自己的主观能动性，进行复杂的沟通与回应。

第七章

生活的妥协：
农村新生代青年的婚姻稳定性

当我们都老了

头发花白

步履迟缓

我们就在大海边

筑一座大房子

听涛声起伏

—— 李松山《珍贵的人间》

"愿得一人心，白首不相离"自古就是人们对爱情和婚姻的向往，只是跨越婚姻门槛之后，生活里还有着柴米油盐、家长里短的各种羁绊。电影历史学家珍妮·贝辛格（Jeanine Basinger）认为，与浪漫爱情喜剧不同的是，日常婚姻题材的电影大多销路不畅，这是因为婚姻更像是旋转木马而不是过山车，也就是说婚姻生活了无新意却又一再重复。

本书所关注的是农村新生代青年，如前文所述，他们的童年、恋爱、结婚、生育及婚后家庭生活嵌套在城市化进程中，相较于老一辈的农村青年及同期城市青年而言，凸显了新的特征和趋势。那么，在此情形下农村新生代青年对自己的婚姻所持有的态度是否也发生了相应的变化？他们是否具有相濡以沫、携手终老的信心？本章将通过问卷调查对农村新生代青年的婚姻稳定性进行全面系统的分析，并对测量指标加以综合性的评估。

一　农村新生代青年婚姻稳定性的测量

流动生活中，农村新生代青年的婚姻稳定性引发了广泛的关注。所谓婚姻稳定性指的是婚姻双方对婚姻是否能持续的态度和信心，个体是否产生离婚的想法并可能采取实际行动来结束婚姻，即呈现离婚的倾向（李卫东，2018；许传新，2010）。研究者普遍认为，人口流动是影响农村青年婚姻稳定性的主要因素，且应该分个体劳动力流动模式和家庭化流动模式两种情形加以讨论。

由于我国劳动力市场对男性劳动力的需求较大，加上传统性别分工模式在农村社会的内化，所以在个体劳动力流动的模式下，一部分农村家庭会在婚后选择让丈夫继续前往城市打工，而妻子留在家乡务农并照顾老人孩子。这种流动模式最直接的后果是产生了留守妇女、留守儿童和留守老人群体。其中，留守妇女是婚姻的当事人，也是婚姻幸福与否最有发言权的个体，因此已有关于婚姻质量、婚姻稳定性的研究较多是从留守妇女的视角展开的。

有研究认为，个体劳动力流动模式下的婚姻相对而言是更不稳定的。因为单独一方的流动造成夫妻两地分居，留守的妻子要承担起比非流动家庭的妻子更多的家务劳动。由于经济压力，大多数留守妇女从事着繁重的农业劳动。除此之外，养育儿女和照料老人也是她们无法逃避的作为女性的传统义务。这"三座大山"使得留守妇女在生理和心理上承载了较大的压力，也让她们在日常生活中容易情绪化和闷闷不乐（项丽萍，2006）。留守在家的妻子还对丈夫有多重的担忧。一是担心丈夫的安全，由于其在城市从事的大多是高风险的工作，生活条件比较差，因此妻子对丈夫的衣食住行不放心（叶敬忠、吴惠芳，2009）。二是担心丈夫出轨，女性对婚姻关系的变化本来就有较高的敏感性，留守妇女在感到孤单寂寞的同时，也担心在城里有了一定经济实力的丈夫背叛自己，对婚姻缺乏安全感。

但也有一些研究认为，个体劳动力流动模式下的家庭可能具有相对更高的婚姻稳定性。叶敬忠和吴惠芳（2009）认为，"男工女耕"的家庭分工模式使得中国夫妻的传统矛盾得以解决，夫妻间的感情极度弱化，婚姻关系变成一种经济上的合作关系，因此减少了日常生活上的摩擦，夫妻也能相互体谅对方的不易，感觉到双方的付出是有价值的。虽然外出务工的丈夫存在背叛婚姻的可能性，但大多数留守妇女表示自己的丈夫"年纪大，又没钱"，不会出轨。受传统观念的影响，她们把婚姻看作一种必需品，不会轻易选择离婚（李喜荣，2008）。与此同时，家庭化流动也不一定意味着这种婚姻更稳定。虽然与个体劳动力流动模式下的家庭相比，家庭成员的共同流动使得夫妻彼此能相互陪伴，但夫妻之间也有可能会因日常生活琐事而发生争吵，甚至频率更高、强度更大，这在一定程度上也可能会损害婚姻的稳定性。但在实地访谈中，我们发现无论在个体劳动力流动模式还是家庭化流动模式下，都有可能出现婚姻危机。

婚姻稳定性的测量通常存在两种方式。一些研究是从婚姻市场的宏观角度出发，将婚姻的解体与否作为婚姻稳定性的衡量指标，认为是婚姻的解体导致婚姻市场原有的匹配均衡被打破，需要重新进行匹配（Becker，1981）。另一些研究则是在微观的个体婚姻层面进行考察，认为婚姻稳定性指的是婚姻中的当事人对婚姻持续的态度或离婚倾向，或者说是对婚姻持续的信心，认为一旦婚姻中有一方存在离婚的想法就可能导致后续离婚行为的发生，从而使婚姻面临被终结的风险（叶文振、徐安琪，1999）。那么，从这两种判别的标准来看，农村新生代青年的婚姻稳定性到底如何呢？

回顾文献可知，以第一种测量方式即将离婚率作为婚姻稳定性衡量指标的研究相对较少，从已有数据及农村基层法院得到的相关资料来看，劳动力外出的确会导致农村婚姻解体的加剧（杜凤莲，2010；王绍霞，2013）。但高梦滔（2011）利用农业部农村固定观察点村庄数据，测算出农村在2003～2009年的平均粗离婚率为1.017‰，低于同期城乡粗离婚率，也就是说农村居民的婚姻稳定性相对更高。还有研究利用中国家庭追踪调查（CFPS）数据，测量了初婚是否终结以及初婚持续期。结果表明，离婚更有可能出现在初婚的前十年，离婚的风险随时间的推移先上升后下降，并在6.67年左右达到峰值。这项研究也证明了与城市居民相比，农村居民的婚姻稳定性更高，研究者将其原因归结为城市居民的婚姻观念更为开放以及城市女性更为独立自主（郑晓冬、方向明，2019）。

大多数研究是以第二种测量方式即将婚姻稳定性界定为离婚态度、离婚倾向、离婚风险展开分析，其具体的预测指标多采用婚姻生活满意度、婚姻期望及配偶替代意识和机会等变量（许传新，2010；李卫东，2018）。一项在广州进行的农民工专项调查就婚姻认知和态度设计了婚姻稳定性量表，并对1632个样本展开了调查。结果表明，略多于半数的人认为自己婚姻稳定，有不到10%的人认为婚姻高度不稳定

（李卫东，2017）。也就是说，从微观个体婚姻层面进行的考察结果表明，农村新生代青年对婚姻的认知和态度可能已发生变化，其离婚的倾向及风险也可能会增大。

考虑到离婚是婚姻解体的结果，而农村新生代青年大多即将进入婚姻或仍在婚姻关系存续期，对他们来说婚姻稳定性意味着离婚倾向或风险，因此本章的重点在于通过离婚倾向或风险来测量农村新生代青年的婚姻稳定性。在此基础上，我们还将对婚姻出现风险的时机、事由等进行统计，并通过婚姻质量及婚姻期望等指标对婚姻稳定性加以评估和补充分析，以期获得关于农村新生代青年婚姻稳定性的全景样态。

如前文所述，婚姻稳定性这一变量考察的是农村新生代青年在婚姻生活中是否存在离婚的倾向及风险，即具体询问他们"近一年是否有离婚的想法"。考虑到个体在面临婚姻家庭矛盾时，可能会比较冲动，即产生离婚的念头，但当他们冷静下来还是会凑合着过日子，因此本章除离婚的心理倾向外，还补充调查了他们离婚的行为倾向，即"近一年是否提出过离婚"。又由于婚姻是两个人所缔结的合法的两性关系，所以问卷设计时特意安排的是配对询问，也就是分别对婚姻中男女双方的离婚倾向进行调查并比较，旨在了解两性是否对婚姻持有同样的信心。在答案设定上，"经常""有时""从不"分别赋值为3分、2分、1分，得分越高表示婚姻越不稳定。

针对已婚的农村新生代青年，我们首先调查了近一年他们是否有过离婚的想法，并探究其在产生离婚想法的频率上是否存在性别差异。

如表7-1所示，在农村新生代青年群体中，相较于男性，女性明显表现出对维系婚姻更没有信心，近一年有过离婚想法的女性人数占全部女性农村新生代青年人数的25.1%，比男性高出8.7个百分点。

表7-1　不同性别的农村新生代青年离婚的心理倾向 （$n=696$）

近一年是否有过离婚的想法	男性（%）	女性（%）	总体（%）
从不	83.6	74.9	79.7
有时	15.6	22.2	18.5
经常	0.8	2.9	1.7
$\chi^2=10.147, df=2, p=0.006$			

产生了离婚的想法后，个体是否会明确地向对方提出离婚呢？表7-2考察了农村新生代青年在提出离婚这一行为倾向上是否存在明显的性别差异。

表7-2　不同性别的农村新生代青年离婚的行为倾向 （$n=696$）

近一年是否提出过离婚	男性（%）	女性（%）	总体（%）
从不	89.1	78.5	84.3
有时	9.4	19.3	13.8
经常	1.6	2.3	1.9
$\chi^2=15.076, df=2, p=0.001$			

表7-2的结果表明，在农村新生代青年群体中，仍然是女性对婚姻更没有信心，近一年提出过离婚的女性占21.6%，比男性高出10.6个百分点。综合表7-1可知，女性不仅在心理上更有可能产生离婚的想法，而且也更倾向于将离婚的想法表达出来，说明女性更有可能对婚姻失去信心。后续，我们将重点就农村新生代青年婚姻稳定性的性别差异展开深入探讨。

对农村新生代青年离婚倾向的分析可知，无论是在心理倾向还是行为倾向上，都是女性比男性略高。那么，具体到某个家庭内的夫妻而言是否仍是如此呢？图7-1对农村新生代青年及其配偶的离婚倾向展开了配对比较。

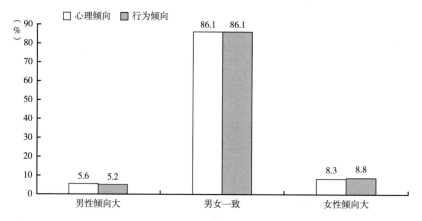

图 7-1 农村新生代青年及其配偶的离婚倾向比较 (n＝696)

如图 7-1 所示，无论是在离婚的心理倾向还是行为倾向上，夫妻之间均存在极高的一致性，女性更倾向离婚的比例比男方更倾向离婚的比例略大，但差异不显著。这说明当婚姻出现风险时，作为婚姻当事人的丈夫和妻子的想法和行为表现是在互动中形成的。

另外，对婚姻稳定性的心理及行为维度的考察发现，有离婚想法的人不一定会提出离婚。表 7-3 就农村新生代青年离婚的心理倾向及行为倾向之间的一致性展开了比较，具体操作化为比较"近一年是否有过离婚的想法"与"近一年是否提出过离婚"两个变量之间的差异。

表 7-3 农村新生代青年离婚倾向类型的性别比较 (n＝696)

离婚倾向类型	男性（%）	女性（%）	总体（%）
思想派	7.5	6.1	6.9
一致派	89.9	91.6	90.7
言说派	2.6	2.3	2.4
$\chi^2＝0.649, df＝2, p＝0.723$			

如果某一农村新生代青年在"有过离婚的想法"变量上得分更高，则表明其更有可能是"思想派"，离婚尚停留在想法上；相对应地，如

果他/她在后一变量"提出过离婚"上得分更高,则说明其更有可能是"言说派",即明确地表达过离婚的提议。结果显示,农村新生代青年中大多数人在是否维系婚姻这一问题上表现出心理和行为的高度一致性,单一的"思想派"和"言说派"分别仅占总数的 6.9% 和 2.4%。另外,尽管农村新生代青年中的女性对离婚似乎更倾向于"想到就要说出来",但性别差异不甚明显,未通过显著性检验。这说明,在婚姻延续与否的问题上,绝大多数农村新生代青年是知言合一的,且不存在显著的性别差异。

二 农村新生代青年婚姻稳定性受损的时点与事由

与婚姻是否稳定同样重要的问题是,农村新生代青年会在什么时间遭遇离婚的倾向或风险?到底是婚姻生活中的哪些方面导致他们想要甚至直接提出离婚?接下来,我们将就农村新生代青年婚姻稳定性受损的时点和事由进行分析。

(一)农村新生代青年婚姻稳定性受损的时点

以往研究较少对离婚倾向发生的时点展开探讨,可资借鉴的是对离婚时点所做的分析。西方研究者指出,离婚风险会呈现倒 U 形曲线变化,也就是在结婚后离婚的可能性会随时间的推移先增加至某一峰值后逐渐降低(Gottman and Levenson,2000)。国内研究者利用中国动态跟踪调查数据,通过对婚姻持续期的生存函数与风险函数图的分析,发现离婚更有可能出现在结婚后的第一个十年内,离婚风险的确呈现倒 U 形曲线分布,且其峰值出现的时间与"七年之痒"的大众认知相契合(许琪等,2015;郑晓冬、方向明,2019)。上述研究均是基于全国数据的分析,那么农村新生代青年这一特定群体的离婚风险时点又是如何分布的呢?有研究指出,由于外出打工,传统乡村文化衰落,农村青年的婚恋观出现了新的变化，其中"闪婚闪离"就是其表现形式之一（王会、欧阳静，2012）。但实际上，研究者并未就什么是"闪离"加以界定，我们仍需要针对农村新生代青年这一特定群体展开系统的实证考察。农村新生代青年的婚姻稳定性面临风险通常会出现在婚后哪一时期呢？其离婚倾向的出现时点会呈现倒 U 形趋势还是"闪婚闪离"的特征？图 7-2 首先对农村新生代青年产生离婚想法或提出离婚的时点进行了统计。

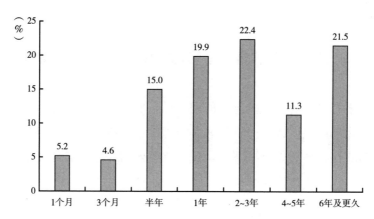

图 7-2　农村新生代青年出现离婚倾向的时点分布（n＝696）

统计结果表明，在曾有离婚倾向的农村新生代青年中，24.8％的人是在结婚 1 年内就面临这一境况，结婚 2 年后有超过半数的人表示曾产生过离婚念头或提出过离婚，在第 4-5 年里离婚风险暂时有所回落，但在接近结婚第 7 年的时候婚姻稳定性又再次受到挑战。这一趋势表明农村新生代青年存在一定的"闪离"风险，但从长期来看其与离婚风险的倒 U 形曲线变化大致吻合。本章还将离婚倾向出现的时点由定序变量转换为定距变量，比较不同性别的农村新生代青年在离婚倾向时点上的差异。结果显示，男性婚姻稳定性受损的时点平均值为婚后第 30.27 个月，女性出现离婚风险的时点平均值为婚后第 33.29 个月，男性和女性之间不存在显著差异。

（二）农村新生代青年婚姻稳定性受损的事由

那些面临过离婚风险的农村新生代青年，如何对他们想离婚甚至提出离婚做出解释呢？图7-3显示了离婚风险产生的事由。

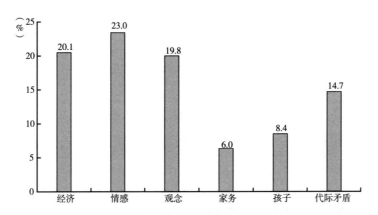

图7-3 农村新生代青年离婚倾向产生的事由（$n=696$）

注：本题是多项任选，所以各选项合计不等于100%。

如图7-3所示，农村新生代青年认为导致其想要离婚甚至提出离婚的原因主要集中在情感、经济及观念的不和谐上，其次是婆媳/翁婿的代际互动冲突、养育孩子和家务引发的矛盾等。农村新生代青年所遭遇的这些矛盾和冲突又呈现怎样的时间分布呢？表7-4对此进行了交互分析。

表7-4 农村新生代青年离婚倾向产生的事由与时点的交互分析（$n=696$）

单位：%

离婚倾向产生的时点	经济	情感	观念	家务	孩子	代际矛盾
<2年	40.2	49.5	57.5	60.0	55.9	35.6
2～4年	32.9	23.7	20.0	12.0	29.4	32.2
>4年	26.8	26.9	22.5	28.0	14.7	32.2

由表7-4可知，除婆媳/翁婿的代际矛盾外，其他5种冲突或矛盾在那些结婚2年内就有离婚倾向的农村新生代青年中较为突出，说明婚姻关系建立的前两年对于婚姻维系而言至关重要。在此阶段，配偶双方需要在家务、观念及养育孩子等事务上磨合与调适，一旦矛盾不能及时化解就容易导致婚姻的不稳定。相较婚后2～4年出现婚姻危机的人来说，结婚4年后才出现离婚倾向的农村新生代青年在经济和养育孩子方面的矛盾有所缓和，但由家务所引发的冲突则相对突出，其次是情感与观念上的冲突。

本章还针对农村新生代青年自我报告的导致离婚风险的三项事由，比较了不同亚群体在情感、经济和观念上是否容易产生冲突，结果如表7-5所示。

表7-5　农村新生代青年离婚倾向产生事由的比较（$n=696$）

单位：%

变量		经济引发风险	显著性	情感引发风险	显著性	观念引发风险	显著性
调查地点	成都	14.7	n.s.	33.1	***	26.8	*
	武汉	24.0		18.2		17.5	
	南京	22.2		16.0		13.4	
性别	男性	17.6	n.s.	20.6	n.s.	19.3	n.s.
	女性	22.9		25.7		20.3	
是不是独生子女	是	14.3	n.s.	25.0	n.s.	31.0	**
	否	21.6		22.7		17.2	
受教育程度	初中及以下	22.5	n.s.	23.3	n.s.	16.4	†
	初中以上	17.8		22.5		23.4	
工作性质	服务业	23.0	n.s.	30.7	**	26.1	**
	非服务业	18.4		17.9		15.8	
月收入	≤3500元	25.0	*	27.7	†	16.5	n.s.
	3501～5000元	18.0		21.1		20.3	
	＞5000元	11.1		15.4		25.3	

注：†$p<0.1$，*$p<0.05$，**$p<0.01$，***$p<0.001$，n.s.为不显著。

如表 7 - 5 所示，低收入可能会导致农村新生代青年面临经济和情感引发的婚姻风险；相较于中部和东部地区的已婚者而言，西部地区的已婚者更有可能会因情感及观念冲突引发婚姻风险；从事服务业的农村新生代青年因为其工作环境和人际交往可能相对复杂、思想观念相对开放自由，所以更容易遭遇情感和观念冲突引发的离婚风险；另外，独生子女、受教育程度相对较高者更有可能因观念上的不一致而遭遇婚姻危机。

三　农村新生代青年婚姻稳定性测量的评估

前文通过"近一年是否有过离婚的想法"或"近一年是否提出过离婚"对农村新生代青年的婚姻稳定性进行了测量，结果表明，近1/5的被调查者的婚姻处于较为不稳定的状态。那么，这种心理和行为倾向上的测量是否具有较高的效度呢？本章将采用婚姻质量的指标体系对目前所得到的婚姻稳定性的测量结果进行评估，以期评判测量结果是否具有实际的效度。

有关婚姻质量的研究最早开始于 20 世纪 20 年代末，其关注的是人们在婚姻生活领域所体验到的正向、积极的感受，研究也表明婚姻质量越高，人们的整体幸福感越强（Waite and Gallagher，2000）。由此可见，婚姻质量较高的个体，更能从婚姻家庭生活中感受到幸福，也就更不可能遭遇婚姻的解体。实际上，国外的一些实证研究证明了两者之间存在紧密的因果关系，甚至有研究者据此构建了离婚风险的预测模型（Booth et al.，1986）。国内对婚姻质量的研究开始的相对较晚，但也有研究表明婚姻质量和婚姻稳定性之间存在显著的正相关性，也就是说夫妻两人的婚姻质量越高，他们的婚姻也越倾向于稳定。研究还系统地分析了婚姻质量与婚姻稳定性之间的关系，结果表明，婚姻质量不仅能够直接预测婚姻稳定性，而且能够通过其他变量间接地影响到个体的婚姻稳定性（徐安琪、叶文振，2002）。

关于婚姻质量的测量，目前有三种不同的取向。第一种取向认为，婚姻质量是个体的一种综合的、主观的评价，是对婚姻生活的主观感受或对夫妻之间关系的整体感觉。第二种取向则认为，婚姻质量不仅仅是单一的主观认知，还应该包括其他指标的客观评价，例如夫妻的互动以及夫妻的调适等指标。第三种取向是上述两种取向的综合，即将诸多主观指标和客观指标结合起来加以考量（徐安琪、叶文振，2002）。由于本章的重点并不是探究婚姻质量的构成，而是通过婚姻质量的测量对婚姻稳定性的测量结果进行结构效度的评估，判断后者是否能真实地反映当前农村新生代青年婚姻关系的存续状态，所以我们采取了第一种总括式的概念取向对婚姻质量进行测量。与此同时，本章也在总体婚姻满意度衡量之外，比较了农村新生代青年对感情的满意度及配偶替代机会与婚姻稳定性之间的关系，以便能够更全面地评估测量效度。

（一）农村新生代青年的感情满意度与婚姻稳定性

此次调查采用直接询问的方式，通过"总的来说，您和您爱人感情如何"的问题了解农村新生代青年对目前情侣及夫妻两人之间的感情是否满意。调查对象涵盖了未婚及已婚的农村新生代青年，因此感情满意度的测量也包括两部分群体。总体的调查数据显示，有28.3%的人表示自己与另一半（恋人或配偶）感情很好，41.0%的人表示比较好，这表明农村新生代青年婚恋的感情满意度非常乐观，有超过2/3的人对自己的感情生活表示满意。另外，有25.1%的人表示自己与另一半感情一般，还有5.5%的人认为感情不怎么好或者很不好。图7-4显示了农村新生代青年中未婚群体与已婚群体对感情满意度的评价。

与通常的认知不一样的是，图7-4的结果表明，未婚的农村新生代青年对感情的满意度不如已婚的农村新生代青年。已婚者中认为自己和另一半感情很好的比例是32.8%，比未婚者要高出11.8个百分点；另外，相较于已婚者来说，未婚者的态度更为模糊化，认为自己和另一半感情一般的人占32.7%，比已婚者要高出12.2个百分点。

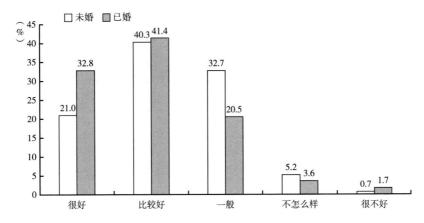

图7-4　不同婚姻状况下农村新生代青年的感情满意度（$n=696$）

这有可能是因为未婚的农村新生代青年还未迈过婚姻的门槛，对两个人未来关系发展的不确定会使得他们对两人的关系评价处于中间的模糊状态，不如已婚的农村新生代青年的反馈积极。感情满意度受到哪些因素的影响呢？表7-6比较了不同新生代群体在感情满意度评价上的异同。

表7-6　不同农村新生代群体对感情满意度的评价（$n=696$）

单位：%

变量		感情满意度低	感情满意度高	显著性
调查地点	成都	26.6	73.4	n. s.
	武汉	24.9	75.1	
	南京	26.0	74.0	
性别	男性	24.3	75.7	n. s.
	女性	27.7	72.3	
是不是独生子女	是	26.8	73.2	n. s.
	否	25.6	74.4	
受教育程度	初中及以下	29.2	70.8	*
	初中以上	22.0	78.0	
工作性质	服务业	22.9	77.1	n. s.
	非服务业	27.7	72.3	

变量		感情满意度低	感情满意度高	显著性
月收入	≤3500元	31.4	68.6	
	3501~5000元	23.0	77.0	**
	>5000元	17.0	83.0	

注： * p<0.05， ** p<0.01， n.s. 为不显著。

如表7-6所示，调查地点、性别、是不是独生子女以及工作性质等并未显著影响农村新生代青年的感情满意度。但是，对不同受教育程度及不同收入群体的比较却发现，初中以上文化程度者、收入较高者相对来说会对他们与另一半之间的感情给出更为积极的评价。接下来，表7-7显示了农村新生代青年的感情满意度与离婚倾向的交互列表及检验结果。

表7-7 农村新生代青年的感情满意度与离婚倾向 （n=696）

离婚倾向	频率	感情满意度低（%）	感情满意度高（%）
心理倾向	从不	53.5	85.4
	有时	40.6	13.9
	经常	5.8	0.7
	$\chi^2=71.134, df=2, p=0.000$		
行为倾向	从不	60.3	89.8
	有时	32.7	9.7
	经常	7.1	0.4
	$\chi^2=76.215, df=2, p=0.000$		

表7-7的结果表明，农村新生代青年的感情满意度与其离婚倾向呈显著的正相关性。对夫妻感情满意度越低的农村新生代青年，越有可能会在心理或者行为上出现婚姻危机，这与既有研究结论相一致。

（二）农村新生代青年的婚恋满意度与婚姻稳定性

众所周知，日常生活中常有"结婚不是两个人的事情"的说法，这表明两个人从恋爱到跨越婚姻门槛，并不存在与外界隔绝的"两人世界"。费孝通（1998）更是明确指出"结婚不是件儿私事"，在进入婚姻的过程中，当事人和他们的亲属都有相互的权利和义务。也就是说，两人对婚姻的感受可能较两人感情而言有所变化，具体表现为婚姻关系中个体对婚姻的满意度很有可能会低于他们对感情的满意度，因为婚姻不如两人感情来得纯粹，婚姻的满意度会被家庭生活中其他因素所消磨。但事实到底如何呢？此次调查同样采取了直接询问的方式，通过"总的来说，您对您的婚姻满意吗"来了解农村新生代青年的婚姻满意度，同时也调查了未婚的农村新生代青年对其恋爱的满意度，以期比较结婚前后的差别。

图 7-5 的结果显示，大多数已婚的农村新生代青年对自己的婚姻表示满意，比例达到 65.1%，还有 30.7% 的人认为自己的婚姻质量一般，谈不上好坏，仅有不到 5% 的人对自己的婚姻表示出明显的不满意。图 7-5 还显示，农村新生代青年中的已婚者要比未婚者对婚姻/恋爱的评价更为积极，原因可能是未婚者仍处于择偶的权衡期，所以其对婚恋进行评价时更为谨慎。

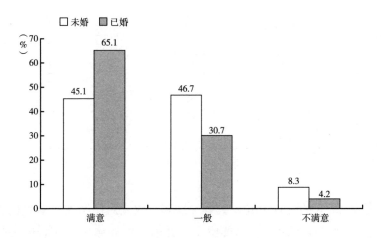

图 7-5 不同婚姻状况下农村新生代青年的婚恋满意度 （n=696）

我们将图7-4中农村新生代青年的感情满意度重新进行编码，从5分变量转换为3分变量（其中"很好""比较好"赋值为"满意"；"不怎么样""很不好"赋值为"不满意"），然后与图7-5进行比较。结果显示，无论是未婚还是已婚，农村新生代青年对两人之间感情的满意度都要远远高于对婚姻/恋爱的满意度。就已婚的农村新生代青年而言，其感情满意的比例为74.2%，与65.1%的婚姻满意度相比高出了9.1个百分点。表7-8则显示了可能影响农村新生代青年婚姻满意度的基本变量。

表7-8 不同农村新生代青年群体对婚姻满意度的评价（n＝696）

单位：%

变量		婚姻满意度低	婚姻满意度高	显著性
调查地点	成都	34.5	65.5	n.s.
	武汉	34.1	65.9	
	南京	36.4	63.6	
性别	男性	31.1	68.9	＊
	女性	39.5	60.5	
是不是独生子女	是	36.6	63.4	n.s.
	否	34.6	65.4	
受教育程度	初中及以下	34.9	65.1	n.s.
	初中以上	35.0	65.0	
工作性质	服务业	34.4	65.6	n.s.
	非服务业	35.1	64.9	
月收入	≤3500元	38.8	61.2	＊
	3501~5000元	35.5	64.5	
	>5000元	24.7	75.3	

注：＊p＜0.05，n.s.为不显著。

据表7-8的统计可知，只有性别和月收入对已婚农村新生代青年的婚姻满意度评价产生了显著影响。其中，男性要比女性对婚姻的评价更积极正向，较高收入者尤其是月收入大于5000元的农村新生代青年要比那些月收入低的人具有更高的婚姻满意度。结合表7-6的数据可知，农村新生代青年对婚姻的满意度要低于对感情的满意度，且在婚姻满意度上存在显著的性别差异，而不同受教育程度的人在婚姻满意度上的差异不及在感情满意度上的差异明显。表7-9统计了农村新生代青年的婚姻满意度与其离婚倾向之间的关系。

表7-9　农村新生代青年的婚姻满意度与离婚倾向 （$n=696$）

离婚倾向	频率	婚姻满意度低(%)	婚姻满意度高(%)
心理倾向	从不	56.1	89.0
	有时	39.6	10.5
	经常	4.2	0.5
	$\chi^2=87.500, df=2, p=0.000$		
行为倾向	从不	64.0	92.3
	有时	31.3	7.2
	经常	4.7	0.5
	$\chi^2=78.056, df=2, p=0.000$		

表7-9的统计与表7-7的结果一致，农村新生代青年的婚姻满意度也明显地影响了其离婚的两种倾向，越是对自己的婚姻感到满意的个体，其婚姻越稳定，不会产生离婚的想法，更不会提出离婚。

(三) 农村新生代青年的配偶替代机会与婚姻稳定性

除了通过感情满意度、婚姻满意度去评估农村新生代青年婚姻稳定性的测量效度，本章还采用了配偶替代机会这一变量做进一步的补充。所谓的配偶替代机会是指放弃现在的配偶、另觅他人的可能性，或者说是婚姻以外其他选择的诱惑。有研究者指出配偶替代机会的多少影响到婚姻的稳定性，具有对离婚意向的独立预测能力（Johnson et al.，1999）。这种配偶替代机会只关注个体本身在婚姻市场的竞争力，而没有与其配偶离婚后的婚姻市场竞争力做比较。因此，本书将这种一般意义上的配偶替代机会表示为"配偶替代绝对机会"，以便与

"配偶替代相对机会"加以区分。

因此，本章通过"假如现在分手，您能否找到更好的另一半"问题对农村新生代青年的配偶替代绝对机会进行了测量，与此同时还补充调查了其对另一半的替代绝对机会的预估，具体的问题是"假如现在分手，您爱人能否找到比您更好的另一半"，具体的结果见图7-6。

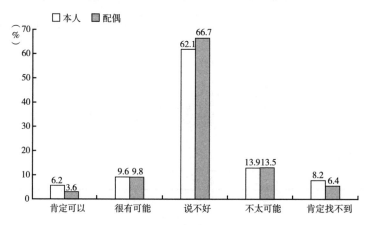

图7-6　农村新生代青年及其配偶的配偶替代绝对机会比较（$n=696$）

图7-6显示，农村新生代青年中认为自己现在分手可以找到一个更好的配偶的比例仅为15.8%，认为另觅他人的可能性不高的比例为22.1%，大多数人处于不确定的状态。但相比较来说，他们认为自己目前的另一半如果分手后，再找一个比自己更好的人的可能性更低（13.4%），不确定性也更高（66.7%）。

表7-10的结果显示，东部地区城市南京的配偶替代绝对机会远远高于中部和西部地区城市，这可能是因为东部地区对于离婚的社会环境更为宽容，适龄的单身青年更多。性别也是影响配偶替代绝对机会的重要因素，与女性相比，农村新生代青年中的男性对自身配偶替代绝对机会的评价呈现两极分化，24.6%的人认为自己很难再找到比现在更好的另一半，同时也有18.2%的人认为自己有很大的把握可以在当前婚姻之外有所选择。另外，收入较低的人特别是月收入不足

3500元的农村新生代青年更不确定或者更不自信自己在分手后能找到比现在更好的伴侣，而是不是独生子女、受教育程度及工作性质则对他们的配偶替代绝对机会没有显著影响。

表7-10　不同农村新生代青年群体对配偶替代绝对机会的评价（n=696）

单位：%

变量		低替代率	中替代率	高替代率	显著性
调查地点	成都	17.5	69.4	13.1	**
	武汉	26.1	61.5	12.4	
	南京	23.1	54.3	22.6	
性别	男性	24.6	57.3	18.2	*
	女性	19.1	68.1	12.8	
是不是独生子女	是	27.6	59.3	13.0	n. s.
	否	20.8	62.6	16.6	
受教育程度	初中及以下	22.7	63.7	13.7	n. s.
	初中以上	21.8	60.1	18.1	
工作性质	服务业	20.3	62.9	16.7	n. s.
	非服务业	23.2	61.9	14.9	
月收入	≤3500元	20.0	69.4	10.6	**
	3501~5000元	20.4	58.8	20.8	
	>5000元	26.8	55.6	17.6	

注：* p<0.05，** p<0.01，n. s. 为不显著。

本章还通过本人配偶替代机会与另一半的配偶替代机会之差，新生成了一个变量"配偶替代相对机会"。如果差值小于0，赋值为1，表示"另一半比自己具有更高的配偶替代机会"；如果差值等于0，赋值为2，表示"另一半与自己具有相同的配偶替代机会"；如果差值大于0，赋值为3，表示"自己比另一半具有更高的配偶替代机会"。统计结果表明，农村新生代青年中有67.9%的人认为婚姻中两人另觅他人的机会差不多，还有16.5%的人认为自己的机会更大，15.6%的人认为配偶的机会更大。进一步的分析还发现，配偶替代机会之差只是在不同性别的农村新生代青年中体现出差异，男性相较于女性更有可能认为自己比另一半在婚姻市场上具有优势，女性则更大概率地认为双方具有同样的配偶替代机会。

配偶替代绝对机会以及配偶替代相对机会是否能如以往文献所说的预测农村新生代青年的婚姻稳定性呢？表7-11、表7-12分别展开了分析。

表 7-11　农村新生代青年的配偶替代绝对机会与离婚倾向 （n＝696）

单位：％

离婚倾向	频率	配偶替代绝对机会			显著性
		低	中	高	
心理倾向	从不	87.2	75.9	67.0	**
	有时	12.8	21.4	30.9	
	经常	0.0	2.7	2.1	
行为倾向	从不	87.5	82.3	74.2	†
	有时	11.8	14.9	23.9	
	经常	0.7	2.7	2.1	

注：†p＜0.1，** p＜0.01。

表 7-12　农村新生代青年的配偶替代相对机会与离婚倾向 （n＝696）

单位：％

离婚倾向	频率	配偶替代相对机会			显著性
		配偶优势	相同优势	自身优势	
心理倾向	从不	67.7	78.0	80.9	n.s.
	有时	28.1	20.5	17.0	
	经常	4.2	1.5	2.1	
行为倾向	从不	74.0	84.0	83.3	*
	有时	21.9	15.1	12.5	
	经常	4.2	1.0	4.2	

注：* p＜0.05，n.s. 为不显著。

表7-11的结果显示，农村新生代青年对自己所能找到配偶的机会评估越高，就越有可能产生离婚的倾向，至少是产生离婚的想法。

表7-12考察的是农村新生代青年对自己以及另一半分手后能否找到更好的配偶的综合衡量与比较，是对其配偶替代相对机会的测量。结果显示，当农村新生代青年认为自己比另一半更容易找到婚姻替代者时，更不倾向于提出离婚，原因可能是个体希望维持自身在婚姻中的这种优越感，也有可能是个体评估的配偶替代相对机会更倾向于自我肯定，而非客观估计。

本章通过感情满意度、婚姻满意度以及配偶替代的绝对机会、相对机会对农村新生代青年的婚姻稳定性的测量指标"离婚倾向"进行了评估，表7-13展示了各变量之间的相关系数。

表7-13 离婚倾向与各评估变量之间的相关系数

变量	F1	F2	F3	F4	F5	F6
F1:离婚心理倾向	1.000					
F2:离婚行为倾向	0.755**	1.000				
F3:感情满意度	-0.340**	-0.351**	1.000			
F4:婚姻满意度	-0.372**	-0.349**	0.607**	1.000		
F5:配偶替代绝对机会	0.148**	0.100*	-0.097*	-0.216**	1.000	
F6:配偶替代相对机会	-0.090*	-0.060	0.080*	0.136**	-0.569**	1.000

注：* $p < 0.05$，** $p < 0.01$。

由表7-13的结果可知，离婚倾向在心理倾向及行为倾向两个维度上的测量具有非常高的正相关性。在诸多测量的评估指标中，感情满意度、婚姻满意度与离婚倾向呈现较强的负相关性，且感情满意度与离婚行为倾向更相关，婚姻满意度与离婚心理倾向的相关性更高。这有可能是因为婚姻涉及当事人以及其原生家庭系统更为复杂，当婚姻满意度相对较低时，个体可能会产生离婚的想法，但其会更谨慎的处理。而感情满意度更多聚焦于婚姻中两个当事人之间的感情，所以当感情满意度低时，他们更有可能冲动地将离婚的想法表达出来。总的来说，配偶替代的绝对机会更能预测离婚的倾向。

四 本章小结

本章对农村新生代青年的婚姻稳定性进行了测量，主要的方法是考察他们在婚姻生活中的离婚倾向或风险。测量结果表明，农村新生代青年的婚姻总体上呈现较为稳定的态势，仅有约1/5的人产生过离婚的想法，而提出离婚的人所占比例相对更少。但需要注意的是，大部分农村新生代青年对维系婚姻的信心不甚明朗，这意味着其未来的婚姻生活中仍存在不确定的风险。无论是在心理维度上还是在行为维度上，农村新生代青年中的女性更有可能产生离婚的倾向。对照两个维度可知，农村新生代青年在是否维系婚姻的态度上较为稳定，心理上的倾向与行为上的表现极为一致，只有极少部分人是"只想不说"，更少的人是"未想即言"。

对有离婚倾向的农村新生代青年的考察进一步表明，在婚姻关系建立后存在几个关键的时点。第一个时点是结婚第1年，在这一年由于组建家庭的两个人存在诸多磨合，可能会遭遇恋爱中未曾遇到的冲突和碰撞，因此有约1/4的人表示曾产生离婚的想法或者直接提出过离婚。第二个关键时点是在结婚后第2～3年，这一时间段年轻的夫妻大概率会准备孕育下一代或者刚刚生育小宝宝，孩子的抚育是夫妻及其背后两个原生家庭主要矛盾所引发的争端。第三个关键时点则在结婚后第7年，这也与俗称的"七年之痒"不谋而合，是诸多矛盾积累到一定程度后的爆发。

农村新生代青年之所以会产生从婚姻中抽身离去的想法，最主要的原因还是基于两个当事人在情感、经济和观念上的冲突，离婚倾向出现的关键时点也与这些冲突出现的时点紧密相关。细分来看，经济因素导致的离婚风险更多出现在较低收入的农村新生代青年中；情感因素引发的风险则主要集中在那些在西部地区、从事服务行业工作及收入较低的群体中；而观念因素引发的风险则主要集中在西部地区、独生子女、较高受教育程度、从事服务行业工作的群体中。

为考察将离婚倾向作为农村新生代青年婚姻稳定性测量指标的效度，本章还调查了其感情满意度、婚姻满意度以及配偶替代的绝对及相对机会，并对各指标的结果进行了比较。结果表明，婚姻稳定性的测量具有较好的构造效度，其与感情满意度、婚姻满意度和配偶替代相对机会呈负相关关系，与配偶替代绝对机会呈正相关关系。上述评估指标只是影响婚姻稳定性的部分因素，我们将在下一章对婚姻稳定性展开综合的探讨，厘清其形成的内在机制，但就评估指标的测量结果而言，以下两点值得注意。

第一，农村新生代青年较高的感情满意度及婚姻满意度使得他们的婚姻保持了相对较高的稳定性。农村新生代青年对感情满意度的自我评估要高于对婚姻满意度的评估，这也验证了"结婚不是件儿私事"的观点。婚姻中的其他因素如经济因素、观念因素等都有可能会消磨两人感情，而且女性比男性在这一点上的感受更为敏锐，其反应也更为激烈。

第二，农村新生代青年自我评估的配偶替代绝对机会及相对机会不高，削弱了其离婚的倾向。作为理性人，农村新生代青年会对自己当前解散婚姻重觅配偶的可能性进行客观的评价与估量，只有一小部分人认为自己可以找到更好的配偶，这部分人更有可能是男性、在东部地区工作者及收入较高者。

第八章

未雨绸缪：
婚姻不稳定风险的预警

爱不是绑架
爱是爱和被爱
懂和被懂
彼此怜惜

—— 韩仕梅《爱是》

在前面的章节中，我们对农村新生代青年的婚恋模式进行了群体的画像，也对他们的婚姻稳定性进行了测量。那么，婚恋模式与他们的婚姻不稳定风险之间的关系到底如何呢？我们是否能借助综合的多元统计，厘清两者之间的内在机制，并对其中可能存在的不确定风险予以预先的规避和防范？本章根据前期文献梳理及预调查的结果提出假设，将农村新生代青年的婚恋模式操作化为自变量，代入以婚姻稳定性为因变量的统计模型中，以期厘清婚姻稳定性的影响因素及内在机制，对农村新生代青年婚恋中的风险进行预测，并就具体防范措施提出可行的建议。

一 农村新生代青年婚姻不稳定风险的预警指标

婚恋模式如何影响农村新生代青年的婚姻稳定性？经过前面对婚姻稳定性测量指标的探讨，可以知道婚姻稳定性的影响因素非常复杂，不同学者对此也有不同角度的研究和分析。

有研究者指出，单独流动对流动人口的婚姻稳定性具有独立的影响，而且单独流动还有可能引起其他不利于婚姻稳定的因素（李卫东，2018）。一般来说，由单独流动引起的影响婚姻质量和婚姻满意度的因素主要有夫妻感情交流减少、女性负担过重和性生活缺失，进而可能引起"婚外情"的发生，对农村新生代青年的婚姻稳定性提出极大的挑战。

有研究者则从留守一方的角度，通过回归分析得出"是否留守"对流动人口家庭的婚姻稳定性影响最大，并认为留守从五个方面破坏了婚姻的稳定性（许传新，2010）。第一，丈夫在打工过程中与留守的妻子面对的社会环境、人际交往都不同，两人逐渐没有了共同语言，变得"不般配"或者"更不般配"。第二，留守在家的妇女参与越来越多的社会活动，对家庭的领导权有所上升，导致她们的自主意识和自我意识增强，并可能对低质量的婚姻做出抵抗。第三，独自承受繁重的农务和家务使留守的妻子容易对不能帮上忙的丈夫心生不满，从而导致夫妻感情出现危机。第四，长期的两地分居使得婚姻的功能无法正常实现，婚姻的幸福感和满足感下降，婚姻的稳定性降低。第五，性生活的缺失降低婚姻质量，影响婚姻的稳定性。夫妻共享时间减少、异质性增强、城市化水平差异增大等会影响留守家庭的婚姻稳定性。但是，也有研究者指出不能确定留守因素与农村新生代青年婚姻稳定性是否存在因果关系，因为有可能那些本来感情不好的夫妻就会更倾向于选择单独流动和分开生活。

意识到婚姻稳定、家庭幸福对于员工队伍建设的重要性，
某大型国企开展了一系列的关注农民工家庭的活动
（2016年，湖北武汉，作者摄）

除婚后居住安排外，婚恋模式的变化也会影响婚姻稳定性。第一，夫妻的年龄和年龄差。年龄小的夫妻寻找婚姻替代的可能性大于年龄大的夫妻，婚姻稳定性较低。研究还发现，夫妻年龄差增大时婚姻稳定性有所降低（杜凤莲，2010）。第二，文化程度。它通过职业声望和收入对婚姻生活的质量产生影响，女性文化程度的提高有利于婚姻的稳定，这可能是因为她们更容易寻找到"满意"的

结婚对象。第三，婚前恋爱基础。情感基础对婚姻生活的和谐有重要影响。第四，夫妻异质性。一方面是夫妻结婚前在经济、文化和性格习惯上的差异；另一方面是在外出务工的过程中，置身于新的城市环境中可能会强化这种差异。第五，子女的数量和性别。在对农村离婚率的研究中发现，有孩子的家庭更不容易离婚，并且孩子数量的增加明显降低了离婚率，但孩子对降低离婚率的贡献存在性别上的差异，男孩比女孩更能提高婚姻的稳定性，这与中国传统观念中的生育男孩偏好有关。第六，非传统性别角色意识。女性无论留守在农村参与更多的社会活动，还是进城务工接受城市现代化的洗礼，她们的自我意识都能得到相当程度的发展和进步，从而在婚姻中有了更多的诉求。第七，对子女教育的意见。受前面几种因素的制约和影响，它也会在一定程度上影响婚姻生活的质量，从而间接影响婚姻的稳定性。

最后，一些道德文化因素对农村新生代青年的婚姻稳定性产生了十分明显的影响。在我国社会转型的时代背景下，传统的婚姻观念受到冲击，追求个人幸福和自由的现代潮流涌起。社会上出现的一些非婚性行为没有被过多地谴责，反而成了一部分人眼中值得炫耀的资本。婚姻观念的变迁使得婚姻解体的成本大大降低，加之部分农村新生代青年的婚姻本来就缺乏感情基础以及他们较低的经济、文化条件，这些都为婚姻的不稳定埋下了深深的隐患。

通过对文献的梳理可知，当今我国经济和社会都极速转型，传统观念与现代观念相互碰撞杂糅，如何更为全面地解释农村新生代青年的婚恋模式与婚姻稳定性需要重新思考和探讨。以往的研究要么是单一考察青年婚恋在某一个方面的特征对其婚姻稳定性的影响，未能给予这一议题全面的解析；要么是将他们的婚恋模式整体纳入以婚姻稳定性为因变量的多元回归模型中。其结果是，我们明确了婚姻稳定性的一些影响因素，但还是未能洞悉婚姻稳定性变化的内在机制。

因此，本章期待建立综合性的解释模型探讨农村新生代青年婚姻稳定性的影响机制。综合前文对婚恋模式、婚姻稳定性相关文献梳理的结果，本章将其纳入社会规范、生命历程及成本效用三种具有竞争性的解释框架中，以期探求不同理论视角的解释力。

（一）社会规范假设

费孝通先生在《乡土中国》中指出，中国的乡土社会治理不完全依赖于法律等国家权力形式所维持的规则，其社会秩序在很大程度上有赖于"礼治"。所谓的礼，是社会公认的合式的行为规范。礼不需要国家权力机构来执行，而是依靠传统，更确切地说是通过教化培养个人的敬畏之感，使人主动服从。这是因为乡土社会是安土重迁的，其间的个体是生于斯、长于斯、逝于斯的。缓慢的人口流动、有限的自然资源及紧密的社会网络，使得个体依从并信任传统。对于个体的婚恋及家庭生活来说，自然也在乡土社会的礼治范畴之内。这一视域下的求偶习俗、婚姻关系以及家庭生活组织，必须满足种族延续的功能。当然他也明确指出，礼治的可能必须以传统可以有效地应对生活问题为前提。一旦进入社会快速变迁的阶段，以往维持秩序的传统将不再适用于新的生活，那么礼治的效力也就无法得到保证。

后续的研究文献则指出，尽管农村新生代青年随人口迁移日渐脱离乡土社会及其礼治的环境，但乡规民约及初级群体的观念束缚仍然存在，因此传统的社会文化规范仍会影响他们的择偶方式、性价值观、家庭观念，并借此作用于婚姻稳定性。具体来说，当婚姻双方的当事人都认同相似的传统社会文化规范时，他们的婚姻更有可能长期维系。以往西方调查发现同质婚更有利于促进婚姻稳定，而这与中国传统文化观念中的"门当户对"思想不谋而合。另外，一些西方社会学家指出，当家庭从现代家庭过渡到后现代家庭时，拥有"幸福的家庭"已经不那么诱人了，重要的是自己要快乐，因此年轻人到底是持家庭本位还是个体本位也成为判别其婚姻稳定性的因素。

据此，本章将与婚恋相关的一系列社会规范变量纳入对婚姻稳定性影响的考察之中，这一维度的变量包括"择偶方式""通婚圈范围""是否接受婚前性行为""是否接受配偶有婚史""是否接受配偶婚外恋""父母是我待人处事的榜样""我所做都是为了父母幸福""两人相爱其他都可以不考虑""婚姻意味着终身承诺和责任"。

（二）生命历程假设

生命历程视角认为个体的行为努力和结构化的机会、限制共同决定了他们后续的发展轨迹和可能路径。因此，从生命历程的理论视角出发，不仅可以动态地呈现社会变迁与农村新生代青年流动的婚恋家庭生活之间的互动关系，还可以回溯性地从农村新生代青年早期的原生家庭及其婚恋经历中找寻影响他们婚姻稳定性的可能因素。对比老一代农村流动人口与农村新生代青年的生命历程可知，后者已经从乡土社会中抽身而去，个体化的意识日渐增强，他们对自己的人生具有了更多的话语权。

在农村新生代青年的生命历程中，原生家庭父母的婚姻关系及相处模式无疑会对子女的婚恋观及婚姻价值的认同产生深远的影响。美国的研究者认为，那些父母离异或者父母婚姻关系失调的孩子所具有的最大恐惧是对自身离婚和失调婚姻关系的恐惧。调查数据显示，相较于来自父母婚姻正常的家庭的大学生来说，那些来自父母离异家庭的大学生普遍具有较低水平的幸福感，他们也更倾向于保持长期的恋爱关系。考虑到原生家庭对农村新生代青年婚姻稳定性的可能影响，本章纳入了"儿时是否有留守经历""儿时父母是否常争吵""找对象是否遵循父母意见"作为自变量，假设那些有过留守经历的、在父母常争吵家庭成长起来的农村新生代青年具有较低的婚姻稳定性，而越是遵循父母意见的农村新生代青年则越有可能对离婚持有保守谨慎的态度。

与原生家庭相似，同辈群体也为农村新生代青年形成婚恋观、家庭观提供了重要的社会化环境和参照标准。对于那些周围存在非婚性行为及离婚现象频发的农村新生代青年来说，他们的性价值观会受到影响并向与传统价值观相悖的方向发展，因此也就越有可能在婚姻生活遇到阻碍或者冲突时，选择结束婚姻作为解决问题的方式。本章在这一维度上，选择"周围是否有一夜情""周围是否有商业性行为""周围是否有人离婚"作为待考察的自变量。

在生命历程的理论范式下，过往的婚恋经历对于农村新生代青年来说不是离散的事件，它们可能会影响其进入婚姻后的生活安排和决策。特别是早恋、早婚及频繁恋爱等经历可能会对后期婚姻的维系产生消极影响，究其原因有两种可能。其一，婚姻持续的动因中有很重要的一条即是夫妻双方创造性地维持婚姻生活中的兴奋点，但如果恋爱发生得过早、结婚发生得过早、恋爱次数过多，就有可能对婚姻失去好奇，产生腻烦感。其二，过早恋爱、过早结婚、频繁恋爱，可能造成夫妻双方彼此了解不够或者三观不相符，从而造成不可调和的矛盾和冲突，最终可能导致婚姻解体。另外，婚姻关系中的双方如何互动也会影响到他们的婚姻稳定性，例如是否与配偶居住在一起、配偶是否有打人或冷暴力的行为。

在考察"初恋年龄""恋爱次数""初婚年龄""是否与配偶居住在一起""配偶是否有打人的行为""配偶是否使用冷暴力"对农村新生代青年婚姻稳定性的影响后，本章还将纳入"感情满意度""婚姻满意度"这两个主观的综合的婚姻质量指标对"离婚风险与婚姻质量成反比"的前期研究结论进行验证。

（三）成本效用假设

据美国社会学家统计，在诸多的婚姻家庭研究中，社会交换理论是被广泛采用的理论范式。基于这种理论视角的研究者多将婚恋及家庭生活中的逻辑视为"经济理性"，即无论是婚恋的当事人还是他们的父母、家庭，其间的互动都被理解为利益最大化和成本最小化的行为。也就是说，婚姻生活中的双方一旦做出离婚的收益大于成本的经济理性的判断，就有可能产生离婚的倾向甚至是明确提出离婚。

首先，从经济的成本效用考虑，如果离婚对个体产生的影响更多是经济收入的减少、生活质量的下降，那么处于经济劣势的个体就越不会产生离婚的想法。对经济成本效用的衡量存在绝对和相对之分：一方面，从绝对的成本效用来看，如果整个家庭的生活压力大，缺了另一半的经济收入无疑会使家庭中的所有个体都陷于经济困境，那么婚姻当事人就不太可能会产生离婚的想法或行为；另一方面，从相对的成本效用来看，如果农村新生代青年认为对方比自己对家庭的经济贡献更大，自己是婚姻的受益方，也就不太可能离婚。基于经济成本效用，本章除了检验绝对的经济成本效用因素"工作满意度""家庭收入状况""是否在城市购房"等的影响，还将考察相对的经济成本效用因素"双方父母家的经济条件""双方父母家给予的帮助""与配偶的文化程度比较""与配偶的经济收入比较""与配偶的家庭实权比较"的可能作用。

其次，成本效用不仅局限于经济因素，也有非经济因素的体现，如对情感的成本效用的衡量等。有研究者将关系的建立视为一种投入的成本，所以关系建立的时间越长，那么婚姻当事人投入的成本也就越多，一旦婚姻解体必定造成利益的损失。还有研究者将孩子看作婚姻的特有资本，认为孩子能够增加婚姻的价值，从而维持婚姻的稳定。从情感的成本效用出发，本章纳入了对"恋爱时长""结婚时长""孩子数量""长子（女）年龄"的考察。

另外，从综合的成本效用范式出发，替代选择假说对婚姻稳定性的变化机制也具有说服力。所谓的配偶替代机会是指已婚者对自己在现有婚姻之外的其他选择机会的衡量，这一比较不仅需要思考分手后各自的经济资本的变化，还需要考虑其他社会资本与优势资源的得失。因此，如果农村新生代青年越是认为自己具有较高的配偶替代机会，那么其越有可能动摇维持现有婚姻关系的信心。从综合的成本效用出发，本章把"配偶替代绝对机会"和"配偶替代相对机会"纳入综合模型中进行考察。

（四）主要变量的描述性统计

本书第七章已经就因变量农村新生代青年的婚姻稳定性进行了测量。测量的具体方式是分别从思想维度和行为维度厘清他们离婚的倾向或可能性。调查结果显示，20.2%的人在最近一年曾有过离婚的想法，而15.7%的人甚至在这一年里提出过离婚。

有关自变量即婚恋模式，实际上是农村新生代青年在社会转型、城市化流动背景下对恋爱、婚姻所涉及的两性关系的选择。本书在第二章至第六章重点关注了择偶方式、性价值观、婚姻家庭观念、家庭生活压力及两性互动与沟通五个方面的内容，有关变量的具体说明见附录4。

在考察婚恋模式对婚姻稳定性的影响时，我们还注意到其他一些人口特征可能也会影响到农村新生代青年的婚姻稳定性，因此本章将其作为控制变量纳入综合分析模型中。控制变量主要包括性别、年龄、是不是独生子女、受教育年限、月收入、工作性质及务工所在地。控制变量及自变量的描述性统计如表8-1所示。

表8-1　主要变量的描述性统计　($n=696$)

变量	变量取值	比例(%)或均值(标准差)
控制变量		
性别	男性/女性	55.3/44.7
年龄（岁）		29.51(3.982)
是不是独生子女	非独生子女/独生子女	81.6/18.4

变量	变量取值	比例(%)或均值(标准差)
受教育年限(年)		11.21(2.469)
月收入	≤3500元/3501~5000元/>5000元	40.3/35.1/24.6
工作性质	非服务业/服务业	60.3/39.7
务工所在地	成都/武汉/南京	35.2/34.3/30.5
社会规范机制		
择偶方式	自由恋爱/他人介绍	37.3/62.7
通婚圈范围	外地/本地	37.4/62.6
是否接受婚前性行为	否/是	33.7/66.3
是否接受配偶有婚史	否/是	61.4/38.6
是否接受配偶婚外恋	否/是	85.7/14.3
父母是我待人处事的榜样	不同意/同意	21.7/78.3
我所做都是为了父母幸福	不同意/同意	21.9/78.1
两人相爱其他都可以不考虑	不同意/同意	44.0/56.0
婚姻意味着终身承诺和责任	不同意/同意	11.6/88.4
生命历程机制		
儿时是否有留守经历	否/是	43.1/56.9
儿时父母是否常争吵	否/是	70.9/29.1
找对象是否遵循父母意见	否/是	15.1/84.9
初恋年龄(岁)		19.61(2.731)
恋爱次数(次)		2.08(1.634)
初婚年龄(岁)		23.17(3.000)
周围是否有一夜情	否/是	80.7/19.3
周围是否有商业性行为	否/是	84.8/15.2
周围是否有人离婚	否/是	33.8/66.2
是否与配偶居住在一起	否/是	39.9/60.1
男性是否有打人的行为	否/是	90.5/9.5
女性是否赌气不理睬对方	否/是	38.2/61.8
感情满意度	不满意/满意	25.8/74.2
婚姻满意度	不满意/满意	34.9/65.1

变量	变量取值	比例(%)或均值(标准差)
成本效用机制		
恋爱时长(月)		22.71(18.406)
结婚时长(年)		7.42(4.013)
孩子数量		1.2(0.596)
双方父母家的经济条件	男方更好/女方更好/差不多	26.5/23.1/50.4
双方父母家给予的帮助	男方更多/女方更多/差不多	34.3/21.9/43.7
与配偶的文化程度比较	男方更高/女方更高/差不多	32.8/21.7/45.5
与配偶的经济收入比较	男方更高/女方更高/差不多	37.2/13.6/49.2
与配偶的家庭实权比较	男方更大/女方更大/差不多	26.2/21.7/52.0
工作满意度	不满意/满意	64.2/35.8
家庭收入是否有结余	没结余/有结余	46.5/53.5
是否在城市购房	否/是	75.2/24.8
配偶替代绝对机会	低/中/高	17.3/64.6/18.1
配偶替代相对机会	配偶优势/相同优势/自身优势	16.5/67.9/15.6

二 农村新生代青年婚姻不稳定风险的预警系统

根据前文对农村新生代青年婚姻稳定性内在机制的研究假设，本章将以离婚的心理倾向、行为倾向分别作为因变量，逐一引入社会规范机制、生命历程机制及成本效用机制的标量加以考察。

(一) 婚恋模式对离婚心理倾向的影响

在考察婚姻稳定性内在机制之前，本章将对控制变量的作用进行单独评判。在仅引入控制变量后，模型对农村新生代青年离婚心理倾向的解释力为1.6%。在诸多控制变量中，仅有性别通过了5%的显著性检验，相对于女性，男性更不可能提出离婚。控制变量的综合模型如表8-2所示。

由表8-2的模型1可知，控制变量中仅性别这一变量影响了农村

表 8 - 2 离婚心理倾向的 Binary Logistic 回归结果

变量	模型 1		模型 2		模型 3	
	B	S.E.	B	S.E.	B	S.E.
控制变量						
年龄	-0.029	0.030	-0.043	0.041	-0.045	0.051
性别（女性）	-0.571*	0.269	-0.824*	0.338	-0.319	0.315
是不是独生子女（是）	0.074	0.291	-0.187	0.361	-0.650	0.333
受教育年限	0.003	0.052	-0.022	0.070	0.002	0.063
月收入（>5000 元）						
≤3500 元	0.645	0.346	0.191	0.427	0.678	0.403
3501~5000 元	0.081	0.351	-0.269	0.412	0.279	0.385
工作性质（服务业）	0.239	0.239	-0.167	0.303	0.011	0.285
务工所在地（南京）						
成都	0.144	0.304	0.208	0.385	-0.052	0.346
武汉	-0.048	0.303	-0.249	0.383	-0.164	0.344
社会规范机制						
择偶方式（他人介绍）	0.245	0.248				
通婚圈范围（本地）	0.317	0.252				
接受婚前性行为（是）	0.436	0.286				
接受配偶有婚史（是）	0.272	0.271				
接受配偶婚外恋（是）	0.894**	0.337				
父母是我的榜样（是）	-0.139	0.304				

变量	模型 1		模型 2		模型 3	
	B	S. E.	B	S. E.	B	S. E.
我所做都是为了父母幸福(是)	-0.197	0.313				
两人相爱不顾其他(是)	-0.625**	0.237				
婚姻意味着终身承诺和责任(是)	0.525	0.418				
生命历程机制						
儿时留守过(是)			-0.399	0.312		
儿时父母常争吵(是)			0.134	0.318		
婚恋遵循父母意见(是)			0.922*	0.407		
初恋年龄			-0.186	0.206		
恋爱次数			0.115	0.184		
初婚年龄			0.050	0.066		
周围有一夜情(是)			0.276	0.447		
周围有商业性行为(是)			-0.727	0.491		
周围有人离婚(是)			-0.735*	0.352		
与配偶居住在一起(是)			0.565	0.311		
丈夫打过人(是)			-0.819*	0.449		
妻子不理人(是)			-1.455***	0.376		
感情满意度(满意)			0.462	0.367		
婚姻满意度(满意)			1.697***	0.354		

变量	模型 1		模型 2		模型 3	
	B	S.E.	B	S.E.	B	S.E.
成本效用机制						
恋爱时长					0.000	0.009
结婚时长					0.081	0.056
孩子数量					-0.318	0.248
父母经济条件(差不多)						
男方更好					-0.152	0.366
女方更好					-0.091	0.360
父母给予的帮助(差不多)						
男方更多					-0.174	0.385
女方更多					0.492	0.398
配偶文化程度(差不多)						
男方更高					0.468	0.331
女方更高					0.402	0.368
配偶经济收入(差不多)						
男方更高					0.104	0.347
女方更高					0.225	0.432
配偶家庭实权(差不多)						
男方更大					0.093	0.348
女方更大					0.155	0.354

变量	模型 1		模型 2		模型 3	
	B	S.E.	B	S.E.	B	S.E.
工作满意度（有）					0.391	0.295
家庭收入有结余（有）					-0.472	0.278
在城市购房（是）					-0.311	0.300
配偶替代绝对机会（高）						
低					-1.916**	0.607
中					-0.868*	0.426
配偶替代相对机会（自身优势）						
配偶优势					-0.481	0.572
相同优势					-0.623	0.438
常数项	-1.711	1.319	0.307	1.714	1.216	1.595
χ^2	49.382***		128.818***		47.658*	
-2LL	494.154		323.139		391.660	
Nagelkerke R^2	0.137		0.396		0.164	

注：* $p<0.05$，** $p<0.01$，*** $p<0.001$。

新生代青年在思想层面的离婚倾向，结果表明，相较于女性，男性更不可能想到离婚。比较三种机制可以发现，生命历程机制较社会规范机制和成本效用机制而言发挥了更显著的作用，解释力度更大。

在社会规范机制中，相对于接受配偶婚外恋的农村新生代青年来说，那些不接受的人更可能产生离婚的倾向；而相对于持有"两人相爱不顾其他"观点的人来说，那些更全面考虑婚恋家庭生活现实的人更不太可能想到离婚。

在生命历程机制中，如果年轻人在婚恋选择中更少遵循父母意见，那么他们产生离婚想法的概率也就更高；生活环境中有熟人离婚的现象，也会在很大程度上提升他们产生结束婚姻念头的可能性；婚姻家庭生活中有丈夫打人、妻子赌气不理人经历的农村新生代青年，也越有可能想到离婚；另外，婚姻满意度而不是感情满意度与婚姻稳定性呈显著的正相关，越是对自己婚姻表示满意的农村新生代青年就越不可能出现离婚的心理倾向。

与设想不同的是，成本效用机制中大多数的变量未对农村新生代青年离婚的心理倾向产生明显的影响，无论是婚恋时间、抚育子女的成本效用，还是双方经济和文化等资源的权衡、家庭的生活压力都未能发挥作用。唯一的影响因素是配偶替代绝对机会，相对于离婚后有较大把握找到更好的另一半的人来说，那些替代机会少的人对待离婚更有可能持谨慎的态度。

（二）婚恋模式对离婚行为倾向的影响

为了解"有离婚的想法"和"提出过离婚"两者之间的区别以及到底是哪些因素及机制会导致离婚倾向进一步加剧，本章同样考察了社会规范机制、生命历程机制和成本效用机制对农村新生代青年离婚行为倾向的影响，结果如表 8-3 所示。

比较表 8-3 与表 8-2 可知，两者的结果比较类似，三种影响机制中生命历程机制的解释力最强。在控制变量中，仍然是男性更不太

表 8 - 3 离婚行为倾向的 Binary Logistic 回归结果

变量	模型 4		模型 5		模型 6	
	B	S.E.	B	S.E.	B	S.E.
控制变量						
年龄	- 0.014	0.033	- 0.032	0.045	0.020	0.057
性别（女性）	- 1.145***	0.315	- 1.268***	0.370	- 0.795*	0.360
是不是独生子女（是）	0.094	0.334	0.413	0.422	- 0.476	0.383
受教育年限	- 0.044	0.059	0.002	0.076	- 0.050	0.072
月收入（>5000 元）						
≤3500 元	0.444	0.404	0.072	0.468	0.420	0.457
3501～5000 元	0.080	0.413	- 0.324	0.461	0.110	0.440
工作性质（服务业）	- 0.956	0.265	- 0.434	0.329	- 0.007	0.313
务工所在地（南京）						
成都	0.261	0.343	0.146	0.415	0.014	0.385
武汉	0.176	0.341	- 0.177	0.413	0.009	0.379
社会规范机制						
择偶方式（他人介绍）	- 0.119	0.273				
通婚圈范围（本地）	0.204	0.281				
接受婚前性行为（是）	0.423	0.321				
接受配偶有婚史（是）	0.253	0.308				
接受配偶婚外恋（是）	0.927*	0.378				
父母是我的榜样（是）	- 0.369	0.341				

续表

变量	模型 4		模型 5		模型 6	
	B	S.E.	B	S.E.	B	S.E.
我所做都是为了父母幸福（是）	0.044	0.356				
两人相爱不顾其他（是）	-0.292	0.263				
婚姻意味着终身承诺和责任（是）	-0.099	0.408				
生命历程机制						
儿时留守过（是）			-0.423	0.336		
儿时父母常争吵（是）			-0.310	0.333		
婚恋遵循父母意见（是）			0.686	0.421		
初恋年龄			-0.233	0.226		
恋爱次数			0.082	0.197		
初婚年龄			0.046	0.072		
周围有一夜情（是）			-0.034	0.479		
周围有商业性行为（是）			-0.709	0.529		
周围有人离婚（是）			-0.135	0.367		
与配偶居住在一起（是）			0.681*	0.334		
丈夫打过人（是）			-0.657	0.461		
妻子不理人（是）			-0.969*	0.392		
感情满意度（满意）			0.938*	0.384		
婚姻满意度（满意）			1.264***	0.383		

続表

变量	模型 4 B	模型 4 S.E.	模型 5 B	模型 5 S.E.	模型 6 B	模型 6 S.E.
成本效用机制						
恋爱时长					0.001	0.010
结婚时长					0.056	0.062
孩子数量(差不多)					-0.290	0.272
父母经济条件(差不多)						
男方更好					-0.451	0.414
女方更好					-0.416	0.402
父母给子的帮助(差不多)						
男方更多					0.385	0.429
女方更多					0.485	0.455
配偶文化程度(差不多)						
男方更高					0.045	0.372
女方更高					0.214	0.404
配偶经济收入(差不多)						
男方更高					-0.021	0.393
女方更高					0.491	0.464
配偶家庭实权(差不多)						
男方更大					0.200	0.393
女方更大					0.340	0.394

变量	模型 4		模型 5		模型 6	
	B	S. E.	B	S. E.	B	S. E.
工作满意度					-0.014	0.323
家庭收入有结余(有)					-0.001	0.311
在城市购房(是)					-0.088	0.339
配偶替代绝对机会(高)						
低					-2.001**	0.649
中					-1.340**	0.468
配偶替代相对机会(自身优势)						
配偶优势					-0.740	0.614
相同优势					-0.854	0.475
常数项	-0.975	1.476	-0.310	1.916	0.250	0.475
χ^2	42.216***		108.733***		45.282*	
-2LL	413.055		285.228		328.785	
Nagelkerke R^2	0.131		0.371		0.173	

注: * p<0.05, ** p<0.01, *** p<0.001。

会提出离婚。在社会规范机制中，"两人相爱不顾其他"的观点不再具有显著作用，仅"是否接受配偶婚外恋"这一性价值观的变量发挥了作用。具体来说，不接受者即性价值观保守的农村新生代青年更有可能提出离婚。在成本效用机制中，同样也仅有配偶替代绝对机会发挥了效用，越是认为自己在婚姻市场没有优势的农村新生代青年越是不会主动提出离婚。

在生命历程机制中，是否与配偶同住很重要，对比居住在一起的人而言，那些分开居住的人更有可能存在离婚行为倾向；而两性互动模式中丈夫是否打人不再影响个体的离婚倾向，仅有妻子赌气不理人这一经历会促使农村新生代青年提出离婚；感情满意度与婚姻满意度都与农村新生代青年的婚姻稳定性成正比，越是对彼此的感情及婚姻满意，越不太可能在言语上提及离婚。但婚恋过程中是否遵循父母的意见以及周边熟人是否离婚等变量，都不会对行为层面的离婚倾向产生显著的影响。

（三）未婚与已婚农村新生代青年婚恋危机的比较

从上述离婚心理倾向与离婚行为倾向影响机制的比较可知，"提出离婚"要比"想到离婚"更需要深思熟虑，而且婚后生活的样态特别是夫妻居住模式的选择及两人的感情也会起到重要的危机防范作用。那么，相较于已婚者而言，未婚但有恋爱对象的农村新生代青年与其对象之间恋爱关系的维系是否与婚姻关系维系不一样呢？

表8-4对未婚者、已婚者及总体的农村新生代青年展开了婚恋危机的影响机制探讨。从风险防范的角度出发，我们要更注重从思想层面对婚恋危机萌芽进行预警，因此采用"是否有过离婚或分手的想法"作为因变量。

相较于表8-2、表8-3已婚农村新生代青年离婚心理倾向与离婚行为倾向的影响因素，表8-4选择了三种机制中的一些重要变量综合代入。

表 8-4 婚恋危机的 Binary Logistic 回归结果

变量	模型 7（未婚者）		模型 8（已婚者）		模型 9（总体）	
	B	S.E.	B	S.E.	B	S.E.
控制变量						
年龄	-0.065	0.049	-0.049	0.035	-0.060**	0.023
性别（女性）	-0.378***	0.416	-0.704*	0.327	-0.592*	0.237
是不是独生子女（是）	-0.065	0.369	0.001	0.352	0.061	0.241
受教育年限	0.008	0.074	-0.023	0.063	-0.011	0.044
月收入（>5000 元）						
≤3500 元	-0.803	0.511	0.318	0.424	0.009	0.308
3501~5000 元	-0.694	0.494	-0.117	0.414	-0.155	0.297
工作性质（服务业）	-0.381	0.340	0.099	0.293	-0.078	0.208
务工所在地（南京）						
成都	0.790	0.452	0.386	0.379	0.474	0.270
武汉	0.583	0.441	0.157	0.364	0.335	0.263
社会规范机制						
接受配偶婚外恋（是）	-0.411*	0.475	-1.234**	0.393	-0.861**	0.285
两人相爱不顾其他（是）	0.403	0.350	0.553	0.284	0.392	0.210
生命历程机制						
婚恋遵循父母意见（是）	-0.176	0.556	-0.529	0.381	-0.447	0.295
周围有人离婚（是）	0.074	0.407	-0.412	0.309	-0.283	0.229
是否共同居住（是）	-1.079	0.596	0.253	0.298	0.194	0.231

续表

变量	模型 7（未婚者）		模型 8（已婚者）		模型 9（总体）	
	B	S.E.	B	S.E.	B	S.E.
男方是否打过人（是）	−1.857**	0.649	−0.645	0.441	−0.987**	0.341
女方是否不理人（是）	−2.560***	0.463	−1.810***	0.380	−2.087***	0.283
感情满意度（满意）	1.046**	0.405	0.531	0.362	0.794**	0.256
婚恋满意度（满意）	0.254	0.397	1.381***	0.345	0.885***	0.244
成本效用机制						
对方绝对替代机会（高）						
低	−1.915*	0.961	−0.563	0.486	−2.001	0.649
中	0.482	0.427	−0.462	0.367	−1.340	0.468
常数项	4.330	1.900	2.257	1.571	2.637	1.116
χ²	93.272***		144.515***		219.517*	
−2LL	239.040		347.275		623.458	
Nagelkerke R²	0.421		0.409		0.380	

注：* p＜0.05，** p＜0.01，*** p＜0.001。

224 何以安家：城市化进程中农村新生代青年的婚恋

模型 7、模型 8 和模型 9 分别探索的是未婚者、已婚者及总体的婚恋危机的影响因素。结果发现，不论哪个群体，控制变量中的性别变量都影响到了他们的婚恋稳定性，具体而言，男性较之女性更不容易提出分手。另外，在总体样本（模型 9）中，不同年龄者对维持婚恋关系的态度也不尽相同，年龄越大的农村新生代青年越不太可能会提出分手或离婚，在控制其他变量不变时，年龄每增长 1 岁，其婚恋危机将相应减少 5.8%。

　　比较社会规范机制对三个群体的婚恋稳定性的作用可知，在控制其他变量后，浪漫的婚恋观如"两人相爱不顾其他"的想法给婚恋关系带来的消极影响不再显著。而性价值观如"是否接受配偶婚外恋"仍继续影响婚恋关系，那些越是不能接受这一越轨行为的性态度保守者，越可能提出分手或离婚。

　　在生命历程机制中，从总体来看，两性的互动模式及感情、婚恋满意度均会显著影响农村新生代青年的婚恋稳定性。其中，消极的两性互动模式，包括男性动手打人、女性赌气不理人，会削弱婚恋关系维系的基础；而对两性关系质量的衡量则与婚恋稳定性成正比，越是对感情满意、婚恋关系满意的农村新生代青年越是不会产生结束婚恋关系的想法，且婚恋满意度较之感情满意度在阻止婚恋关系解体上发挥的作用更大。但在这一机制中，导致未婚者及已婚者婚恋出现危机的影响因素不尽相同。主要的差异表现在两个方面。其一，已婚者不再看重两性关系中的男方是否施行过家庭暴力，但在未婚者中如果男性有过家庭暴力的过往就会给他们的恋爱关系蒙上阴影。其二，在未婚者中，感情满意度与婚恋稳定性成正比；已婚者中感情满意度不再明显影响两人的婚姻维系，更为复杂的婚姻满意度才是真正决定他们婚姻是否稳定的因素。

　　值得注意的是，在同时控制住人口变量、社会规范变量和生命历程变量之后，成本效用机制中的配偶替代绝对机会不再影响农村新生代青年婚恋的稳定性。究其原因，可能是本章所关注的因变量"婚姻（恋爱）稳定性"测量的是一种分手或离婚的倾向，而非婚恋关系破裂、解体的事实。目前表明自己有离婚或分手想法的农村新生代青年只是处于不和谐的婚恋关系中，尚未到达关系解体的边缘，所以那些成本效用的考量对其两性关系的走向没有产生显著的影响。

三　婚姻危机化解的个体实践

实地调查结果显示，即使婚姻不尽如人意，但在婚姻危机下最终选择离婚的农村新生代青年仍是少数。访谈中我们也发现从婚姻不稳定性风险的凸显到婚姻最终的分崩离析是一个漫长且复杂的过程，大多数人会在这一过程中努力化解危机。下文将通过老李和天姐两个家庭的个案来展现婚姻危机的形成过程及危机化解的个体实践，以期对调查数据的分析结果进行补充。

（一）婚姻危机的成功化解

老李的家乡在湖南岳阳农村，他初中一毕业就跟着村里的木匠学手艺。学成后在县里的家具厂干了一两年，随后跟老乡去北京干起了装修。在北京的那几年，老李先是在一家公司做家装，半年后正好有个机会自己出来单干。没想到干了一年亏了，只能再去别人的公司打工。一年后，他又跳出来单干。那几年老李的压力相当大，一边是事业起起伏伏，一边是已经 25 岁了，被家里父母催着相亲结婚。正在为难时，老李认识了同在北京打工的湖北荆州姑娘小唐。处了几年后，老李终于在他 28 岁那年结了婚，与其他同学比起来晚了六七年。

> 我们结婚的时候，没有大操大办，就是在老家请亲戚吃了顿饭，在北京请那帮朋友和帮自己干活的工人吃了顿饭。我老婆当时也没有抱怨，两个人能商量到一块儿去。结婚前做生意亏本了，我跟她说："要不我们分手吧，我已经身无分文了。"但她还是选

择跟着我。

结婚两年后，小唐怀孕回了湖南婆家生产、坐月子，老李则在孩子出生半个月后独自回北京揽活。期间，老李在 QQ 上认识了一个女孩，经常一起聊天。他觉得聊的是一些很正常的话题，也没有避讳小唐，还把所有的聊天记录都给小唐看了，但小唐对此仍是不放心。

好像有人说女的刚生完孩子比较多疑，不知道是不是真的。我老婆就总是疑神疑鬼，她觉得自己刚生完孩子，有一段时间跟我不在一起，就要求我不准再跟那个女孩聊天了。我听了老婆的话，立马把手机号和 QQ 号全部都换了。

QQ 聊天的危机解决后不久，老李也因为生意不好做，彻底离开了北京，回到老家开货车。可是没想到两人在一起后又陷入了另外的危机，这次老李和小唐的角色正好发生了调换。

那一段时间，因为农村没有什么娱乐的东西，连逛个街都没地方逛，大家就知道打麻将。其实一开始，我们只是小打一下，比如过年过节啊或者是不出车的时候，一些朋友到家里来打。但是我老婆打着打着就有点收不住手了，包括晚上，只要有人打电话给她，她立马就走。那时我开车生意也蛮好的，有时候半个月都不在家，所以我心里有点想法。

在外面开车蛮累的，我有时半个月都回不了家，有时就算回到家也只能吃个饭，坐一两个小时，有生意来我立马又得走。但我老婆只要别人喊打牌，她马上就去。所以我特别烦她打牌。倒不是说你输了多少钱，而是我觉得那种方式不好。小孩也从小被他妈带着出去打牌，他妈也不管他学习，所以他对学习不是很用心，现在的成绩也就是中等，不怎么好。

在老家待了一阵，老李把货车转了出去，只身一人到武汉打工，安稳后把小唐也接了过去，儿子则留在老家由爷爷奶奶照看。没想到，这期间小家庭又出现了一个不愉快的插曲。

老婆刚来武汉时，我觉得她以前老在家里待着，跟这个城市有点脱节，就给她申请了一个QQ号，让她和以前的同学多联系联系。结果因为这个事情，我老婆还搞起了网恋，甚至跑出去见了网友。

我不想把这个事情闹大，只是跟她稍微挑明了一下，希望以后不要再发生了。我是这样想的，这件事情不可能不制止，但一定不能搞得太大，不能让我老婆下不来台。我这人脾气很大的，但是这个事情发生后，我心里很平静。两个人走了这么长时间，可能这也是个坎。

那段时间我和我老婆两个人面对面聊不下去的时候，我就换个房间给她发短信。我还给她的好几个网友打电话，我就说："我跟我老婆是有感情的，大家也都有老婆，都有孩子什么的，你们不要影响我们的生活。"我是这样做退让的，可以说是非常非常忍耐了。还好，这个坎走过来了。

除了跟老婆沟通、给老婆的网友打电话，老李还把老丈人请到武汉，希望由他出面制止事态的进一步恶化。老李认为，老婆之所以沉迷于打牌和网恋，有两方面的原因：一是她本身不是一个很上进的人，在单调乏味的农村和社交圈相对封闭的城市，她通过打牌和上网打发时光、获得快乐；二是因为家里这些年做生意不是特别顺利，日子过得比较苦，她想过舒服一点的日子。老李强调，老婆有这种想法也很正常，不能怪她。

当危机基本化解后，老李把儿子从老家接回了自己身边，一家三口终于过上了相对正常的、稳定的家庭生活。老李之前一直认为世间最亲的人就是夫妻，父母不可能跟着自己过一辈子，儿女也不可能，兄弟姐妹更不可能。但是小唐似乎并不这么想。他们之间的矛盾除了上述夫妻之间情感的疏离，还有部分原因是娘家对男方没有办婚礼以及未能借钱给女方哥哥买房存有积怨。各种矛盾交织在一起，老李也逐渐意识到两个人之间的很多想法是存在分歧的，而网恋则进一步使两个人的感情受到了冲击。同时，他强调危机之后自己对双方家庭、对老婆和儿子尽力了，所以心里还是比较踏实的。

（二）婚姻危机化解的失败

天姐是一个有着丰富经历的人，也是我们在实地访谈中遇到的为数不多的离过婚的人。天姐老家在四川南充下面的农村，很小的时候父母就离异了。后来，母亲重组了家庭，并给她添了同母异父的妹妹和弟弟，看似多余的她在初一时辍学，去了广东打工。

> 我妈是没有什么文化的，比较简单粗暴，我爸很长时间不给（我）寄生活费，没有钱那就只能辍学了。在那个环境中，出来打工是一件很正常的事情，所以也不需要跟什么人商量。当时是熟人带我出来的，我记得的就是要不断转车。走了五天五夜还没到，我妈还以为我走丢了呢。那时候见的世面真的很少，别说火车了，几乎什么都没见过。

第一次出远门已是秋末冬初，穿着单薄校服的天姐带着家里给的200元，就懵懵懂懂地跟熟人走了。因为年龄太小，进不了熟人介绍的那个厂，辗转去了玩具厂，待了没两天又去了服装厂，也是在那里认识了后来的老公，并稀里糊涂地同居了。

> 我是在复杂的家庭里长大的，所以我不恋家，也不感激家，没有家的概念。后来在厂里认识了我老公，他工资很低，但天天

围在我后面转，也帮了我很多，比起当时厂里那些无依无靠的女孩来说，我算是幸运的。

其实我不想跟他谈（恋爱），所以后来就离开了那个厂，但他找了过来。我还记得那一天外面下着大暴雨，他抱着行李站在我的门前，拼命敲门。我不敢开，旁边的大姐就劝我开门。我那时候很单纯，还是给他开了门，后来又莫名其妙地跟他住在了一起。

他当时二十六七岁，和别人打架把韧带给弄坏了，不能上班。生活真的很难，连5毛钱的炒粉都只能买一份，所以我就坚定地要去再找一份工作。他没有什么上进心，但我有。当时我是村里第一个买单车的，也给家里买了个彩电，在那时候这些都是稀奇的东西，好多人来看。

争强好胜、勤劳能干的天姐，被窘困的家庭逼迫着小试身手。可正当她摩拳擦掌准备大干一场时，却发现自己怀孕了。

我18岁的时候就有宝宝了，当时没有什么避孕的意识，也没告诉家里人。我怀孕的时候，还没决定跟他一起过日子，更没想过给他生孩子，就买了药把第一个孩子流掉了。

后来，怀第二个孩子的时候，我回了老家，老老实实地跟我妈说了。我妈觉得他年龄太大了，各个方面都很弱，不是理想人选，但我也到（结婚的）年龄了，所以就只能领证了。

即使领了证，我妈还是不希望我跟他在一起。我们家当时生活已经可以了，但我老公家的生活可拮据了。他是家里最小的一个，没有父亲，母亲也没有什么文化，家里就2间破房子，穷得很。我孩子都10岁了，我却还不敢回娘家，因为婆家的条件太艰苦了，怕家里人笑话。

尽管天姐的母亲对她的婚事十分不满，但天姐自己并没有太多的想法，想着既然跟了这个男人就跟着吧，压根也没有考虑家庭环境、经济条件等。结婚后，天姐回了老公家备产。生完孩子后待了 8 个月，天姐心想还是要出来，不能让别人笑话自己的日子过得不好。

于是，天姐将孩子送回了娘家，自己学着卖衣服。实际上，她怀孕时就开始留意观察批发市场，偷偷看别人是怎么做生意的。关于做生意这个事情，她没有跟老公商量，而是偷偷拿了家里的 8000 元，自己说干就干起来了。

> 我老公对生活没有什么追求，比如今天稀饭喝饱了，没有青菜他都可以过，而且他什么都不懂，问他一问三不知，跟他讨论做什么都是不可能的。但我是有追求的，我租好一个门面，凌晨 4 点钟就出去进货，那时候胆子相当大，都是被那个家给磨的。我觉得别人能过好（日子），我也可以。

天姐的生意很顺利，越做越好，她的生活和思想也随之悄然发生着变化。

> 那时候我觉得自己还是比较优秀的。当时，隔壁还有一个人看上了我，他不管我有没有结婚，不管我有没有孩子，还对我老公说要公平竞争。渐渐地，我自己也觉着还是离了吧。之前，我姑姑在我结婚的时候就说我和我老公一定过不长。

最终，天姐还是因为老公的不上进、两个人思想和观念上的不合拍，选择了离婚。之后，她跟新的追求者交往了一段时间，觉得不合适也就分开了。天姐的前夫在离婚后想再找一个，也没遇到合适的。等天姐带着 4 岁半的孩子再次去广东打工时，他们又生活在了一起。尽管前夫提出过复婚，但天姐没答应，觉得结与不结都一个样。访谈时，已经是天姐跟前夫在一起的第 16 个年头了，孩子也 14 岁了，她现在最关心的就是怎么把孩子养好。

通过老李和天姐的故事可知，无论在个体劳动力流动还是家庭化流动的模式下，都有可能会出现婚姻的危机。而且，我们在实地访谈过程中发现，农村新生代青年在结婚后对工作及家庭生活的安排，也并不是简单地采取要么个体劳动力流动、要么家庭化流动的单一模式，他们会在不同的阶段根据自己的生育实践、工作变动以及原生家庭的状况等，灵活地做出最优选择或调整，而在这期间的某些经历可能会动摇他们对婚姻的信心。实际上，除了空间的距离，夫妻在认知、行为和情感上的疏离，以及资源交换的失衡、婚姻替代性的提升等都可能会对婚姻稳定性产生消极影响。

四　本章小结

本章不仅希望对婚恋模式与婚姻稳定性之间的关系加以考察，更希望能从综合的视角对农村新生代青年婚姻稳定性的内在机制进行探索。因此，本章建立了社会规范机制、生命历程机制以及成本效用机制三种理论分析框架，将前文中考察的婚恋模式所包含的变量分类纳入进行了 Binary Logistic 回归。回归结果表明，三种理论范式下的机制均对农村新生代青年的婚姻稳定性产生了影响，其中生命历程机制的影响要远大于社会规范机制和成本效用机制。

依据社会规范假设，农村新生代青年尽管流动到了城市，与乡土社会的初级社会群体联系相对减少，但有关传统社会文化的规范依旧存在并会影响到他们的婚姻稳定性。实际的结果显示，性价值观及婚恋观对其婚姻稳定性发挥了显著的作用。越是持有保守性态度的农村新生代青年越可能提出离婚或产生离婚的想法，保守的性态度反映的正是中国传统文化中"从一而终""坚贞不渝"的婚姻道德观。与此同时，研究也证实农村新生代青年的婚姻稳定性有可能受到个体本位思想观念的冲击，那些越是持有"两人相爱不顾其他"观点的人，越有可能产生离婚的念头，但还未到提出离婚并付诸实际行动的程度。与设想不一样的是，择偶方式、通婚圈范围等反映配偶双方是否同质婚的变量未显著影响农村新生代青年的婚姻稳定性。

而在生命历程的假设中，诸多假设得到了验证。首先，农村新生代青年所经历的"流动的生活"促使其周围的社会环境及交往的对象发生了变化，他们更有可能观察到其他人的婚姻解体，而这无疑会动摇他们"婚姻要持久"的观念。其次，婚后居住安排模式会影响到婚姻稳定性。农村新生代青年不同于一般意义上的青年，尽管婚后家庭流动模式的比例在逐渐增加，但婚后分居的困境仍客观存在，有很大一部分家庭仍会采取"一方外出、一方留守"的家庭策略。实际访谈发现，即使夫妻两人都在同一个城市务工，但由于高强度工作的安排及对单独租房等生活成本的考量，他们也有可能会分开居住。那些分开居住的农村新生代青年夫妻的婚姻稳定性要明显差于共同居住生活的夫妻。最后，农村新生代青年的两性互动模式对于维持夫妻关系而言也尤为重要。如果婚姻家庭生活中存在打人或赌气/冷战等消极的互动模式，那么他们就更有可能产生结束婚姻的想法，甚至直接提出离婚。另外，农村新生代青年夫妻对感情满意度及婚姻满意度的自我评价，也会在很大程度上影响他们对婚姻维系的信心。越是对两人之间感情满意、对婚姻关系满意的农村新生代青年，就越有可能在未来携手同行。

需要留意的是成本效用机制，尽管本章从时间维度（如恋爱时长、结婚时长）、情感维度（如孩子数量）、显在及潜在的经济维度（如原生家庭的条件、夫妻双方的优势资源等）以及家庭生活压力（如工作状况、家庭经济收入及购房状况等）方面考察了成本效用对农村新生代青年离婚倾向的影响，但遗憾的是并未发现明显的差异。最终，在成本效用机制中发挥作用的是对配偶替代机会的评判。对配偶替代机会的评判是在对自己目前如果分手能否找到比现在更好的配偶的机会估计基础之上做出的，而非自己与另一半的配偶替代机会的比较。也就是说，农村新生代青年在考虑婚姻关系的未来走向时更多聚焦的是自身利益和成本效用。

与以往部分研究不同的是，本章发现性别对农村新生代青年婚姻稳定性的影响远远超过其他的人口特征变量。无论是已婚的农村新生代青年，还是未婚的农村新生代青年，女性均更有可能对自己的婚姻持有消极态度、产生分手或离婚的想法，而男性则更趋向于回避的态度。这说明女性相对于男性而言，对婚姻和家庭具有更高的诉求，值得在后续研究中给予更多的关注和理论及实践的探讨。

第九章

家安何处：
未来生活的筹划

只有拉开异乡这把尺子
才能量出故乡的尺寸

—— 王计兵《故乡的尺寸》

对于农村新生代青年而言，城市化是此时此刻的进行时，那么在不久的将来，他们又将何去何从？是漂在异乡，还是筑巢城市，抑或是返回家乡？在问卷调查和实地访谈中，我们发现农村新生代青年的发展呈现出分化的趋势，他们会综合现实因素的考量对未来家庭生活做出不同的筹划。

此次关于未来规划的调查数据显示，有18.7%的农村新生代青年计划留在城市打工，26.4%的人希望在城市创业，24.5%的人希望在农村创业，打算返乡务农或打工的比例分别为2.1%和2.4%，还有26.0%的人表示目前没有明确的计划。也就是说，有接近一半的人想要留在城市，剩下的人中选择返乡及观望的比例相当。农村新生代青年期望留在城市定居的原因，主要可归为生活便利、工作机会多和发展空间大，以及教育质量好。而他们不愿意留在城市生活的原因，则主要是生活压力大、家人分居以及工作不稳定、收入不高。接下来，本章将通过几类典型的个案来展现农村新生代青年的动态发展路径及后续可能的安排。

一　漂在城市的观望

大多数的农村新生代青年实际上处于漂浮的状态，没有明确的方向或计划。尤其是那些还未成家立业的农村新生代青年，他们一边努力，一边观望，走到哪算哪。这里介绍两个单身大龄青年阿亮和阿琴漂在城市的故事。

1. 阿亮的故事

阿亮是湖南怀化人，家里还有两个哥哥。因为父母长年在外务工，所以他从小是跟外婆一起生活的，到了六年级才转到父母务工地福建读书。但仅读了一年，阿亮说什么也不肯再继续了，即使被父母骂也不改主意。父母没有办法，只好带着他一起在瓷砖厂做事。厂里的活对于十几岁的阿亮来说很累，但每个月能拿到900多元。拿到钱，阿亮就给了父母，因为他觉得自己拿着钱也没什么用。干了 3 年之后，阿亮觉得太累，而且干的都是体力活也没什么意思，于是就到义乌来投奔姑姑。

在义乌，阿亮进过很多不同的厂，有做食品加工的、制作围巾的、生产厨具的等。他在每个厂待的时间都不长，最长的时候也就是一年，短的时候甚至一年换了两三个工厂。阿亮解释说："年轻的时候就想到处玩，在一个厂里如果感觉不好玩了，就换地方。"他所谓的好玩，是指工作轻松、管理不严，有一群处得来的年轻人。但在义乌待了五六年之后，阿亮也慢慢固定下来。他觉得走累了，也不想到处跑了，而且跑来跑去一年到头没赚到什么钱。

这期间阿亮也谈了一两次恋爱，但最终都不了了之。最早是在十八九岁，阿亮认识了一个四川姑娘，两人因性格相投就谈起了恋爱。但那时候他觉得自己还小，没敢跟父母说恋爱的事，更不用说让父母去提亲了。等到姑娘回家过年，她父母就没再放她出来，而是让其在老家相亲结婚了。后来，阿亮在一个生产水晶球的玩具厂打零工时又认识了一个勤快爽朗的贵州姑娘。他就有事没事给姑娘打电话、发短信，或者下班后骑摩托车带她去逛夜市。姑娘的父母也在外务工，阿亮曾跟她去其父母的务工地拜访过。姑娘的父母很高兴，对阿亮说话客客气气的。但后来，因为误解，两人的感情也慢慢淡了，最后选择了分手。

访谈时，阿亮仍是单身一人。在老家，他已算是大龄未婚男青年了，父母很着急，催促他回家相亲。阿亮并不认可相亲的方式，他认为自己谈对象比较好，可以亲身体会、深入沟通；如果是相亲，很多情况自己不了解，还要顾及家里人的面子等。实际上，回家相亲对阿亮及其父母而言都有着不小的经济压力。按老家的规矩，定婚花费在 8 万~10 万元，盖一栋房子需要 30 万元，这些对于有 3 个儿子的农村父母而言，实属有心无力。现在阿亮对未来没有特别明确的规划，就希望自己能努力多挣一点钱，以后做个小买卖什么的，至于在哪里生活、找什么样的对象他都不强求，一切随缘。

2. 阿琴的故事

阿琴出生在武汉周边农村，父母以种地为生。家里还有一个弟弟、一个妹妹，目前也都在武汉务工。阿琴初中毕业就没读书了，一方面，她看到周边人早早去城市打工很向往；另一方面，家里条件不好，所以她也没心情继续读下去。在阿琴15岁那一年，刚好深圳许多工厂遭遇"用工荒"，隔壁村有一个在深圳做工程师的人回乡代厂招工，就这样阿琴借了村里一个姐姐的身份证跟着村里二三十个人一起去了深圳，进了电子厂。由于工厂劳动强度大，加上外出的兴奋感日趋消退，年龄尚小的阿琴在半年后结束了她的第一份工作。

在兜兜转转、进进出出好几个厂之后，阿琴进了深圳的富士康。因为有同学的亲戚做课长这层关系，她在交了培训费、介绍费后，就被招进了厂。进厂之后第一项任务是为期三天的军训，7月深圳的烈日让阿琴的皮肤被严重晒伤，而这才仅仅只是开始。阿琴所在的岗位每过一个月，身边的同事几乎就更换一拨，即使有同事留下来，过一段时间也会因为种种原因离开工厂回老家。就这样一拨换一拨，做了两三年后，阿琴在富士康已经是名副其实的"老人"了。她觉得自己在深圳待了很久，但总有一种漂泊不定的感觉，所以下定决心回武汉找工作。

幸运的是，阿琴有个叔叔在武汉一家四星级酒店的工程部工作，因此就介绍她也进了这家酒店。入职酒店的门槛很高，如果没有介绍人靠自己应聘是进不去的。阿琴的具体工作是在客房部做卫生，非常辛苦。酒店有很多老员工，有些人甚至在这里做了三四十年，人际关系相较于以前的工厂来说要复杂得多。用阿琴的话说，工厂像学校，而到了酒店才是真正踏入社会。第一个月结束，阿琴拿到的钱连她在深圳时拿到的工资的一半都不及，她内心是有落差的。

在酒店工作的种种不快累积起来，让阿琴忍不住想打退堂鼓。介绍她进酒店的叔叔对她说："你当初来的时候，我就没抱什么希望，感觉你做不长。"叔叔的不看好，使得阿琴决心要赌一口气，她要坚持做下去。随着工作能力的提升、同事关系的改善，阿琴总算是适应了酒店的工作。访谈时，阿琴已经在这家酒店工作了 6 年，慢慢也安定下来不想走了。因为这里离家近，平时放一天或两天的假都可以回去，不像在外面打工时想家却回不去。

工作的事情解决了，之后阿琴的首要任务是找一个合适的对象成家。之前在深圳工厂工作时，也有男孩子追求阿琴，但阿琴的妈妈不让她谈外地的男朋友，怕她远嫁到外地。当阿琴回武汉上班后，妈妈委托村里人给她介绍了个相亲对象，接触一段时间后阿琴觉得不合适。再后来，叔叔、舅妈还有小姨等陆陆续续给她介绍了很多次，但都没有成功。对于相亲不成功的原因，阿琴自己也进行了反思。

> 怎么说呢，因为我做服务业的，所以非常注重细节。比如工作中，对于一些贵宾的生活习惯，我们都要观察并做笔记，这样他们下次再来，我们就按照客人的习惯和喜好提供服务。所以，生活中我也喜欢用"放大镜"去看相亲对象。记得有一次相亲，我家里人给那个男孩倒水喝，他是用单手接水的而且没有起身。我就觉得这个男的不礼貌，因为长辈递水的话，你应该站起来，要用双手去接。

受到城市生活及工作环境的影响，阿琴无形中提高了择偶的标准。这一标准并不是指学历或物质标准，而是指两个人要有共同语言，她想过自己想过的自由自在的生活。但是，随着年龄的增加以及周围同龄人逐渐步入婚姻甚至为人父母，阿琴及其父母所感受到的压力越来越大。实际上，阿琴认为父母尤其是母亲为她大龄单身所承受的压力更大。一方面，母亲不愿逼迫阿琴，而是尊重她的选择，即使她再着急或再看好男方，也不会逼女儿做不喜欢的事情。但另一方面，周围人都将阿琴的大龄未嫁归咎于母亲，就连阿琴的小姨也认为正是因为母亲的迁就才造成女儿的任性，并直言她这个母亲当得很失败。

最终，阿琴的思想也发生了一些变化。她认为不能再像以前一样完全按照自己的方式去生活，那未免太自私。自己也要为家人想一想，不能一味想干什么就干什么。目前最重要的事情就是解决人生大事，不管是对于父母还是对于自己而言，恋爱、结婚、生子是她这个年龄段最重要的事情。但阿琴还是会坚持在武汉工作，她觉得如果一个女人不上班就会失去价值，所以即使以后结了婚、生了孩子，她肯定还是会选择出来上班的。不过，当我们时隔两年重返武汉再次访谈时，28 岁的阿琴依旧还没有找到自己的另一半。她现在不再排斥相亲，但缘分始终未到，而她还将漂在这座有着上千万人口的城市里继续寻找。

二　扎根城市的筑巢

小刘是江西人，在老家读书到 15 岁，因为学习成绩实在太差，读不下去就退了学。16 岁在家里种田，十来亩地的稻谷都由他一个人从地里挑回家，那份辛苦让他萌生了出去打工的想法。于是，他揣着父亲给的 150 元和一张写着模糊地址的纸条，辗转千里找到了在义乌打工的哥哥。哥哥将小刘送到义乌一个偏僻的乡下，跟人学做铝合金门窗。他至今仍记得那个冬天，外面冷得结冰，他每天需要骑车 20 多公里去干活。两年半之后，老板转行开了个厂专门生产文胸，而小刘则跟在从广东请来的大师傅后面偷偷学艺，自己琢磨裁剪和打样。

这时候的小刘已经二十出头，谈过好几个女朋友，但都没能走到最后。小刘的母亲很着急，一定要让儿子回去相亲，说外面找的女朋友不牢靠。然而相亲的进展并不顺利，虽然小刘模样长得不错，女孩们第一眼多半都能相中他，但了解到小刘的家境后又都无一例外地被家人劝说着离开。因为那时村里其他人家都是两层或三层的小楼，只有小刘家还住的是小时候盖的简易木头房。即使后来小刘家降低了对女方的要求，相亲依然是不了了之。小刘的母亲只好让步，说在外面找女朋友也不是不可以，但一定要找一个踏实一点的、以后不会跑了的姑娘。

一个偶然的机会，隔壁厂有个姑娘小张来找老乡，被小刘瞧见了，他便让同事将这个漂亮的姑娘介绍给自己认识。就这样，小刘结识了小张，慢慢地两人谈起了恋爱。交往一年后，两人见过彼此的家人，算是确定了关系。再后来两人裸婚成了家，但由于小张当时不满20岁所以没领结婚证，一直到第一个孩子出生后才去补办。虽然小张没有抱怨小刘的家境，但小刘觉得小张心里肯定还是想找个条件好点的对象。因为小张的姐姐嫁给了萧山的一个富二代，男方家开了好几家工厂，一年还有几十万元的房租可收。这让小刘有了无形的压力，也激发了他后来自己创业的动力。

2006年由于市场行情不好，老板给的待遇也低，小刘选择从厂里出来自己单干。他拿出自己工作几年来攒的几万元，又找亲戚朋友借了一点，把设备买了回来。现在回想起来，小刘觉得自己胆子很大但也很幸运。当时开厂就是赌一把，因为他手头只有一个客户，如果这个客户不从他那儿订货，那么买机器设备等的前期投入必然是"竹篮打水一场空"。小刘第一次打好样送过去，客户说不行。他别无选择只能重新再打一次样，好在这次终于过关了。

那一年，小刘25岁。由于不是本地人，圈子很小，所以接单时断时续，工厂的机器也时开时停，小刘只雇了一两个工人。曾经有几个月一点活儿也没有，他只好让工人回家去。到过年前又突然来了单子，这时招不到人，小刘只能自己和老婆小张一起上。因为小张已经怀孕，小刘让她只在白天做一做，而他自己则是通宵加班。这样连轴转的拼命，使得小刘的工厂在第一年就赚到了几万元。也是在这一年，他们收获了爱情的结晶，生了个儿子。尽管舍不得，但创业初期千头万绪，小两口还是把孩子送回娘家由小张母亲抚养。

第二年，小刘意识到不能像以前一样坐在家里等订单，必须想办法出去跑业务。于是，他开始扩大自己的圈子，结交当地的朋友，这免不了要陪客户吃饭、去 KTV 或者打牌。刚开始，小刘有次出去应酬一夜没回家，小张就躲在被子里哭了一夜。小刘安慰她说："家庭是最重要的，自己是不会做破坏家庭的事的。"可小张心里还是不舒服，不理睬小刘，小刘也不跟她计较。日子久了，两个人男主外、女主内，慢慢磨合、互相理解，彼此都感受到对方对家庭的付出，也就不再争吵或者置气了。

随着圈子的拓展，小刘结识了越来越多的当地人及客户，订单也越来越多。再加上小刘胆子大、肯吃苦、头脑灵活，懂得根据市场变化及时调整生产经营策略，他的生意逐渐做大了。厂房也今非昔比，从当初的 100 多平方米换成了现在的 1000 多平方米，两层楼的空间仍有些局促不够用。厂里固定聘用了六七个工人，也会根据订单的多少临时招人。

小张在夫妻俩共同开的工厂里接受作者（右 1）访谈
（2015 年，浙江义乌，作者摄）

赚了钱之后，小刘第一件事情就是回老家为父母盖房。因为在外面见多识广，他不喜欢农村普遍流行的样式，于是亲自设计了房屋图纸，再找村里的师傅建造。刚开始的时候，大家认为他设计的房子很难看，等到外立面出来后，大家的态度发生了改变，一致交口称赞，甚至十里八乡的农户都开始效仿。再后来，小刘买了辆小汽车，在清明节开着车回去，风风光光地祭祖。过年时，他还花了 1 万元让村里的屠夫宰了几头猪，请村子里的乡亲都去他家领肉。村里有 100 多户人家，每家领 4 斤肉，够吃一顿。

小刘自己没选择在老家买房或建房，而是在义乌边上买了商品房。这不仅是因为他的工作和生活已经融入了这座城市，还因为他的三个兄弟姐妹也都在这里扎了根。其中，大姐承包了城郊的地，干蔬菜种植和批发，二姐帮人加工箱包等的边角料，大哥则是在城中村包了公寓出租。家庭网络的整体移植，为他们在异乡打拼提供了经济和情感的支持。

关于未来的打算，小刘认为在现在的工厂业务之外，需要寻找机会做点别的投资。如果以后工厂效益不好、产品利润太低，他也要有其他的收入来源或固定资产，以便应对养老可能存在的风险。另外，孩子的教育和发展绝对是小刘两口子最关心的事情。早在大儿子 2 岁的时候，小刘就把他从老家接了过来，他认为在农村由父母带大的留守儿童与城市孩子差距太大，哪怕他们两口子自己吃点苦，也一定要把孩子放在自己身边长大。等大儿子和小女儿到了要读书的年龄，他又将他们送入公立学校。因为据他的观察，公立学校教育质量好，所以他要把孩子送入当地人就读的学校，接受好的教育。无论是小刘还是小张，他们对孩子最大的希望就是能把书读好，至少上到大学，毕竟谁不望子成龙、望女成凤呢。为了这，他们也会继续在城市里扎根下去。

三 外来媳妇的逆袭

在农村新生代青年中，不得不提及一个特殊的群体——外来媳妇。相较于小刘这样夫妻两人齐心协力打拼并有家庭网络整体移植优势的群体而言，外来媳妇多是单打独斗，她们来到城市务工而后与当地人结婚生子的经历更为不易。但恰恰也是在这一过程中，她们中的一部分人逐渐成长起来，发展出具有独立人格和个性的自我，甚至成为整个家庭的主心骨。这里，我们来看看程程的故事。

程程是河南人，小时候家境在当地还算殷实，母亲在村委会边上租房开裁缝店，父亲给开工厂的熟人当过司机，也做过小生意。家里一共三个孩子，程程是老大，下面还有一个妹妹和一个弟弟。中考的时候，程程发挥不好，没能考上当地的重点高中，因此拒绝了老师的挽留，选择外出务工。

程程外出务工的经历特别丰富，她干过许多不同的工作。最开始，她在小姨家开的饭店和粮油店打工，后来因为饭店生意不好又去了一个养鸡场上过两年班。再后来，弟弟的一个朋友带她去了北京，介绍她在商场里卖彩票和电脑配件。程程干活勤快，老板对她很放心。干了一年半，程程的小姐妹约她一起去义乌打工，于是她又到了义乌，在一个运动品牌专卖店找了份营业员的工作。很快程程就因为能力强、眼里有活儿，被老板提拔为店长。与此同时，她看到隔壁有个小服装店在转租，寻思生意应该不错，于是将其盘了下来，又拉了朋友来入伙经营。

一天，一个年轻的城管来程程工作的街道检查，提醒程程要把专卖店门口的鞋架收进店里。没想到，过了两天这个年轻人又到店里来了，程程问他是否买衣服，他说不买。程程就招呼他随便看一下，并给他倒了杯水。结果，没想到后来这个年轻人天天都到店里来转转，在程程不忙的时候和她聊聊天。两三个星期后，年轻人买了糕点送给程程，并等她下班后送她回家。路上，他拉起了程程的手。两个早已暗生情愫的年轻人，就在这一刻无声迎接着爱情的到来。

两人关系稳定之后，程程告诉母亲自己在义乌谈了个男朋友，母亲第一反应是太远了。程程对母亲说："嫁到哪里都是一样的，如果我嫁给本村或隔壁村的人，两个人还是要出来打工，常年把小孩丢在家里岂不是很可怜，还不如走到哪里就在哪里安家落户呢。虽然这样不能对父母尽太多孝，但每年还是可以多回家看看，如果条件允许也可以给家里一些经济上的帮助。"程程的母亲听她这么说，也就不再说什么，默许了两人的关系。

程程这边顺利消除了家人对她外嫁的疑虑，但她对象小王与母亲的博弈却异常激烈。小王的母亲瞧不起程程，与当地很多人一样，她认为想嫁到城里来的姑娘都是冲着享福来的。其实，小王的家境在当地并不好，他父亲和母亲以前都是在厂里打工，后来父亲得了癌症就回家养病了。而小王也只是个临时工，一个月到手千把块钱。尽管小王是一个孝顺、没什么主见的人，但这一次他顶住了各方面的压力，最终跟程程携手迈入了婚姻的殿堂。

结婚不久程程就怀孕了，她把之前的工作辞掉了，店面也转了，但仍然每天挺着大肚子去朋友家做手工赚些家用，一直做到快临产。为什么要这么拼？程程是这么解释的："你一个外地人嫁过来待在家里生小孩，手头没钱不行。老公是临时工，一个月挣千把块钱，如果我不出去做点事，小孩子吃奶粉的钱都拿不出来。"

孩子出生后的头一年，程程选择自己带孩子，因为她觉得交给谁带都不放心，每件事情都要亲力亲为。如此一来，程程就不可能出远门去打工。但也不能在家坐吃山空，所以程程打算跟着身边的朋友做点生意。婆家人对此非常不支持，因为两个老人一直给别人打工，自己没做过生意，不敢轻易冒险，但程程非常坚定。做生意没有钱时，小两口曾尝试向小王的亲戚们借钱，但谁也不借给他们，并明确地说他们借了还不起。没有办法，程程只能跟自己爸妈借了钱。程程妈妈二话不说就借给女儿十几万元，因为她想的是女儿嫁在外地，如果完全依靠婆家人养肯定会受气，得靠自己才行。

程程拿到钱后立马就买了机器设备，开始做 PVC 的塑料包装盒。第一年生意没那么好，婆婆时不时地跟她吵架，怪她一天忙到晚也没赚到什么钱，还让她帮忙照顾小孩。除了婆家人，邻居们都瞧不起她，甚至有邻居在程程主动与其打招呼时都不予理睬。好在程程挺过了创业最艰难的时期，并在第二年还了一部分钱，还买了新机器。到了第三年，程程的生意达到了可观的规模，有时候连给客户的垫资都达到了两三百万元。

然而，这时公公又来跟程程吵架，原因是他以前在人家大厂里打过工，认为程程这也干不好那也干不好，想自己来接管工厂。程程的态度很强硬，告诉公公年轻人的思想跟他们那一代人不一样了，而且自己之前做生意肯定是有经验的，所以不用公公教，并让他不要参与进来。公公很恼火，他觉得家里一直都是他说了算，可现在这个地位明显已经受到了外来媳妇的威胁。

程程没有让步，生意上的事情她坚持自己做主。每次跟婆家吵架，程程都想搬出去住，她觉得搬出去就不会有这么多事了。有一次，她实在受不了了，因为婆家的事情跟老公闹起了离婚，起草了离婚协议，拉着小王就去民政局。在办事处，正好遇见一位心理咨询师。他问小两口："你们离婚有没有征求过小孩的意见，现在小孩已经五六岁了，你们要对他负责，应该征求他的意见。"本来小王就不愿意离婚，听心理咨询师这样一说，立马把离婚协议书抢过去撕掉了。

这一次的冲突，让小王的思想彻底发生了转变。以前，他也曾有过做生意的想法，但父母总是说做生意不靠谱，还是干个稍微稳定的城管好，哪怕只是临时工、钱也不多。程程对他说："义乌这么多人都在做生意，就算什么关系都没有的人家照样在做。你老担心万一生意不好做是没有用的，如果老是这么畏首畏尾的，生意还真就做不起来。"接着，她又告诉老公，他们已经没有后路可以走了，养孩子需要钱，公公婆婆看病需要钱，他们只能全心全意地往前走。至于自己跟公婆的关系，程程也跟小王道出了自己的心声。

我嫁到你家来，你爸爸妈妈肯定是同一个鼻孔出气的。你觉得自己作为一个儿子，应该站在公平的角度，两边各占一半。那这个家你爸妈他们就占两个半，我只占一个半，你觉得这样算公平吗？你的沉默只会让他们变本加厉地来跟我吵。如果什么时候你站在我这边，帮我说话，这个家就完全不会吵架了。当你出面跟他们沟通的时候，我这个媳妇也不用做恶人了，这样大家和和气气，不是很好吗？

现在公公婆婆觉得这个家一直都是他们当家作主的，所以媳妇娶进来先要给个下马威。当家作主，也要看时代的好吧，现在公婆吃的用的花的都是我们的，就算你有赡养义务，我没有。我20多年可都是我爸妈养的，不是你爸妈养的。我现在嫁到你家来，帮你分担做儿子的责任，但你爸妈老是把我当外人，我凭什么又要把他们当家里人呢？

在程程的影响下，小王终于辞职了，主要负责照顾家里和孩子，有时也会拉下脸面去找自己以前的同学朋友联系下生意。最重要的是，他会在父母面前帮程程说话，让老人不要过多干涉生意。虽然生意上的明细程程不会告诉婆家，但赚了多少钱她还是会告诉他们。其实，就算程程不说，婆家也看到了她嫁过来之后的变化，例如，婆家老早盖房欠人家的十几万元是程程帮忙还清的，公公生病每年看病的不菲花销、家里的日常开支及逢年过节的红包等，程程都毫不吝啬。如程程所说，自从小王站在她这边后，家里的关系好了许多。婆婆过生日，程程花4000元给她买了一条金项链，老两口都很高兴。公公还说："你妈这一辈子我都没给她买过金项链，这下可好，儿媳妇给买了。"现在如果有其他人再说程程一些不好听的话，婆婆甚至还会当面驳斥。

后方稳定后，程程又有了新的想法和行动，她在街上开了一家奶茶店，不为挣钱，就为了能在自家的小工厂之外结交更多的朋友、见更大的世面。另外，程程打算多抽一些时间陪陪孩子，她买了很多自己小时候没有读过的书跟儿子一起看，希望能与儿子有更多的共同语言，未来能把他培养好，不要像自己一样吃没有读书的苦。

四　返回家乡的抉择

除了选择融入城市或漂在异乡，也有一部分农村新生代青年明确表示在城市务工一段时间后肯定会回家乡发展。之前提及的阿玲和阿强，他们算是这一类中有比较明确筹划的年轻人。他们在义乌同一家工厂工作，两人的工作稳定，工资待遇也不错，而且厂里还提供了免费的夫妻房。因为嫌做饭麻烦，他们基本上都是在厂里的食堂随便吃一点。下了班后，他们偶尔会出去逛逛街，大多时候则待在房间里，看看电视、上上网，生活比较简单，也没有太多的开销。

阿玲和阿强有两个儿子，都是在老家生的。阿玲回忆当时在老家带老大时，她和阿强一周打一次电话，每次都是讲了几句后就没话说了，她总觉得两个人之间缺点什么，担心分开的时间太久，两个人就真没感情了。阿强也希望她能尽快回来，毕竟一个人打工不够家里的花销。但真要离开孩子时，阿玲又舍不得了，内心特别矛盾。最后孩子周岁的时候，婆婆对她说："你出去吧，孩子交给我们。"她这才终于下定了决心。可当离别真的到来的那一天，她还是坐在车上忍不住哭了好久。等到老二出生，同样的离别又经历了一次。

因为两个孩子还比较小，阿玲和阿强没将他们带出来，只能在放假时抽空回去看看。在刚刚过去的一年里，夫妻俩就在端午和十一假期回了两次老家。平日里，除了给小孩看病、买衣服，父母也不要小两口的钱。两个老人都很勤快，在看孩子之余还耕田种菜，所以生活过得去。彼时，阿玲和阿强最重要的事情就是挣钱、攒钱，然后回老家建房子。如果房子建好，小两口希望能回老家工作生活，因为孩子也慢慢长大了，而老人比较宠孩子，所以他们打算自己带孩子，并且最好是跟老两口分开来住。

相较于老家，阿玲觉得自己更喜欢义乌。因为留在老家的烦恼实在太多，除了没有合适的工作机会，更难的是处理复杂的人情世故。

一旦做得不够好，就会有人在背地里指指点点、说三道四。那么，为何不将孩子接到城市来读书呢？阿玲和阿强的顾虑主要有两个点。其一，他们的工作都很忙，如果将孩子带到城里去，没有人照看不放心；其二，孩子在城市读书开销太大，要交一笔不少的借读费，因负担太重他们只能无奈放弃。权衡利弊后，阿玲和阿强计划分两步走。目前小两口先在城里一起打拼，等老大上学时阿玲就回老家去照顾孩子，等到时机成熟，阿强也回家乡发展。

实际上，不少已婚且已育的农村新生代青年与阿玲和阿强一样，并非不想留在城市，而是留下来太难。其中，他们不得不面临的一个棘手的问题就是孩子的上学问题，因为孩子上学手续太多、太麻烦，所以不得不选择将孩子放在老家生活。综合更多的个案来看，首先，那些想要回到家乡的农村新生代青年受限于买房、子女上学及工作机会等现实障碍，只能被动选择返乡；其次，他们珍视与孩子和父母在一起的家庭生活；另外，他们认为家乡是自己出生长大的地方，生活更加自由自在，尤其是乡村振兴带来了更多的发展机会与更大的发展空间。

在对已经返乡创业就业的农村新生代青年的访谈中，我们了解到已有一部分先行者是主动选择返乡发展的。他们以新的思想观点和技术手段，开发利用原生家庭所具有的优势资源，在农村开展农产品生产加工、电子商务及乡村旅游等业务。与此同时，他们将家安置在县城，以便兼顾便利的生活和优质的教育等。

家安何处？未来的生活又将做出怎样的筹划？结合对问卷调查数据的分析和对个案资料的梳理，我们发现在城市化的过程中，农村新生代青年的发展路径除受到社会政治经济政策的宏观环境影响外，还与其身处的生命历程、拥有的代际关系及社会资本有关，他们会在"推—拉机制"与"成本—效益机制"的双重驱动下，做出有利于个体及家庭的最优选择。

终　章

冲突、融合与重构：
农村新生代青年的婚恋实践

我笨拙地爱着这个世界
爱着爱我的人
快三十年了，我还没有做好准备
如何在爱人面前热泪盈眶
只能像钟摆一样
让爱在爱里就像时间在时间里
自然而然，嘀嘀嗒嗒

——王计兵《致爱人》

如何理解社会变迁与个人生活的嵌套，并为身处变迁中的群体予以现实的观照与支持？对城市化进程中的农村新生代青年而言，从成家到持家再到安家，才算完成了向成年过渡的全过程，他们以个体的生命体验见证了历史的洪流巨变。与此同时，他们在城乡之间流动的婚恋及家庭生活的实践，也为我们提供了观察、反思与行动的试验田。

本书聚焦农村新生代青年，采用以问卷调查为主、实地访谈为辅的研究方式，对他们的婚恋及家庭生活展开了全面系统的分析，呈现了婚恋过程中所凸显的多重冲突。在此基础上，本书对农村新生代青年婚恋的复杂样态及融合、重构的形成机制和内在逻辑进行了探讨，并展望了后续研究的方向及可能议题。

一 "双线程"的成年之旅

在对农村新生代青年既往生命历程的回溯中，本书梳理了他们向成年过渡的关键时点及路径，以期从这一成长与发展的脉络把握社会变迁对他们生活的影响。研究发现，城市化进程中农村新生代青年的成年之旅与其父辈和城市青年相比，存在明显的不同。

与父辈相比，农村新生代青年向成年过渡的时间发生了延迟，流动性也显著增强。首先，农村新生代青年受教育年限延长，大部分人完成了义务教育，还有些人达到了高中/中专甚至是大专文化程度。通常完成教育之后的一年内，农村新生代青年会迫不及待地在城市寻找工作，想要尽快实现经济独立。由于其所在行业或职业的进入门槛不高，他们会较为频繁地更换就业地点及具体工作。而且，他们工作过的城市平均不少于 3 个，有 72.8% 的人曾去省外工作过，甚至还有极少数人曾远赴国外务工。导致流动性高的另一个重要原因是，农村新生代青年的工作待遇和福利状况较差。数据显示只有接近一半的人签了劳动合同。他们实际每个月拿到手的平均薪资落在 3501～5000 元的区间内，与其期望薪资存在较大差距。与此同时，农村新生代青年的工作强度大，平均每天劳动时间接近 10 个小时，休息及闲暇时光极为匮乏。

与城市青年相比，农村新生代青年整体的过渡节奏及路径也大相径庭。从向成年过渡最为重要的标志性事件即成家立业的实际情形来看，农村新生代青年不存在"先立业后成家"还是"先成家后立业"的问题。农村新生代青年在十七八岁离开学校后首先需要解决的是生存问题，受制于有限的市场机会及社会资本，他们并没有明确的择业倾向和职业规划，所找到的仅是谋生的工作。在站稳脚跟的同时，他们即开始谈恋爱。如果 21 岁还未觅得另一半，他们多半会被家里父母催促。随后，农村新生代青年会在二十二三岁步入婚姻，在 25 岁之前迎接自己的一个孩子。但此时，对于大多数人而言，其工作和家庭尚未完全稳定下来，他们会根据两者的具体情形尤其是家庭的发展需求，结合家庭及代际资本在城乡之间、未来的生活筹划安排上做出决策。只有当工作和家庭都安稳下来，农村新生代青年才算完成了他们的成年之旅。

所以，农村新生代青年向成年过渡看似是加速的"准线性"路径，实则是由"成家""立业"两条脉络相互交织、相互推进的"双线程"轨迹，而且其过程和结果存在更多的不确定性。另外，还需要注意的是，在这一过程中，农村新生代青年的发展还呈现明显的分化，其中也不乏与城市青年相关似的"非线性""可逆转"的过渡趋势。

二　权宜之计下的"变"与"不变"

城市化进程中的流动生活，为农村新生代青年的婚恋提供了社会背景和现实情境。他们的择偶方式、性价值观、婚姻家庭观念、两性互动及家庭生活压力等，均面临着社会—个体、规范—行为、物质—情感等多重矛盾或冲突。在无明确导向和行动指南的前提下，农村新生代青年只能在社会结构的机会和限制下不断试水，根据现实情境充分调动自身及原生家庭的资源，采取暂时的、灵活的策略，最终形成个体的婚恋选择及家庭策略。

（一）择偶方式：空间的"异质"与结构的"同质"

关于农村新生代青年的择偶方式，首先需要回答他们通过什么样的途径找到另一半。研究结果表明，尽管农村新生代青年择偶仍主要是通过熟人社会"牵线搭桥"，但绝大部分人在择偶的具体过程中是自己说了算，父母的意见仅作参考。数据还显示，接近60%的农村新生代青年找的对象来自同村、同乡镇或同市，还有40%来自同省不同市甚至是外省。相较于父辈，农村新生代青年的择偶圈已经得到扩展，但是比较可知，农村新生代青年与原生家庭的关联程度影响到他们择偶圈的大小，关联越紧密，他们的择偶圈范围越小。农村新生代青年会找怎样的结婚对象呢？研究发现，农村新生代青年更看重非物质因素，如人品、情感、性格等，但也保留了传统的"郎才女貌"的择偶标准。

综合择偶方式、择偶范围以及择偶标准，不难发现农村新生代青年的择偶模式中同质性与异质性并存。一方面，快速发展的工业化及城市化使得农村新生代青年的流动半径增加，他们拥有了更多认识异性、缔结婚姻的机会；但另一方面，乡土社会及家庭意识具有较强的向心力，加上城乡之间的社会分化，农村新生代青年婚恋的主流模式仍是同类匹配，男性下向婚、女性上向婚的择偶梯度依旧存在。也就是说，从社会空间的维度来看，农村新生代青年婚恋呈现更大的异质性；但从社会结构的维度来看，跨城乡、跨阶层的婚恋趋势并未凸显，婚恋关系中的两人保持着社会结构上的同质性。

（二）性价值观：态度的"去传统化"与标准的"双重化"

总体而言，农村新生代青年对婚前性行为的态度较以往更为宽容，大约有40%和30%的人表示能够接受男性婚前性行为和女性婚前性行为。性态度的"去传统化"首先应该归因于农村新生代青年成长过程中性社会化的不足或缺失。研究结果表明，囿于农村家庭、学校对与性有关话题的避讳，农村新生代青年并未从父母及学校处获得恰当的性社会化。而当其流动到城市时，他们更是游离于礼序良俗的监管之外，城市开放而宽容的人际环境更有可能激发他们过往来自同辈群体和大众传媒的替代性知识和开放的性态度。

此外，社会流动中农村新生代青年在性态度上有了更多的自主性，他们会或主动或被动地通过对传统观念的阐释、变通以及关注焦点的转移、参照群体的改变等，有限度地调节规范、合理化自我认知，例如"只要是奔着结婚去的婚前性行为都是可以接受的""只要两人真心相爱，其他都可以不考虑"。不过，尽管农村新生代青年的性态度呈现"去传统化"的趋势，但若将男性和女性分开比较可知，农村新生代青年对男性的婚前性行为具有更高的容忍度，并且男性对男性的婚前性行为与女性对男性的婚前性行为存在显著差异，前者明显更宽容。这说明农村新生代青年对性的态度存在性别"双重化"的标准，这实际上也体现在他们的择偶观上，如男性较女性更为强调女性的贞操等。

（三）婚姻家庭观念：家庭的"责任"与关系的"亲密"

尽管西方研究者认为青年人越来越趋于个体化，但我们发现农村新生代青年在向成年过渡的一系列重大事件上，如找工作、择偶等仍在很大程度上依靠父母或熟人社会的资源。与此同时，他们也会在婚恋及家庭生活的安排上考虑家庭的需要，承担对婚姻及家庭的责任。这表明，在城市化进程中拥有了越来越多自主能动性的农村新生代青年，与其家庭之间的经济关联与情感依恋并未完全松绑。

在农村新生代青年家庭中，女性是重要的构成部分。但大多数人仍然践行着"男主外、女主内"的传统两性角色分工，而此观念的形成是基于他们自身对劳动力市场的认知和判别，是基于家务劳动无法外包以及女性在劳动力市场受阻所综合导致的一种家庭策略的选择。当然，这也在某种程度上为"干得好不如嫁得好""养儿防老"等传统性别角色观念提供了赖以生存的温床。

（四）婚恋中的两性互动：女性的"觉醒"和父权的"妥协"

对已婚农村新生代青年的考察发现，外出务工经历以及边缘化的生存状态使得其不得不承受更多的责任与负担，他们不仅需要在城市应对工作及生活上的各种压力，还需要对父母、子女以及农村的相关事务做出统筹和安排。在家庭决策的实践中，农村新生代家庭的夫妻权利模式正在趋同于城市家庭，即"夫妻权利差不多"的平权模式成为主流，但从性别的总体比较来看，"男强女弱"的夫妻权利格局还会继续。

与此同时，家庭生活不可避免会产生夫妻矛盾和冲突。在处理和解决冲突的过程中，农村新生代青年更多是通过发生口角或赌气等方式宣泄，但也有一部分人通过身体暴力或冷暴力来处理，还有人考虑到离婚，甚至将这一想法直接表达出来。分性别的考察发现，农村新生代青年中的男性通常以骂人或冷暴力的方式表达自己的不满情绪，而女性表达的方式则更为直接和激烈。探究其原因可能女性对情感有更高的诉求，且她们在流动的家庭生活中获取了较以往更多的自由和权利去表达；而男性则不得不在变化了的城市环境及家庭分工模式中调整与改变自己的沟通方式，以妥协或回避的方式重塑父权。因此，在农村新生代青年的婚后生活中，两性关系也是在流动的实践中不断被重构与生产。

（五）家庭生活压力：经济的"紧张"与婚恋的"焦虑"

农村新生代青年的家庭生活压力主要来自两个方面：一是经济上的捉襟见肘，二是婚恋上被催促的焦虑。经济上的压力主要源于工资收入较低而生活各方面的支出较高，有超过20%的农村新生代青年表示每月的收入不够日常开销。另外，农村新生代青年正处于家庭生命周期的初期，小家庭的建设需要解决养育孩子、建房或购房等实际问题，以及协调工作—家庭冲突。婚恋上的焦虑则源于原生家庭、乡土社会对结婚和生育时间的规训，再就是婚姻维系的压力，有超过 1/4 的人表示存在此压力。

对于家庭生活压力的化解，农村新生代青年主要依托的是以亲属关系为中心的社会支持网络。他们在面临不同的压力时，会选择不同的渠道去化解。通常，他们会在找工作、婚恋决策及自身权益受损时向身边的朋友求助，而在面临买房、租房等经济困境时寻求父母的支持，面临求职的烦恼以及心情不好时则主要依靠老乡或朋友的慰藉加以排解。当然，也有超过 1/3 的农村新生代青年会通过网络的方式宣泄不满、舒缓压力，这种压力化解的方式也有可能导致其他的矛盾或冲突，需要引起注意。

三　流动生活中的弥合

城市化进程中农村新生代青年的婚恋面临多重冲突与困境，但目前已婚者的婚姻关系仍维系在相对稳定的状态。通过对农村新生代青年心理及行为维度上离婚倾向的调查发现，在最近一年"想过离婚"及"提出过离婚"的人所占比例大约分别为 20% 和 15%。以这两种离婚倾向为因变量，本书在向成年过渡的综合框架下，考察了农村新生代青年婚姻稳定性的形成机制，并探讨了社会规范、成本效用及生命历程的具体影响。

研究结果表明，三种机制均对农村新生代青年的婚姻稳定性产生了影响，但比较而言生命历程机制的影响要大于社会规范机制和成本效用机制，说明在农村新生代青年的私人生活中，存在社会结构与个体行为之间的互动。他们的婚恋模式及婚姻稳定性既不完全受社会文化规范的形塑，也不完全是个体的随意行为，而是在结构制约之下的能动选择，同样这种能动选择也会对社会文化规范和成本收益预期提供反馈和修正。

首先，从初职的获取来看，农村新生代青年受其父辈外出务工的直接或间接的影响。他们所从事的初职类型与老一代农村外出务工者十分接近，这是因为其在寻找初职的时候对新的城市或新的就业市场缺乏了解，有接近半数的人所谋得的职业得益于血缘或地缘群体的帮助。与此同时，在他们初次就业选择工作地点时，有接近60%的人选择在老家乡镇、市县或者省内区域就业，原因是邻近家乡有可资利用的人力资源和较为畅通的信息沟通渠道，再有就是离家近方便照顾家庭。他们工作的这一主要动机也彰显了其对经济独立的期望以及减轻家庭经济压力的责任感。

　　其次，从婚恋及家庭生活实践来看，农村新生代青年的城市化经历增加了他们婚恋的机会，加速了其个体化的进程，也加剧了群体分化。研究发现，农村新生代青年对婚姻关系的维系持有较为客观的态度，不再被"从一而终"的传统观念所禁锢。与此同时，他们较以往更注重情感而不是物质，以致成本效用机制对其婚姻稳定性的影响不甚明显。但传统社会文化规范的"强制性"规训的力量被削弱，也并不意味着农村新生代青年完全个体化的崛起。边缘化的城市生活、迷茫的身份认同以及沉重的生活压力，使得农村新生代青年需要从原生家庭乃至更为广泛的乡土社会获得经济的支持、信息的沟通和情感的慰藉。

　　毫无疑问，这种"温情的"观照是当前社会规范能继续影响农村新生代青年婚姻家庭生活的重要原因。例如，农村新生代青年尽管因为打工到过不少的城市、见识过外面的世界，但在找对象上囿于经济、社交及其他限制，客观上仍不得不依赖相亲的手段和方式，很多时候依旧是家里亲戚和熟人在其间发挥了牵线搭桥的作用。又如，尽管社会流动使得农村新生代青年延迟了对婚恋及生育的年龄预期，也提升了对婚育年龄上限的容忍度，但他们在婚育实践中仍迁就了家庭及乡土社会有关婚育年龄的规范。另外，农村新生代青年对子女数量及性别偏好的预想也折射出传统生育文化中"儿女双全"的期望。

综上所述，城市化进程中农村新生代青年的生活呈现快节奏、频繁流动及不确定等特征。但是在这一过程中，农村新生代青年始终与其所来之处的乡土社会保持着血缘、亲缘与地缘的情感联系。正是这充满韧性的情感纽带使得他们情有所系、归有所往，也使他们的婚恋及家庭生活在流动的实践中历经多次迭代之后能最终趋于安稳。

四　家的守望与回归

城市化进程中农村新生代青年的婚恋，是一个极富挑战也极具张力的研究领域。何以成家？何以持家？何以安家？这一系列问题的回答不仅展现了农村新生代青年的个体发展路径与私人生活困扰，为深入考察社会—个体的互动提供了理想的契点，也为现实层面的社会治理及社会服务明确了方向。

（一）"沉默"背后有何诉求

尽管从离婚倾向的测量来看，农村新生代青年表达出"想离婚"或"提出过离婚"的比例不算太高，但如果结合离婚倾向产生的时点来看，其婚姻稳定性仍需要引起重视。从时间维度进行的比较可知，婚姻关系的稳定状况并不是一成不变也不是线性发展的，而是呈现倒 U 形曲线关系。其中，有三个时点尤其值得注意：第一个时点是结婚第 1 年，因为刚刚组建小家庭，配偶之间需要诸多磨合，容易引发冲突；第二个时点是结婚后第 2～3 年，孩子的出生会扰乱家庭的常规安排，夫妻之间以及子代与父代之间的矛盾也容易集中在此期间爆发；第三个时点是结婚后第 7 年，前期积累的矛盾消耗了夫妻之间的感情从而导致他们对婚姻的前景不再信心十足，印证了"七年之痒"的说法。

由此可见，农村新生代青年较高的婚姻稳定性背后隐匿了一些"沉默"的诉求，这些随家庭生命周期而延展出来的诉求如果不能得到及时的满足，就有可能在特定的时点激化矛盾，甚至有可能导致婚姻质量的下降或婚姻解体。基于此，除了进一步保障农村新生代青年的劳动权益、提高劳动报酬，也可以考虑为农村新生代青年适当增加与婚恋相关的工作福利。例如，依托其居住地或工作所在地的社区和专业社会工作服务组织，为其提供婚恋平台、交友信息，并开展线上线下婚姻课堂、育儿讲座等，增加其应对婚姻家庭生活的知识、技能和策略等。

（二）家的边界如何锚定

家意味着什么？如何锚定家的边界？首先，从农村新生代青年流动方式与婚姻稳定性的关系探讨，我们发现家需要空间的载体，以有形的边界守护流动的生活。与以往农村外出务工者相比，农村新生代青年在婚后的家庭生活安排上确实发生了显著的变化，其中最为主要的变化是超过60%的人选择了"家庭化流动"方式，剩下的人多选择"个体化流动"方式即"一方外出、一方留守"，也有少数夫妻选择在不同城市打工或者同城不同住。数据显示，农村新生代青年在居住安排上的家庭策略选择会显著地影响他们的婚姻稳定性，那些分开的"候鸟式"的夫妻，包括同城务工却未生活在一起的夫妻，更有可能会遭遇婚姻危机，或对婚姻失去信心。对于已婚的农村新生代青年而言，距离并未产生美，反而更有可能使夫妻产生隔阂。

同时，家的边界也存在于观念及情感层面，折射出家庭关系的重心偏向。已婚的农村新生代青年在对未来工作和家庭生活做出筹划时，除了自身的职业发展，最为重视的是孩子的教育及成长。无论选择留在城市，还是返回家乡所在的县城，孩子是否能接受更好的教育、有更好的发展前景都是重要的判别因素。可见，在农村新生代青年的家庭中，纵向的亲子轴的重要性不言而喻。在满足了基本的生存需求之后，"以孩子为中心"是他们拼搏的动力所在。实际上，农村新生代青年的父母在他们外出求职、缔结婚姻以及抚育孩子上所提供的物质、精神及情感上的帮扶，也是基于恩往下流的行为选择。从这点来看，农村新生代青年已经从其父母的言传身教中延续了家庭的传统价值。

（三）"为自己而活"还是"为他人而活"

在以往研究中，价值取向存在个体主义和集体主义的二元划分，其在家庭领域则体现为"为自己而活"还是"为他人而活"的纷争。与之不同的是，我们从农村新生代青年的婚恋实践发现，他们既不是以自我为中心、逃避责任的利己者，也不是无视自我、家庭至上的利他者。

这一点在农村新生代青年的女性身上体现得尤为突出。以往的农村女性更多的是"为他人而活"，因为从社会规范机制来看，"男女有别"的双重标准一直存在，她们更多是在私领域操持家务、照顾家人；从成本效用机制来看，她们存在明显的不安全感，以及更强的经济及情感依附。但对于农村新生代青年中的女性而言，社会流动挑战了传统父权制，家庭生活中的两性分工面临着协商、妥协及重新调试，因此城市化历程中的流动生活缓冲了社会规范机制及成本效用机制的作用，使得她们具有了更为个体化的追求和表达。

城市化进程中的农村新生代青年女性，根据不同的现实情境采取了灵活的应对策略，做出了不同的路径选择，是为了努力地争取"自己想要的生活"。她们既能走出舒适圈，通过不断的学习和打拼，获取更好的发展机会和物质生活；也能够率真地追求婚恋的自由，还能在面对不幸福的婚姻时为自己发声，甚至有走出婚姻的勇气。所以，农村新生代青年的婚恋从实践层面，验证了阎云翔所指出的"自己的活法"的个体化趋势及可能。

（四）如何在不确定中把握确定

将农村新生代青年的婚恋置于向成年过渡的框架中进行分析，使我们清晰地洞察到城市化进程中个体发展的复杂样态及现实困境，成家立业充满了不确定性的风险。那么，我们又该如何在不确定中把握确定，将风险的阈值降到最低？

实际上，一部分农村新生代青年已经开始了新的尝试。他们会在城乡之间比较迁出地及迁入地的机会、信息及资源等，以及衡量对家庭发展尤其是子女教育、老人照顾等的影响，最后综合做出留城、返乡或观望的选择。

权衡之下，县域城镇化有望成为农村新生代青年在城市及乡村之外成家立业的另一种选择。这种逆向的劳动力流动，以县域为枢纽链接了城乡之间的生产及生活的要素、资源和机会。农村新生代青年在县域安居乐业，不仅有助于化解农村"空心化""三留守""老龄化"等危机，也能为激发乡村振兴内生动力、实现以人为核心的新型城市化提供可行路径。事实上，农村新生代青年在县域成家立业，与乡村振兴、城乡融合发展之间是内容共洽、作用互构和主体一致的互涵式关系。

也许，后续研究可以对那些在县域安家的农村新生代青年的婚恋、工作及生活予以更多的关注。为此，我们需要采取更加积极、发展的立场，进一步突破传统研究中结构—行动、普遍—特殊、传统—现代及连续—变化的二元对立，全面了解农村新生代青年的家庭及家庭中的个人的困境与需求。与此同时，顺应时代变迁重构家庭的价值，依托县域建设青年友好型社会支持体系，以期一方面回归家庭所具有的情感、道德及精神的本质，为个体的可持续发展托举；另一方面为家庭赋能，以抵御未来生活中可能的风险。

附　录

附录一　关于本书研究方法的说明

（一）研究地点及抽样方法

目前并没有针对农村新生代青年婚恋的专项调查数据，可资借鉴的是国家统计局发布的年度农民工监测调查报告。根据近期报告可知，尽管当前农民工的平均年龄不断提高，但仍以青壮年为主，其平均年龄不足 40 岁。由于本书是在全国范围内进行的大规模调查，在抽样过程中需要考虑到总体的分布特征及实际操作的可行性。

首先，我国地域辽阔，各地的经济水平、产业分布及社会文化不尽相同，导致农村剩余劳动力外出务工时，在人口总量、流动模式等主要特征上都呈现显著的地区差异。根据调查时点（2016 年）前发布的农民工监测调查报告可知，东部地区的农民工总量最小且以省内流动为主，如 2015 年东部地区外出农民工共 4944 万人，其中有 4086 万人是在省内流动，占比达到 82.7%；而中部地区和西部地区分别有外出农民工 6592 万人和 5348 万人，省内流动的比例分别为 38.9% 和 46.5%。①

其次，农民工外出务工的行业分布广泛，主要涉及第二产业（55.1%）和第三产业（44.5%），第一产业就业人数仅占总量的 0.4%。在第二产业就业的农民工中，56.4% 的人选择制造业，43.6% 的人选择建筑业。在第三产业就业的农民工行业分布则相对分散，主要分布在批发和零售业、交通运输/仓储和邮政业、住宿和餐饮业以及居民服务/修理和其他服务业。除此之外，还有少量农民工处于求职期或职业更替期，也需要纳入考虑。

综合考虑上述情形后，本书计划进行多阶段分层抽样，以期保证样本的代表性和研究结论的适用性。

---

① 《2015 年农民工监测调查报告》，http://www.stats.gov.cn/tjsj/zxfb/201604/t20160428_1349713.html。

1. 第一阶段

本书在东部、中部及西部地区，按照简单随机抽样的方法各抽取一个省会城市作为抽样的地点，选出的三个城市分别是南京、武汉和成都，均是各区域的中心城市，也是农村新生代青年的主要聚集地，保证了样本分布的多样性。本书分别在这三个城市抽取 480 个样本，共计 1440 名农村新生代青年。

2. 第二阶段

本书根据《2015 年农民工监测调查报告》中的行业分布，确定了在业与不在业农村新生代青年的职业类别（见表 1）。

表 1　农村新生代青年的职业分布

是否在业	产业	行业	备注
在业	第二产业	制造业	工厂工人
		建筑业	建筑工人
	第三产业	批发和零售业	小超市、小商贩
		交通运输、仓储和邮政业	司机、物流
		住宿和餐饮业	住宿、餐饮
		居民服务、修理和其他服务业	保安、美容美发、中介、保姆、修理
不在业（包括散工）	第二、第三产业	综合	劳动力就业市场

在第二阶段，本书按照在业与不在业（或求职）将农村新生代青年分为两个子群体。根据"十三五"城镇登记失业率设定的 5％的目标，这两部分比例分别设定为 95％和 5％。针对目前在业的农村新生代青年的抽样，分别在第二产业部门和第三产业部门的系列抽样框内进行。

就在第二产业部门就业的农村新生代青年抽样而言，分两步进行。制造业部门的抽样是首先从每个调查地所在城市获取工业园区的名单作为抽样框，采取简单随机抽样的方法从中选择 2 个工业园区；然后以抽中的工业园区的企业名单为抽样框，并按照系统抽样的方法从每个园区抽取 3 个工厂，共计 6 个工厂。建筑业部门的抽样则是在每个调查城市采用系统抽样的方法从注册登记的建筑公司里抽取 3 家企业。

第三产业部门目前在业的农村新生代青年的抽样，则是首先采用简单随机抽样方法选择 3 个城区，收集所抽中城区的街道名单形成抽样框，再采用系统抽样的方法在每个抽中的城区里各抽取 2 个街道，一共 6 个街道。

针对目前不在业的农村新生代青年，本书组织调查员对各调查地市区范围内的劳动力市场进行了摸底，并采用简单随机抽样方法选择其中一个劳动力市场进行调查。

3. 第三阶段

抽样的最后一阶段是从前期确定的不同抽样框中抽取具体的农村新生代青年作为调查对象。第二产业部门里，工厂工人的抽样是请 6 个工厂的负责人协助按照不同的车间进行整群抽样，每个工厂调查 30～40 名工人；建筑工人的抽样则是请 3 家建筑企业的负责人协助抽取 30～40 名不同工种的农村新生代青年。第三产业部门就业者的抽样，则是先对所抽取的 6 个街道上的经营服务分布进行摸底，然后等距地从店铺或服务摊点抽取具体的调查对象。不在业的农村新生代青年样本的获得，是在工作日及周末各选一天前往所选的劳动力市场，请其负责人协助完成抽样工作。

（二）资料收集方法

本书旨在厘清城市化进程中农村新生代青年的婚恋现状、特征及趋势，探讨可能存在的婚恋危机，并对婚恋危机提出预测的方法和有效干预的可能途径，兼具描述、解释和预测的目的。因此，除了在全国进行大规模的问卷调查，本书还采用个案访谈的方式来获取农村新生代青年的婚恋口述史资料，并采用焦点小组聚焦其婚恋观念的变化动态。

1. 问卷调查

本书在南京、武汉及成都开展实际问卷调查前，都先由项目负责人与各地有经验的研究者共同开展了预调查，并从社会学及相关专业选择了有丰富实际调查经验的本科生及研究生作为调查员。在实际调查之前，项目负责人分别在各地组织了调查培训，介绍了调查的目的、对象、内容及抽样方法，并针对调查中可能出现的实际问题进行了模拟实练和详细讲解。在实际调查中，采取分片负责、小组合作的形式发放问卷，保证了问卷收集是"个别发送、当场填答、当场回收、即时审核"。本次调查共发放问卷1440份，共收回有效问卷1337份，有效回收率为92.85％。调查的样本结构如表2所示。据国家统计局发布的《2015年农民工监测调查报告》可知，农民工中男性占66.4％，女性占33.6％；初中以下、初中、高中及以上的比例分别为15.1％、59.7％和25.2％（考虑到此为全部农民工的数据，因此初中以下的人所占比例相较于农村新生代青年会更大，而高中及以上文化程度者所占比例则相对更小）；1980年后出生者中16~20岁、21~30岁与31~35岁（按31~40岁区间的50％计）的人分别约占8.40％、66.29％和25.31％。表2中性别、受教育程度及年龄的分布与此十分接近，表明样本具有较好的代表性。

表2 调查样本的基本构成情况（$n=1337$）

单位：％

样本结构特征		占比
性别	男	62.4
	女	37.6
调查地点	成都	33.4
	武汉	33.6
	南京	33.1
年龄分组	16~20岁	12.8
	21~30岁	63.9
	31岁及以上	23.3
是不是独生子女	独生子女	21.8
	非独生子女	78.2
受教育程度	初中及以下	41.1
	初中以上	58.9
婚恋状况	未婚	47.3
	已婚	52.7

本次问卷调查资料在经过初步筛选、整理与编码后，采用 FoxPro 进行建库、编码和录入，以 SPSS 23.0 进行数据的纠错和统计分析，最终样本的构成显示抽样质量较好。本书在具体分析过程中，采用了频数分析、交互分析、方差分析及回归分析等，详见各章。

2. 个案访谈及焦点小组

除结构式问卷调查以外，本书还在华中、长三角及珠三角等多地展开了田野观察，共计收集了三地 42 名典型的农村新生代青年的婚恋经历口述资料，期望通过对他们的生命历程、成长经历尤其是恋爱、结婚等重大事件的梳理，了解他们的婚恋家庭观念、态度及其行为背后的内在机制。另外，本书还在上述城市开展了 6 场焦点小组的讨论，引导不同性别、婚恋状态及职业类别的人就焦点问题展开充分的讨论。个案访谈及焦点小组有效补充了简单量化指标所无法收集的资料，并为回答农村新生代青年婚恋模式的变迁、婚姻稳定性的现状以及如何预测、防范可能的婚恋家庭风险提供了佐证。

附录二　农村新生代青年婚姻家庭观念的调查数据

（一）农村新生代青年对"干得好不如嫁得好"认知的 Binary Logistic 回归分析

表 1　农村新生代青年对"干得好不如嫁得好"认知的 Binary Logistic 回归结果

变量	模型 1（全部）	模型 2（男性）	模型 3（女性）
控制变量			
性别（男性＝0）	0.355*		
出生年代（"80 后"＝0）	−0.050	−0.299	0.351
受教育程度（初中以下＝0）	0.050	0.116	−0.152
是不是独生子女（否＝0）	0.087	0.027	0.221
月收入（≤3500 元＝0）			

变量	模型 1(全部)	模型 2(男性)	模型 3(女性)
3501~5000 元	-0.188	-0.463*	0.171
>5000 元	0.068	-0.134	0.386
调查地点(成都=0)			
武汉	0.956***	1.025***	0.875**
南京	0.566**	0.653**	0.405
有无留守经历(没有=0)	-0.251†	-0.133	-0.313
小时父母是否常争吵(否=0)	0.239	0.061	0.485†
打工经历			
打工时长(5 年及以下=0)			
6~10 年	-0.043	0.041	-0.135
11 年及以上	-0.178	-0.549	0.380
打工年龄(18 岁以下=0)	0.029	0.040	0.089
婚恋经历			
家庭经济贡献(差不多=0)			
不适用	-0.286	-0.090	-0.515
男方大	0.337†	0.297	0.339
女方大	-0.100	0.049	-0.377
家庭经济地位(差不多=0)			
不适用	0.216	0.071	0.546
男方家更高	0.284	0.127	0.535†
女方家更高	0.179	0.004	0.413
与配偶同住一个城市(否=0)			
不适用	-1.563†	-1.071	-16.171
是	-0.232	-0.159	-0.402
结婚年龄(≤21 岁=0)			
≥25 岁	0.665*	0.210	1.433**
22~24 岁	0.230	0.079	0.397
未婚	0.627†	0.359	0.961
是否有孩子(没有=0)	0.341	0.409	0.333
婚恋满意度(不满意=0)	-0.467**	-0.335†	-0.747**
截距	-1.201*	-0.740	-1.261
Nagelkerke R^2	0.117	0.102	0.215
样本量	1337	834	503

注：†$p<0.1$，*$p<0.05$，**$p<0.01$，***$p<0.001$。

(二) 农村新生代青年对家庭分工模式的 Binary Logistic 回归分析

表 2 "'男主外、女主内'是理想的家庭分工模式"的 Binary Logistic 回归结果

变量	模型 4(全部)	模型 5(男性)	模型 6(女性)
控制变量			
性别(男性＝0)	− 0.395*		
出生年代("80 后"＝0)	− 0.013	0.252	− 0.411
受教育程度(初中以下＝0)	0.053	0.223	− 0.109
是不是独生子女(否＝0)	0.207	0.273	− 0.175
月收入(≤3500 元＝0)			
3501~5000 元	− 0.063	− 0.330	0.288
＞5000 元	0.314	0.173	0.394
调查地点(成都＝0)			
武汉	0.589***	0.338	1.190***
南京	0.368*	0.327	0.554†
有无留守经历(没有＝0)	− 0.003	0.066	− 0.100
小时父母是否常争吵(否＝0)	0.340*	0.588**	0.011
打工经历			
打工时长(5 年及以下＝0)			
6~10 年	− 0.092	− 0.004	− 0.269
11 年及以上	− 0.056	− 0.006	− 0.187
打工年龄(18 岁以下＝0)	− 0.251	− 0.250	− 0.048
婚恋经历			
家庭经济贡献(差不多＝0)			
未婚或不清楚	− 0.744**	− 0.231	− 1.704***
男方大	− 0.239	− 0.245	− 0.384
女方大	− 0.226	− 0.189	− 0.300
家庭经济地位(差不多＝0)			
未婚或不清楚	0.272	0.160	0.184
男方家更高	0.460*	0.450†	0.619†
女方家更高	0.054	0.140	− 0.072
与配偶同住一个城市(否＝0)			
未婚或不清楚	− 0.405	− 0.701	1.080

变量	模型 4(全部)	模型 5(男性)	模型 6(女性)
是	$-0.295^{\dagger}$	-0.074	-0.697^{*}
结婚年龄(≤21 岁=0)			
≥25 岁	0.303	0.271	0.542
22~24 岁	0.291	0.713^{*}	-0.139
未婚	0.346	0.131	$0.994^{\dagger}$
是否有孩子(没有=0)	-0.077	-0.230	0.359
婚恋满意度(不满意=0)	-0.178	-0.205	-0.309
截距	0.163	-0.095	0.088
Nagelkerke R^2	0.102	0.084	0.206
样本量	1337	834	503

注：$\dagger p<0.1$，$* p<0.05$，$** p<0.01$，$*** p<0.001$。

（三）农村新生代青年生育动机影响因素的 Binary Logistic 回归分析

表 3　农村新生代青年生育动机影响因素的 Binary Logistic 回归结果

变量	模型 7	模型 8	模型 9
性别(男性=0)	-0.181	-0.194	-0.184
出生年代("80 后"=0)	0.297^{*}	$0.349^{\dagger}$	0.360^{*}
受教育程度(初中以下=0)	-0.131	0.061	0.054
是不是独生子女(否=0)	0.145	0.204	0.184
月收入(≤3500 元=0)			
3501~5000 元	0.171	0.16	0.158
>5000 元	-0.05	-0.096	-0.100
调查地点(成都=0)			
武汉	0.463^{**}	0.452^{**}	0.421^{**}
南京	0.338^{*}	0.352^{*}	0.343^{*}
有无留守经历(没有=0)	-0.254^{*}	-0.309^{*}	-0.268^{*}

变量	模型 7	模型 8	模型 9
小时父母是否常争吵（否＝0）	－ 0.037	－ 0.045	－ 0.001
打工时长（5 年及以下＝0）			
6～10 年		0.282	0.270
11 年及以上		0.334	0.299
打工年龄（18 岁以下＝0）		－ 0.211	－ 0.215
养老保险（没有＝0）		－ 0.209	－ 0.228
婚姻状况（未婚＝0）			0.498*
生育子女性别（只有女孩＝0）			
儿女双全			0.824**
没有孩子			0.897***
只有男孩			0.562**
截距	0.267	0.094	－ 0.860*
Nagelkerke R^2	0.029	0.043	0.060
样本量	1337	1337	1337

注：†p＜0.1，＊p＜0.05，＊＊p＜0.01，＊＊＊p＜0.001。

附录三　农村新生代青年家庭压力的调查数据

（一）农村新生代青年婚恋压力的 Binary Logistic 回归分析

为厘清农村新生代青年婚恋压力的影响因素，表 1 建立了 3 个 Binary Logistic 回归模型。其中模型 1 为控制变量模型，仅纳入了性别、是不是独生子女、年龄和受教育年限 4 个变量。模型 2 在模型 1 的基础上增加了是否已婚、是否有婚恋对象和是否与父母同住 3 个虚拟变量。模型 3 在模型 2 的基础上加入了月收入、工作年限 2 个变量，考虑到工作年龄与年龄存在线性关系，因此在模型 3 中将年龄移除。

表 1　农村新生代青年婚恋压力的 Binary Logistic 回归结果

变量	模型 1	模型 2	模型 3
	B(S. E.)	B(S. E.)	B(S. E.)
男性	1.115**(0.122)	1.053**(0.124)	1.062**(0.141)
独生子女	-0.261(0.143)	-0.293**(0.146)	-0.228(0.151)
21 岁及以下	-0.749**(0.193)	-1.243**(0.244)	
22～26 岁	0.123(0.173)	-0.187(0.195)	
27～31 岁	0.075(0.173)	-0.026(0.176)	
受教育年限	-0.004(0.024)	-0.021(0.024)	0.026(0.027)
已婚		-0.132(0.203)	-0.163(0.210)
有婚恋对象		0.736**(0.187)	0.727**(0.191)
与父母同住		0.200(0.165)	0.141(0.170)
月收入 3500 元及以下			0.011(0.145)
月收入 5000 元以上			0.168(0.177)
工作年限			0.087**(0.017)
常数项	-0.319(0.285)	-0.036(0.355)	-1.620(0.408)
-2LL	1657.113	1613.226	1488.679
Nagelkerke R²	0.117	0.148	0.144

注：** p<0.01。

（二）农村新生代青年婚姻维系压力的 Ordinal Logistic 回归分析

在婚姻维系压力的 Ordinal Logistic 回归分析中，同样建立了 3 个模型（见表 2）。模型 4 是农村新生代青年婚姻维系压力的 Ordinal Logistic 全模型，模型 5 是男性分析模型，模型 6 是女性分析模型。

表 2　农村新生代青年婚姻维系压力的 Ordinal Logistic 回归结果

变量	模型 4（全部）	模型 5（男性）	模型 6（女性）
	B(S. E.)	B(S. E.)	B(S. E.)
男性	-0.235(0.160)		
受教育年限	0.038(0.035)	-0.024(0.048)	0.118*(0.053)
生育子女数	-0.062(0.141)	-0.172(0.188)	-0.050(0.221)
婚龄	-0.028(0.022)	-0.002(0.031)	-0.059†(0.033)

变量	模型 4(全部)	模型 5(男性)	模型 6(女性)
	B(S. E.)	B(S. E.)	B(S. E.)
与爱人共居	-0.084(0.164)	-0.249(0.221)	-0.044(0.257)
感情满意	-0.735**(0.189)	-0.534*(0.259)	-0.921**(0.278)
男方掌握家庭实权	0.109(0.187)	-0.114(0.246)	0.535†(0.296)
女方掌握家庭实权	0.416*(0.194)	0.834**(0.277)	0.031(0.286)
-2LL	1449.595	790.887	640.442
χ^2(p)	25.886(0.001)	18.244(0.011)	23.842(0.001)
Nagelkerke R^2	0.049	0.064	0.097

注：†p<0.1, * p<0.05, ** p<0.01。

（三）农村新生代青年经济压力的 Ordinal Logistic 回归分析

从前文的分析可知，农村新生代青年面临着一定的经济压力，为了探究其形成的机制，表 3 对其影响因素展开了分析。本部分建立了 3 个模型，其中模型 7 是农村新生代青年经济压力的 Ordinal Logistic 全模型，模型 8 是针对男性群体的分析模型，模型 9 是针对女性群体的分析模型。需要说明的是，分析经济压力的影响因素时所用到的样本是所有接受调查的农村新生代青年样本；另外，鉴于婚姻状况和生育状况在很大程度上存在关联，所以在分析中未使用婚姻状况作为自变量，而只纳入了生育子女数量，后者既可以指证调查对象的婚姻状况，也可以用来区分他们目前所处的不同生育阶段。

表 3　农村新生代青年经济压力的 Ordinal Logistic 回归结果

变量	模型 7(全部)	模型 8(男性)	模型 9(女性)
	B(S. E.)	B(S. E.)	B(S. E.)
男性	-0.130(0.154)		
独生子女	-0.192(0.176)	-0.336(0.219)	0.006(0.298)
受教育年限	0.043(0.031)	0.034(0.040)	0.059(0.049)
月收入 3500 元及以下	0.576**(0.166)	0.198(0.235)	1.064**(0.251)

变量	模型 7(全部)	模型 8(男性)	模型 9(女性)
	B(S. E.)	B(S. E.)	B(S. E.)
月收入 5000 元以上	- 0.353†(0.186)	- 0.418*(0.210)	- 0.096(0.426)
生育子女数	0.367**(0.102)	0.275*(0.124)	0.497**(0.182)
建房或购房	0.644**(0.203)	0.786**(0.251)	0.388(0.347)
工资收入满意	- 0.487**(0.140)	- 0.566**(0.182)	- 0.313(0.227)
- 2LL	1146.088	697.464	426.691
$\chi^2(p)$	74.200(0.000)	36.363(0.000)	35.918(0.000)
Nagelkerke R^2	0.104	0.087	0.121

注：†$p<0.1$，＊$p<0.05$，＊＊$p<0.01$。

(四) 农村新生代青年工作—家庭冲突的 Ordinal Logistic 回归分析

表4建立了3个模型，分别针对工作—家庭冲突的三种子类型进行分析。模型 10 是工作干扰家庭压力的 Ordinal Logistic 模型，模型 11 是家庭干扰工作压力的分析模型，模型 12 是工作—家庭平衡的分析模型。需要说明的是，在工作—家庭冲突的分析中通常关注的家庭是指年轻人自己组建的小家庭，所以这部分分析依然只针对已婚的农村新生代青年。

表4　农村新生代青年工作家庭冲突的 Ordinal Logistic 回归结果

变量	模型 10 工作干扰家庭	模型 11 家庭干扰工作	模型 12 工作—家庭平衡
	B(S. E.)	B(S. E.)	B(S. E.)
男性	0.338†(0.194)	0.064(0.199)	0.162(0.206)
受教育年限	0.046(0.038)	0.056(0.039)	0.027(0.040)
月收入 3500 元及以下	0.022(0.208)	- 0.111(0.211)	- 0.022(0.215)
月收入 5000 元以上	0.215(0.230)	0.054(0.237)	0.406(0.254)
生育子女数	0.110(0.145)	0.045(0.149)	0.115(0.152)

变量	模型 10 工作干扰家庭 B(S. E.)	模型 11 家庭干扰工作 B(S. E.)	模型 12 工作—家庭平衡 B(S. E.)
与爱人共居	-0.167(0.181)	0.090(0.185)	0.141(0.190)
感情满意	-0.049(0.202)	0.042(0.211)	0.042(0.214)
男方掌握家庭实权	-0.322(0.205)	0.432**(0.210)	-0.141(0.215)
女方掌握家庭实权	-0.061(0.206)	0.357†(0.214)	-0.364†(0.219)
每天工作时间	0.120(0.094)	0.227*(0.098)	0.225*(0.099)
每月休息天数	-0.052(0.092)	0.189*(0.094)	-0.010(0.096)
有劳动保险或福利	0.470*(0.191)	-0.080(0.194)	0.301(0.200)
工作满意度	-0.397**(0.122)	-0.218†(0.125)	-0.340*(0.132)
-2LL	1207.408	1160.151	1084.269
$\chi^2(p)$	26.731(0.014)	18.753(0.131)	23.649(0.035)
Nagelkerke R^2	0.059	0.043	0.054

注：†$p<0.1$，* $p<0.05$，** $p<0.01$。

附录四　农村新生代青年婚姻不稳定风险模型中自变量的说明

（一）农村新生代青年择偶方式的变量说明

第八章对农村新生代青年择偶方式的关注点在于区分他们是传统的"父母之命，媒妁之言"还是现代的自由恋爱。传统的他人介绍模式，包括"父母""媒人""婚介""熟人介绍""青梅竹马"，赋值为1；现代的自由恋爱模式，即通过"读书""打工""偶遇""网恋""其他"途径认识另一半，赋值为0。在已婚的农村新生代青年中，传统择偶方式所占比例为62.7%，现代择偶方式所占比例为37.3%。

通婚圈范围考察的是农村新生代青年在择偶时的地域范围，通婚圈的大小在一定程度上意味着他们选择另一半的机会的多少，本书主要区分的是本地通婚及外地通婚。其中，本地通婚模式是指已婚的农村新生代青年夫妻来自"同村""同乡镇""同县（市）"，赋值为 1；外地通婚模式则是指夫妻两人来自"同省但不同市""外省"等地，赋值为 0。调查结果显示，农村新生代青年的通婚圈仍以本地通婚模式为主，占到全部已婚者的 62.6%，外地通婚模式比例为 37.4%。

在找对象时农村新生代青年主要是自我做主还是遵循父母意见也反映了他们婚恋的现代与传统模式区分。主要听父母意见，包括"完全以父母为主""父母为主、我为辅"，赋值为 1；自我做主，包括"我为主、父母为辅"以及"完全以我为主"，赋值为 0，分别占 15.1% 和 84.9%。

恋爱是个体在正式步入婚姻前对两性关系的初体验，因此是婚恋模式的重要考察内容，其中包括初恋年龄、恋爱次数。本书所调查的已婚农村新生代青年中，他们的初恋年龄的均值为 19.61 岁，标准差为 2.731，婚前恋爱的次数为 2.08 次，标准差为 1.634。

初婚是农村新生代青年迈向成年的重要门槛，本书考察了初婚年龄、结婚之前恋爱的时长以及结婚时长。数据调查结果表明，农村新生代青年平均初婚年龄为 23.17 岁，标准差为 3.000；结婚之前平均的恋爱时长为 22.71 个月，标准差为 18.406；截至调查时点，他们的平均结婚时长为 7.42 年，标准差为 4.013。

婚配模式即与什么样的另一半结婚，本书主要关注了文化程度、经济收入、双方父母家的经济条件及双方父母给予的帮助。"男方优势""女方优势""差不多"三种模式分别赋值为 1、2、3。在文化程度的比较中，三种模式的比例分别为 32.8%、21.7% 和 45.5%；在经济收入的比较中，三种模式的比例分别为 37.2%、13.6% 和 49.6%。关于双方父母家的经济条件，测量结果是"男方更好""女方更好""差不多"，分别赋值为 1、2、3，比例分别为 26.5%、23.1% 和 50.4%；关于双方父母给予的帮助的测量方式与之相似，"男方更好""女方更好""差不多"的比例分别为 34.3%、21.9% 和 43.7%。

（二）农村新生代青年性价值观的变量说明

性价值观反映的是社会文化规范在性道德上的体现，本书从周边环境及自身观念两个方面考察了性价值观。

首先，社会性价值观侧重于周围是否有一夜情、是否有商业性行为及是否有人离婚，选项"有"和"无"分别赋值为1、0，存在的比例分别为19.3%、15.2%和66.2%。

其次，个体性价值观侧重于了解农村新生代青年对男性"婚前性行为""配偶有婚史""婚外恋"的接受度，"接受"赋值为1，"不接受"赋值为0，其接受比例分别为66.3%、38.6%和14.3%。

（三）农村新生代青年婚姻家庭观念的变量说明

农村新生代青年的婚姻家庭观念涉及诸多变量，但考虑到我们的目的是探讨观念与婚姻稳定性的影响，因此主要关注的是他们对婚姻家庭的态度是否存在家庭本位与个人本位的分歧，主要变量有"父母是我待人处事的榜样""我所做都是为了父母幸福""两人相爱其他都可以不考虑""门当户对的婚姻才能长久""婚姻意味着终身承诺及责任"，"同意"赋值为1，"不同意"赋值为0。五种婚姻家庭观念的测量结果显示，其接受度分别为78.3%、78.1%、56.0%、36.4%、88.4%。其次，父母对子女婚恋观的影响还集中体现在"儿时是否有留守经历"及"儿时父母是否常争吵"上，做出肯定回答的比例分别为56.9%和29.1%。

（四）农村新生代青年家庭生活压力的变量说明

本书将农村新生代青年的家庭生活压力操作化为家庭经济状况和养育孩子两类。家庭经济状况包括三个问题，即工作满意度、家庭收入水平和是否在目前工作地购房。在工作满意度中，"非常满意"和"比较满意"重新编码为"满意"，赋值为1；"一般""不太满意""很不满意"重新编码为"不满意"，赋值为0。测量结果显示，两者的比例分别为35.8%、64.2%。在家庭收入水平中，"高"赋值为1，"低"赋值为0，两者分别占53.5%、46.5%。目前是否在城市购房也是其经济状况的重要衡量指标，"县里有房"或"市里有房"或"省会有房"编码为"是"，赋值为1，其他取值编码为"否"，赋值为0，其中有房的占24.8%。

养育孩子的压力则操作化为孩子数量、最大孩子的年龄。数据统计显示，孩子的数量平均值为1.2个，标准差为0.596；最大孩子的年龄平均值为6.79岁，标准差为3.760。

（五）农村新生代青年两性互动的变量说明

进入婚姻家庭生活后，两性互动的模式及结果会直接影响到农村新生代青年的婚姻稳定性。本书从居住模式、冲突化解方式、婚姻评价及配偶替代机会四个方面考察了农村新生代青年两性互动的过程及结果。是否与配偶居住在一起考察了农村新生代青年婚后的流动方式，"是"赋值为1，"否"赋值为0，其中60.1%的人回答"是"。

冲突化解方式中的主要变量是"配偶是否有打人的行为""配偶是否使用冷暴力"，"是"赋值为1，"否"赋值为0，男性及女性发生的比例分别为9.5%、57.2%以及13.1%、61.8%。

与配偶的家庭实权比较中，"男方更大"赋值为1，"女方更大"赋值为2，"差不多"赋值为3，调查数据显示，男权家庭、女权家庭及平权家庭模式所占比例分别为26.2%、21.7%和52.0%。感情满意度、婚姻满意度测量的是农村新生代青年对夫妻之间感情以及婚姻生活整体的评价，满意包括"很好""比较好"，赋值为1，不满意包括"一般""不怎么样""很不好"，赋值为0。农村已婚新生代青年中，74.2%的人对感情表示满意，65.1%的人对婚姻表示满意。

　　配偶替代机会是农村新生代青年对自己重新择偶的可能机会的考察，"肯定可以""很有可能"重新编码为"配偶替代机会多"，赋值为3，"说不好"重新编码为"配偶替代机会中等"，赋值为2，"不太可能""肯定找不到"重新编码为"配偶替代机会少"赋值为1，三者的比例分别为17.3%、64.6%和18.1%。配偶替代相对机会的多少重新编码为"配偶优势""相同优势""自身优势"，分别赋值为1、2、3，其比例分别为16.5%、67.9%和15.6%。

参考文献

〔英〕霭理士，2008，《性心理学》，潘光旦译，商务印书馆。

包蕾萍，2005，《生命历程理论的时间观探析》，《社会学研究》第
4 期。

〔美〕波玲·布思，1994，《家庭压力管理》，周月清、李文玲、林
碧惠译，桂冠图书股份有限公司。

蔡禾、王进，2007，《"农民工"永久迁移意愿研究》，《社会学研
究》第 6 期。

蔡玉萍、彭铟旎，2019，《男性妥协：中国的城乡迁移、家庭和性
别》，生活·读书·新知三联书店。

曹锐，2010，《新生代农民工婚恋模式初探》，《南方人口》第
5 期。

曹志刚、王庭庭，2016，《社会网络对新生代女性农民工择偶观影
响研究》，《武汉科技大学学报》（社会科学版）第 1 期。

陈锋，2012，《"闪婚"与"跨省婚姻"：打工青年婚恋选择的比较
研究》，《西北人口》第 4 期。

陈雯，2014，《从"弱化"到"催化"：新生代农民工家庭与婚配
悖论研究》，《中国青年研究》第 3 期。

陈雯，2018，《形式"同质"与本质"异质"：新生代农民工婚恋
模式的机制与困境研究》，《中国青年研究》第 7 期。

陈雯，2019，《流动的孩子们：新生代农民工生命历程异化与代际
传递研究》，《中国青年研究》第 2 期。

陈映芳，2005，《"农民工"：制度安排与身份认同》，《社会学研
究》第 3 期。

〔美〕大卫·诺克斯、卡洛琳·沙赫特，2009，《情爱关系中的选
择——婚姻家庭社会学入门（第 9 版）》，金梓等译，北京大学出
版社。

〔加〕大卫·切尔，2005，《家庭生活的社会学》，彭铟旎译，中华
书局。

董金权、姚成，2011，《择偶标准：二十五年的嬗变（1986—2010）——对6612则征婚广告的内容分析》，《中国青年研究》第2期。

杜凤莲，2010，《中国城乡劳动力流动对婚姻稳定性的影响》，《经济社会体制比较》第5期。

杜鹏，2004，《聚集"386199"现象 关注农村留守家庭》，《人口研究》第4期。

杜平，2015，《男工·女工：当代中国农民工的性别、家庭与迁移》，香港中文大学出版社。

段成荣、梁海艳，2015，《青年流动人口通婚圈研究》，《南方人口》第3期。

段成荣、梁宏，2004，《我国流动儿童状况》，《人口研究》第1期。

段成荣、周福林，2005，《我国留守儿童状况研究》，《人口研究》第1期。

〔美〕范芝芬，2013，《流动中国：迁移、国家和家庭》，邱幼云、黄河译，社会科学文献出版社。

费孝通，1983，《家庭结构变动中的老年赡养问题——再论中国家庭结构的变动》，《北京大学学报》（哲学社会科学版）第3期。

费孝通，1984，《小城镇 大问题（之三）——社队工业的发展与小城镇的兴盛》，《瞭望周刊》第4期。

费孝通，1998，《乡土中国 生育制度》，北京大学出版社。

风笑天，2006，《农村外出打工青年的婚姻与家庭：一个值得重视的研究领域》，《人口研究》第1期。

风笑天，2012，《城市青年择偶方式：未婚到已婚的变化及相关因素分析》，《江苏行政学院学报》第2期。

风笑天，2014，《谁和谁结婚：大城市青年的婚配模式及其理论解释》，《广西民族大学学报》（哲学社会科学版）第4期。

风笑天，2015，《"男大女小"的婚配模式是否改变——兼与刘爽、梁海艳等学者商榷》，《探索与争鸣》第3期。

风笑天，2018，《为什么不生二孩：对城市一孩育龄人群的调查与分析》，《河北学刊》第6期。

高梦滔，2011，《农村离婚率与外出就业：基于中国2003～2009年村庄面板数据的研究》，《世界经济》第10期。

宫火良、张慧英，2006，《工作家庭冲突研究综述》，《心理科学》第1期。

顾宝昌，1992，《论生育和生育转变：数量、时间和性别》，《人口研究》第6期。

顾宝昌、侯佳伟、吴楠，2020，《中国总和生育率为何如此低？——推延和补偿的博弈》，《人口与经济》第1期。

桂华、余练，2010，《婚姻市场要价：理解农村婚姻交换现象的一个框架》，《青年研究》第3期。

郭戈，2016，《从脱嵌到再嵌入：新生代女性农民工的风险困境》，《湖南社会科学》第3期。

郭显超、黄玲，2015，《城市青年社会网络对其择偶方式的作用》，《当代青年研究》第4期。

郭志刚，2010，《流动人口对当前生育水平的影响》，《人口研究》第1期。

国家卫生和计划生育委员会流动人口司编，2016，《中国流动人口发展报告2016》，中国人口出版社。

贺雪峰，2009，《农村代际关系论：兼论代际关系的价值基础》，《社会科学研究》第5期。

胡小武，2017，《城镇化之乡愁：青年婚恋市场的地域分化与城乡分异》，《中国青年研究》第2期。

胡莹、李树苗，2013，《中国当代农村流动女性的婚姻模式及影响因素——基于第三期中国妇女社会地位调查研究》，《西安交通大学学报》（社会科学版）第4期。

胡珍、程静，2008，《青年农民工恋爱及婚前性行为状况研究报告——基于成都市服务行业青年农民工的调查》，《中国青年研究》第1期。

黄乾，2010，《工作转换对城市农民工收入增长的影响》，《中国农村经济》第9期。

计迎春、郑真真，2018，《社会性别和发展视角下的中国低生育率》，《中国社会科学》第8期。

贾黎斋、王中杰、王宇中、莫华敏，2011，《夫妻应对方式与其婚姻质量关系的研究》，《现代预防医学》第9期。

贾志科、风笑天，2018，《城市青年的婚恋年龄期望及影响因素——以南京、保定调查为例》，《人口学刊》第2期。

蒋肖斌，2015，《昔日农民工记录"农民工的性之惑"——访〈农民工性生活：情迷都市〉作者李铭》，《中国青年报》3月20日，第11版。

金一虹，2009，《离散中的弥合——农村流动家庭研究》，《江苏社会科学》第2期。

金一虹，2010，《流动的父权：流动农民家庭的变迁》，《中国社会科学》第4期。

靳小怡、段朱清，2017，《多源数据视野下的农民工跨户籍婚姻——基于城镇化类型与性别视角的分析》，《妇女研究论丛》第4期。

靳小怡、任锋、任义科、悦中山，2009，《社会网络与农民工初婚：性别视角的研究》，《人口学刊》第4期。

〔美〕莱斯利，1982，《社会脉络中的家庭》，薛迪安译，华夏出版社。

李秉奎，2012，《婚介、择偶与彩礼：人民公社时期农村青年的婚姻观念及行为》，《当代中国史研究》第4期。

李成华、靳小怡，2012，《夫妻相对资源和情感关系对农民工婚姻暴力的影响——基于性别视角的分析》，《社会》第1期。

李静雅，2013，《夫妻权力的影响因素分析——以福建省妇女地位调查数据为例》，《妇女研究论丛》第 5 期。

李培林、李炜，2007，《农民工在中国转型中的经济地位和社会态度》，《社会学研究》第 3 期。

李培林、田丰，2011，《中国新生代农民工：社会态度和行为选择》，《社会》第 3 期。

李萍，2011，《当前我国农村离婚率趋高的社会学分析》，《中国青年研究》第 5 期。

李强，2003，《影响中国城乡流动人口的推力与拉力因素分析》，《中国社会科学》第 1 期。

李树茁、伍海霞、靳小怡、费尔德曼，2006，《中国农民工的社会网络与性别偏好——基于深圳调查的研究》，《人口研究》第 6 期。

李卫东，2017，《农民工婚姻稳定性研究：基于代际、迁移和性别的视角》，《中国青年研究》第 7 期。

李卫东，2018，《人口流动背景下农民工婚姻稳定性的影响因素分析》，《人口与发展》第 6 期。

李卫东，2019，《流动模式与农民工婚姻稳定性研究：基于性别和世代的视角》，《社会》第 6 期。

李卫东、李树茁、权小娟，2014，《性别失衡背景下未婚农民工心理失范性别差异研究》，《妇女研究论丛》第 6 期。

李喜荣，2008，《农村留守妇女的婚姻稳定性探析——豫东 HC 村的个案研究》，《妇女研究论丛》第 6 期。

李喜荣，2014，《新生代农民工的婚姻稳定性研究——基于社会交换理论的视角》，《学理论》第 29 期。

李小星，2010，《改革开放以来中国女性就业规模与结构的变化》，《南京人口管理干部学院学报》第 3 期。

李晓敏、方晓义、琚晓燕、兰菁、陈怡、郑颖娴，2016，《新婚夫妻冲突解决与日常沟通对婚姻质量的影响》，《中国临床心理学杂志》

第 1 期。

李银河，2002，《中国人的性爱与婚姻》，中国友谊出版公司。

李煜、徐安琪，2004，《择偶模式和性别偏好研究——西方理论和本土经验资料的解释》，《青年研究》第 10 期。

梁海艳、阳茂庆，2014，《城市青年通婚圈变化及其影响因素研究——基于中国青年状况调查数据的实证分析》，《人口与发展》第 3 期。

梁同贵，2017，《乡城流动人口与农村本地人口的生育水平差异》，《中国人口科学》第 3 期。

梁土坤，2019，《可行能力视角下新生代农民工婚姻状况及影响因素研究》，《安徽师范大学学报》（人文社会科学版）第 3 期。

梁土坤、胡仲明，2016，《新生代流动人口婚恋状况影响因素的多维解构及其政策意涵》，《人口与发展》第 5 期。

刘爱玉、佟新，2014，《性别观念现状及其影响因素——基于第三期全国妇女地位调查》，《中国社会科学》第 2 期。

刘爱玉、佟新、付伟，2015，《双薪家庭的家务性别分工：经济依赖、性别观念或情感表达》，《社会》第 2 期。

刘程，2007，《农民外出流动与农村家庭消费观念的现代化转变——来自川、皖、湘、赣、鄂五省的调查研究》，《中国青年研究》第 12 期。

刘传江，2010，《新生代农民工的特点、挑战与市民化》，《人口研究》第 2 期。

刘婧，2014，《家庭伦理的松动："临时夫妻"的婚姻、家庭、生育与性——以广东省惠州市的田野考察为例》，博士学位论文，武汉大学。

刘利鸽、靳小怡，2012，《中国农村未婚男性的婚姻策略分析》，《西安交通大学学报》（社会科学版）第 1 期。

刘世定、邱泽奇，2004，《"内卷化"概念辨析》，《社会学研究》

第 5 期。

刘淑华，2008，《家乡的"归根"抑或城市的"扎根"——新生代农民工婚恋取向问题的研究》，《中国青年研究》第 1 期。

刘文利，2008，《1988～2007：我国青少年性教育研究综述》，《中国青年研究》第 3 期。

刘鑫财、李艳，2013，《流动因素对农村已婚妇女家庭地位的影响——基于"第三期中国妇女社会地位调查"陕西省数据的分析》，《妇女研究论丛》第 5 期。

卢晖临、潘毅，2014，《当代中国第二代农民工的身份认同、情感与集体行动》，《社会》第 4 期。

陆益龙，2008，《户口还起作用吗——户籍制度与社会分层和流动》，《中国社会科学》第 1 期。

罗天莹，2008，《改革开放 30 年与青年生育观念的变迁》，《中国青年研究》第 1 期。

麻国庆，1999，《家与中国社会结构》，文物出版社。

马春华、石金群、李银河、王震宇、唐灿，2011，《中国城市家庭变迁的趋势和最新发现》，《社会学研究》第 2 期。

马磊，2019，《偏好与结构——同质婚的形成机制研究》，《北京社会科学》第 8 期。

马忠东、石智雷，2017，《流动过程影响婚姻稳定性研究》，《人口研究》第 1 期。

满永，2005，《关系圈与婚姻圈：当代乡土中国的婚姻形成》，《洛阳师范学院学报》第 1 期。

明娟，2016，《工作转换对农民工职业流动的影响效应》，《人口与经济》第 4 期。

莫玮俏、史晋川，2015，《农村人口流动对离婚率的影响》，《中国人口科学》第 5 期。

潘绥铭，2003，《中国人"初级生活圈"的变革及其作用——以实证分析为例的研究》,《浙江学刊》第1期。

潘绥铭、杨蕊,2004,《性爱十年:全国大学生性行为的追踪调查》,社会科学文献出版社。

潘毅,2011,《中国女工:新兴打工者主体的形成》,任焰译,九州出版社。

潘永、朱传耿,2007,《"80后"农民工择偶模式研究》,《西北人口》第1期。

齐良书,2005,《议价能力变化对家务劳动时间配置的影响——来自中国双收入家庭的经验证据》,《经济研究》第9期。

钱文荣、朱嘉晔,2018,《农民工的发展与转型:回顾、评述与前瞻——"中国改革开放四十年:农民工的贡献与发展学术研讨会"综述》,《中国农村经济》第9期。

清华大学社会学系课题组,2013,《行动与困境——农村新生代人口与"农民工生产体制"的碰撞》,载沈原主编《清华社会学评论(第6辑)》,社会科学文献出版社。

任义科、杨力荣,2014,《婚姻合约的脆弱性:留守妇女精神出轨和行为出轨》,《南方人口》第3期。

阮芳赋,2004,《性态度的形成与改变》,中国性学会成立十周年首届中国性科学高级论坛论文汇编。

石国平、李汉东,2018,《中国人口的初婚年龄分布与差异分析》,《统计与决策》第4期。

疏仁华,2011,《青年农民工婚恋观的城市化走向》,《南通大学学报》(社会科学版)第3期。

宋丽娜,2019,《流水线上的爱情快餐——以在富士康郑州厂区的调研为例》,《中国青年研究》第7期。

宋月萍、李龙,2015,《新生代农民工婚恋及生殖健康问题探析》,《中州学刊》第1期。

宋月萍、路逍、李龙,2014,《冲突抑或融合:当前未婚青年农民工婚恋状况探析》，《天府新论》第 5 期。

孙晓冬，2018，《孝道风险感知：子女性别有影响吗?》，《人口学刊》第 2 期。

谭深，2011，《中国农村留守儿童研究述评》，《中国社会科学》第 1 期。

唐灿、马春华、石金群，2009，《女儿赡养的伦理与公平——浙东农村家庭代际关系的性别考察》，《社会学研究》第 6 期。

唐利平，2010，《社会变迁与"剩女"现象——当代大龄女青年婚嫁困境探究》，《中国青年研究》第 5 期。

陶自祥，2019，《临时夫妻：青年农民工灰色夫妻关系及其连带风险》，《中国青年研究》第 7 期。

田晓虹，1989，《亲属关系与夫妻冲突》，《社会》第 1 期。

佟新、刘爱玉，2015，《城镇双职工家庭夫妻合作型家务劳动模式——基于 2010 年中国第三期妇女地位调查》，《中国社会科学》第 6 期。

王超恩，2013，《新生代农民工婚恋问题研究》，《当代青年研究》第 2 期。

王春光，2001，《新生代农村流动人口的社会认同与城乡融合的关系》，《社会学研究》第 3 期。

王春光，2010，《新生代农民工城市融入进程及问题的社会学分析》，《青年探索》第 3 期。

王飞，2015，《当代青年的婚恋观及其影响因素分析——基于 17～34 岁年龄段的青年调查数据》，《中国青年研究》第 7 期。

王会、欧阳静，2012，《"闪婚闪离"：打工经济背景下的农村婚姻变革——基于多省农村调研的讨论》，《中国青年研究》第 1 期。

王金玲，2009，《家庭权力的性别格局：不平等还是多维度网状分布?》，《华中科技大学学报》（社会科学版）第 2 期。

王进鑫，2012a，《当代青年农民工婚姻现状考察——基于成都市服务行业青年农民工的调查》，《西南交通大学学报》（社会科学版）第5 期。

王进鑫，2012b，《当代青少年的性爱观考察》，《中国青年研究》第 5 期。

王欧，2019，《青年工人的成年转型困境——评席尔瓦的〈无可达标：波荡时代美国青年工人的成年转型〉》，《社会学评论》第 2 期。

王欧、王天夫，2019，《城乡流动与农民工家庭变迁——评〈男性气质妥协：中国的农民工流动、家庭与性别〉》，《妇女研究论丛》第 1 期。

王绍霞，2013，《农村留守妇女离婚案评析》，《理论与改革》第 3 期。

王文卿、潘绥铭，2005，《男孩偏好的再考察》，《社会学研究》第 6 期。

王小璐，2009，《从解析"剩女"到建立婚姻角色过渡的分析框架》，《中国青年研究》第 5 期。

王小璐，2014，《个体化进程中的成年：当代青年对成年标志的选择及认知》，《广西民族大学学报》（哲学社会科学版）第 4 期。

王小璐、蔡泳，2019，《规范习得还是情境选择：新生代农民工对婚前性行为的态度及形成机制》，《南京农业大学学报》（社会科学版）第 6 期。

王小璐、王义燕，2013，《新生代女性农民工的未婚先孕：婚姻过渡的个体化困境及秩序重建》，《南京农业大学学报》（社会科学版）第 5 期。

王跃生，2006，《当代中国家庭结构变动分析》，《中国社会科学》第 1 期。

王跃生，2013，《中国城乡家庭结构变动分析——基于 2010 年人口普查数据》，《中国社会科学》第 12 期。

〔美〕威廉·J. 古德，1986，《家庭》，魏章玲译，社会科学文献出版社。

韦艳、张力，2011，《农村大龄未婚男性的婚姻困境：基于性别不平等视角的认识》，《人口研究》第 5 期。

吴海红，2018，《"过更好的生活"：新生代流动女性的职业经历和自我建构——以皖中陶镇为个案》，《中国青年研究》第 1 期。

吴惠芳，2009，《流动的丈夫留守的妻》，《中国农业大学学报》（社会科学版）第 4 期。

吴惠芳、饶静，2009，《农村留守妇女研究综述》，《中国农业大学学报》（社会科学版）第 2 期。

吴敬琏，2002，《农村剩余劳动力转移与"三农问题"》，《宏观经济研究》第 6 期。

吴小英，2016，《"去家庭化"还是"家庭化"：家庭论争背后的"政治正确"》，《河北学刊》第 5 期。

吴新慧，2011，《传统与现代之间——新生代农民工的恋爱与婚姻》，《中国青年研究》第 1 期。

伍海霞、李树苗，2008，《社会网络对农民工生育观念的影响——来自深圳调查的发现》，《人口与发展》第 6 期。

项丽萍，2006，《农村留守女：一个值得关注的弱势群体》，《广西社会科学》第 1 期。

肖索未，2014，《"双重边缘"：婚外包养与打工妹的情感体验》，《中国青年研究》第 11 期。

邢成举，2011，《男性光棍构成差异的地域性解释——基于凤城和新县两个村庄的比较分析》，《青年研究》第 1 期。

邢成举，2013，《光棍与上门女婿：理解农村弱势男性青年婚姻的二维视角》，《中国青年研究》第 3 期。

徐安琪，2000，《择偶标准：五十年变迁及其原因分析》，《社会学研究》第 6 期。

徐安琪，2003，《未婚青年性态度与性行为的最新报告》，《青年研究》第 8 期。

徐安琪，2004，《夫妻权力模式与女性家庭地位满意度研究》，《浙江学刊》第 2 期。

徐安琪，2005，《夫妻权力和妇女家庭地位的评价指标：反思与检讨》，《社会学研究》第 4 期。

徐安琪、包蕾萍，2007，《家庭压力和应对：女性的认知、资源和社会支持》，《江苏社会科学》第 5 期。

徐安琪、叶文振，2002，《婚姻质量：婚姻稳定的主要预测指标》，《上海社会科学院学术季刊》第 4 期。

许传新，2006，《新生代农民工与市民通婚意愿及影响因素研究》，《青年研究》第 9 期。

许传新，2010，《西部农村留守妇女婚姻稳定性及其影响因素分析》，《中国农业大学学报》（社会科学版）第 1 期。

许传新，2012，《家庭教育："流动家庭"与"留守家庭"的比较分析》，《中国青年研究》第 5 期。

许传新，2013，《新生代农民工择偶标准及影响因素分析》，《南方人口》第 3 期。

许传新、高红莉，2014，《徘徊于传统与现代之间：新生代农民工婚姻家庭观研究》，《理论导刊》第 3 期。

许传新、杨川，2015，《新生代农民工工作家庭冲突及影响因素分析》，《中国青年研究》第 4 期。

许传新、张登国，2010，《"留守"对西部农村妇女社会性别观念的影响》，《西北人口》第 5 期。

许放明、宁晶，2015，《"推—拉"合力：新生代农民工返乡婚嫁的一个解释框架》，《浙江学刊》第 5 期。

许加明、魏然，2018，《男性新生代农民工的择偶困境及结婚策略——基于苏北 C 村的调查与分析》，《中国青年研究》第 1 期。

许琪，2015，《外出务工对农村男女初婚年龄的影响》，《人口与经济》第 4 期。

许琪，2016a，《外出务工对农村男女性别观念的影响》，《妇女研究论丛》第 6 期。

许琪，2016b，《中国人性别观念的变迁趋势、来源和异质性——以"男主外，女主内"和"干得好不如嫁得好"两个指标为例》，《妇女研究论丛》第 3 期。

许琪、戚晶晶，2016，《工作—家庭冲突、性别角色与工作满意度——基于第三期中国妇女社会地位调查的实证研究》，《社会》第 3 期。

许琪、邱泽奇、李建新，2015，《真的有"七年之痒"吗？——中国夫妻的离婚模式及其变迁趋势研究》，《社会学研究》第 5 期。

许琪、于健宁、邱泽奇，2013，《子女因素对离婚风险的影响》，《社会学研究》第 4 期。

〔美〕阎云翔，2016，《中国社会的个体化》，陆洋等译，上海译文出版社。

〔美〕阎云翔，2017，《私人生活的变革：一个中国村庄里的爱情、家庭与亲密关系：1949～1999》，龚小夏译，上海人民出版社。

杨博、〔法〕阿塔尼·伊莎贝尔、张群林，2012，《大龄未婚男性流动人口的风险性行为及影响因素》，《西安交通大学学报》（社会科学版）第 1 期。

杨菊华、杜声红，2017，《"干得好不如嫁得好"的理论思考》，《人文杂志》第 10 期。

杨菊华，2008，《延续还是变迁？社会经济发展与婚居模式关系研究》，《人口与发展》第 5 期。

杨婷、靳小怡，2018，《家庭压力与婚姻满意度对农民工实施婚姻暴力的影响》，《人口学刊》第 1 期。

杨雄，2005，《青春期与性——中国大城市青少年性意识性行为跟踪研究》，博士学位论文，上海大学。

杨雪燕、李树茁、尚子娟，2011，《儿子偏好还是儿女双全？——中国人生育性别偏好态度构成及其政策含义》，《妇女研究论丛》第6期。

叶敬忠、吴惠芳，2009，《丈夫外出务工对留守妇女婚姻关系的影响》，《中州学刊》第3期。

叶文振、徐安琪，1999，《中国婚姻的稳定性及其影响因素》，《中国人口科学》第6期。

叶妍、叶文振，2005，《流动人口的择偶模式及其影响因素——以厦门市流动人口为例》，《人口学刊》第3期。

伊庆春、陈玉华主编，2006，《华人妇女家庭地位：台湾、天津、上海、香港之比较》，社会科学文献出版社。

易进、庞丽娟，1995，《夫妻冲突与母亲儿童教养关系的研究》，《心理发展与教育》第4期。

尹银，2012，《养儿防老和母以子贵：是儿子还是儿女双全？》，《人口研究》第6期。

尹子文，2010，《第二代农民工婚姻家庭问题探析》，《中国农村观察》第3期。

尤丹珍、郑真真，2002，《农村外出妇女的生育意愿分析——安徽、四川的实证研究》，《社会学研究》第6期。

於嘉，2014，《性别观念、现代化与女性的家务劳动时间》，《社会》第2期。

袁霁虹，2016，《媒介"围"城：新生代农民工婚恋观研究》，《中国青年研究》第8期。

曾红，2014，《"要求/退缩"型婚姻沟通方式的跨文化研究》，《暨南学报》（哲学社会科学版）第2期。

张建雷、曹锦清，2016，《无正义的家庭政治：理解当前农村养老危机的一个框架——基于关中农村的调查》，《南京农业大学学报》（社会科学版）第1期。

张杰、胡同娟，2013，《从陌生人到返乡者——女性新生代农民工择偶过程中的生活世界重构》，《中国青年研究》第 5 期。

张翼，2003，《中国阶层内婚制的延续》，《中国人口科学》第 4 期。

张翼，2013，《单身未婚："剩女"和"剩男"问题分析报告——基于第六次人口普查数据的分析》，《甘肃社会科学》第 4 期。

张银锋、侯佳伟，2016， 《中国人口实际与理想的生育年龄：1994—2012》，《人口与发展》第 2 期。

郑晓冬、方向明，2019，《婚姻匹配模式与婚姻稳定性——来自中国家庭追踪调查的经验证据》，《人口与经济》第 3 期。

郑真真，2017，《流动妇女的男女平等价值观研究——基于第三期中国妇女社会地位调查数据的分析》，《妇女研究论丛》第 6 期。

中央教育科学研究所课题组，2008，《进城务工农民随迁子女教育状况调研报告》，《教育研究》第 4 期。

〔加〕朱爱岚，2010，《中国北方村落的社会性别与权力》，胡云坤译，江苏人民出版社。

朱冠楠，2012，《传统到现代：新生代农民工的婚恋转型及困境》，《新疆社会科学》第 3 期。

祝平燕、王芳，2013，《返乡相亲：新生代农民工的一种择偶形态——以豫东 S 村为例》，《中国青年研究》第 9 期。

庄渝霞，2008，《不同代别农民工生育意愿及其影响因素——基于厦门市 912 位农村流动人口的实证研究》，《社会》第 1 期。

左际平，2002，《从多元视角分析中国城市的夫妻不平等》，《妇女研究论丛》第 1 期。

Arnett, J. J. 2000. "Emerging Adulthood: A Theory of Development from the Late Teens through the Twenties." *American Psychologist* 55 (5): 469 - 480.

Becker, G. S. 1981. *A Treatise on the Family*. Cambridge, MA:

Harvard University Press.

Belkin, L. 2003. "The Opt-Out Revolution." *The New York Times* 42 (26 October).

Blood, R. O., Wolfe, D. W. 1960. *Husbands and Wives: The Dynamics of Married Living*. Glencoe: The Free Press.

Bongardt, D., Reitz, E., Sandfort, T., Dekovic, M. 2015. "A Meta - analysis of the Relations between Three Types of Peer Norms and Adolescent Sexual Behavior." *Personality and Social Psychology Review* 19 (3): 203 - 234.

Booth, A., Johnson, D. R., White, L. K., Edwards, J. N. 1986. "Divorce and Marital Instability over the Life Course." *Journal of Family Issues* 7 (4): 421 - 442.

Bordini, G. S., Sperb, T. M. 2013. "Sexual Double Standard: A Review of the Literature between 2001 and 2010." *Sexuality & Culture* 17: 686 - 704.

Browning, M., Chiappori, P. A., Weiss, Y. 2014. *Economics of the Family*. Cambridge: Cambridge University Press.

Davis, D. S., Harrell, S. 1993. *Chinese Families in the Post - Mao Era*. Los Angeles: University of California Press.

Duncan, S., Phillips, M. 2010. "People Who Live Apart Together (LATs) —How Different Are They?" *The Sociological Review* 58 (1): 112 - 134.

Fincham, F. D., Beach, S. R. H. 1999. "Conflict in Marriage: Implications for Working with Couples." *Annual Review of Psychology* 50 (1): 47 - 77.

Frisco, M. L., Williams, K. 2003. "Perceived Housework Equity, Marital Happiness, and Divorce in Dual-earner Households." *Journal of Family Issues* 24 (1): 51 - 73.

Frone, M. R., Russell, M., Cooper, M. L. 1992. "Antecedents and Outcomes of Work – family Conflict: Testing a Model of the Work – family Interface." *Journal of Applied Psychology* 77 (1): 65 – 78.

Gottman, J. M., Levenson, R. W. 2000. "The Timing of Divorce: Predicting When a Couple will Divorce over a 14 – year Period." *Journal of Marriage and Family* 62 (3): 737 – 745.

Greenhaus, J. H., Beutell, N. J. 1985. "Sources of Conflict between Work and Family Roles." *The Academy of Management Review* 10 (1): 76 – 88.

Heaton, T. B., Albrecht, S. L. 1991. "Stable Unhappy Marriages." *Journal of Marriage and the Family* 53 (3): 747 – 758.

Hendrick,C., Hendrick, S. S., Reich, D. A. 2006. "The Brief Sexual Attitude Scale." *The Journal of Sex Research* 43 (1): 76 – 86.

Hong, J. S., Voisin, D. R., Hahm, H. C., Feranil, M., Mountain, S. K. 2016. "A Review of Sexual Attitudes, Knowledge, and Behaviors among South Korean Early Adolescents: Application of the Ecological Framework." *Journal of Social Service Research* 42 (5): 584 – 597.

Hsu, F. L. K. 1967. *Under the Ancestors' Shadow: Kinship, Personality, and Social Mobility in China.* Stanford: Stanford University Press.

Johnson, M. P., Caughlin, J. P., Huston, T. L. 1999. "The Tripartite Nature of Marital Commitment: Personal, Moral, and Structural Reasons to Stay Married." *Journal of Marriage and the Family* 61 (1): 160 – 177.

Kim, J. L. 2009. "Asian American Women's Retrospective Reports of Their Sexual Socialization." *Psychology of Women*

Quarterly 33 (3): 334 – 350.

Kwon, H. K. , Rueter, M. A. , Lee, M. S. , Koh, S. 2003. "Marital Relationships Following the Korean Economic Crisis: Applying the Family Stress Model. " *Journal of Marriage and Family* 65 (2): 316 – 325.

Lorber, J. 1998. *Gender Inequality: Feminist Theories and Politics*. Los Angeles, CA: Roxbury.

Massey, D. S. , Arango, J. , Hugo, G. , et al. 1999. *Worlds in Motion: Understanding International Migration at the End of the Millennium*. Oxford: Clarendon Press.

Meunier, V. , Baker, W. 2012. "Positive Couple Relationships: The Evidence for Long-lasting Relationship Satisfaction and Happiness. " In *Positive Relationships*, edited by Sue Roffey, pp. 73 – 89. Springer, Dordrecht.

Oppenheimer, V. K. 1988. "A Theory of Marriage Timing. " *American Journey of Sociology* 94 (3): 563 – 591.

Overbeek, G. , Bongardt, D. , Baams, L. 2018. "Buffer or Brake? The Role of Sexuality – specific Parenting in Adolescents' Sexualized Media Consumption and Sexual Development. " *Journal of Youth and Adolescence* 47 (7): 1427 – 1439.

Pampel, F. C. 2016. "Cohort Change in the Social Distribution of Tolerant Sexual Attitudes. " *Social Forces* 95 (2): 753 – 777.

Peter, J. , Valkenburg, P. M. 2008. "Adolescents' Exposure to Sexually Explicit Internet Material, Sexual Uncertainty, and Attitudes toward Uncommitted Sexual Exploration: Is There a Link?" *Communication Research* 35 (5): 579 – 601.

Potard, C. , Courtois, R. , Rusch, E. 2008. "The Influence of Peers on Risky Sexual Behavior during Adolescence. " *The European*

Journal of Contraception and Reproductive Health Care 13 (3): 264 – 270.

Shanahan, M. J. 2000. "Pathways to Adulthood in Changing Societies: Variability and Mechanisms in Life Course Perspective. " *Annual Review of Sociology* 26: 667 – 692.

Somers, C. L. , Surmann, A. T. 2005. "Sources and Timing of Sex Education: Relations with American Adolescent Sexual Attitudes and Behavior. " *Educational Review* 57 (1): 37 – 54.

Sprecher, S. , Hatfield, E. 1996. "Premarital Sexual Standards among US College Students: Comparison with Russian and Japanese Students. " *Archives of Sexual Behavior* 25: 261 – 288.

Swicegood, G. , Bean, F. D. , Stephen, E. H. , Opitz, W. 1988. "Language Usage and Fertility in the Mexican-origin Population of the United States. " *Demography* 25 (1): 17 – 33.

Ting, K. F. , Chiu, S. W. K. 2002. "Leaving the Parental Home: Chinese Culture in an Urban Context. " *Journal of Marriage and Family* 64: 614 – 626.

Twenge, J. M. , Sherman, R. A. , Wells, B. E. 2015. "Changes in American Adults' Sexual Behavior and Attitudes, 1972 – 2012. " *Archives of Sexual Behavior* 44 (8): 2273 – 2285.

Tzeng, M. 1992. "The Effects of Socioeconomic Heterogamy and Changes on Marital Dissolution for First Marriages. " *Journal of Marriage and Family* 54: 609.

Udry, J. R. 1981. "Marital Alternatives and Marital Disruption. " *Journal of Marriage and Family* 43: 889.

Waite, L. J. , Gallagher, M. 2000. "The Case for Marriage: Why Married People Are Happier, Healthier, and Better off Financially. " *Journal of Marriage & Family* 63 (3): 10 – 11.

Wallis, C. 2004. "The Case for Staying Home: Why More

Young Moms Are Opting Out of the Rat Race. " *Time* 22: 50 - 59.

Watt, L. , Elliot, M. 2017. "Continuity and Change in Sexual Attitudes: A Cross - time Comparison of Tolerance towards Non - traditional Relationships. " *The Sociological Review* 65 (4): 832 - 849.

Wolf, M. 1960. *The House of Lim: A Study of a Chinese Family*. Englewood Cliffs: Prentice Hall.

Yeung, W. J. , Hu, S. 2016. "Paradox in Marriage Values and Behavior in Contemporary China. " *Chinese Journal of Sociology* 2 (3): 447 - 476.

后　记

在路上，我们永远年轻，永远热泪盈眶。

——杰克·凯鲁亚克

终于到了写后记的时候，只觉时光既长且短。

从关注农村新生代青年的婚恋家庭，到申请项目基金，再到研究设计、调查实施、资料整理，最后成文出版是一个相当漫长的过程。而在我把书稿发给出版社编辑老师的那一刻，又觉时间仓促，还有不少议题未能深入展开探讨，图表和文字背后的那些鲜活的人和事也未能在书中逐一呈现。

所以，我想要在书的末尾记录下这一路走来的些许片段，为研究加上注脚，也对接受调查、访谈的青年朋友及给予我帮助的师长亲友致以最真挚的感谢。

一

2010 年我从南京大学博士毕业，进入南京农业大学社会学系工作。报到后的第一项任务就是带大学生暑期实践团去农村调研。走进人口近 2000 人的淮安某村庄，所见多是忙农活的老人、奔跑嬉戏的儿童，少见年轻人的身影。偶尔遇见的一两位年轻女性，是为了孩子读书临时返乡陪读的妈妈。对于农村空巢化这一现象，我在后来带学生去江浙皖农村地区做调查时已经见怪不怪了。

毫无疑问，相当数量的农村青年随城市化的浪潮涌入了城市。彼时，关于农村外出务工青年的研究方兴未艾，正是学术界对此做出的现实回应，研究较多关注到他们的生存条件、薪酬待遇、合法权益、社会保障、城市适应等。但我在调研中发现，成家于农村外出务工青年及其原生家庭的重要性不亚于就业。对农村青年而言，成家是其真正独立、开始新生活的标志；对其父母而言，子女的自立门户意味着他们完成了作为父母最主要的职责和义务。

　　然而，看似顺理成章的"儿大当婚女大当嫁"，在社会流动加剧的当下并不容易，相较于找一份谋生的工作来说要难得多。例如，在对福建农村青年春节返乡扎堆相亲现象进行观察时，我们发现虽然外出务工为年轻人提供了更多的婚恋机会，但受限于各种现实条件最终的结果并不乐观。再有，我们对华北农村"90后"未婚先孕女青年的个案研究发现，未婚先孕是城市化进程中个体生命历程出现的逆序，乡村社会期待能通过婚姻化解这一个体化的危机，但最终结果如何取决于当事人原生家庭社会资本的整合及家庭策略的运用。

　　基于上述观察，我开始思考是否能够对农村新生代青年的婚恋展开系统的研究。在与我的学术引路人也是我的硕士、博士导师风笑天教授交流后，他对此给予了积极的肯定和支持，并为后续研究提供了全程指导和建议，在此深表感谢。实际上，这一选题也正与我的博士研究领域相契合，是博士学位论文《向成年的过渡：规范、认知与过程》在社会实践层面的延续与深入。确定了研究主题，获得了国家人文社会科学基金项目的立项资助，我终于可以上路了。

二

　　2015年的冬天，薄暮之下，我独自一人背着行囊被汹涌的人潮裹挟着挤上了开往义乌的高铁。此行的目的是在正式开展社会调查之前去探访农村新生代青年的聚集地，近距离地感知他们的生活境遇。

　　在义乌，我大部分时间住在城乡接合部一个小工业园区的单身宿舍里。两栋厂房与一栋宿舍楼围合成的院子，就是我走进的第一处田野。回想起来，园区虽小却如盆景式地聚集了来自五湖四海不同婚恋样态的农村新生代青年，有未婚的打工仔、打工妹，独自进厂的已婚工人，也有夫唱妇随的夫妻工，还有公婆先行儿子媳妇跟进的大家庭。凭借在工业园开厂的闵阿姨的关系，我得以自由出入车间、办公室、宿舍和食堂，与不同的对象交流，倾听他们的生命故事，了解他们的婚恋体验。

进入田野的第一天，我就深刻地体会到了作为研究者的挫败感和无力感。在食堂吃早餐时，我询问与我同桌的一个小伙子能否在他方便的时间聊一聊在外务工的生活。小伙子刷着手机头也没抬地拒绝了我，理由是这对他毫无用处。我想了想，他说的没错，我对他的访谈以及我后面的研究对他目前的生活来说，的确不会有任何实质性的、立竿见影的改变。

好在接下来的进展比较顺利，各访谈对象都予以我接纳、理解与信任，其中印象最深的是一个叫小丹的姑娘。那天，我按照事先的约定去宿舍找她。小丹抱歉地说当晚不能接受我的访谈了，因为她发烧了需要出门买药。为了省钱，小丹选择去城乡接合部的小诊所开药而不是去医院看病。天色已黑，从园区过去还有三四公里的路，只能搭乘无证的三轮摩托过去，中间还要穿过一片人迹罕至的厂房和农田。于是，我提议陪她一同前往。

到了城郊昏暗逼仄的小诊所，药并不按盒售卖，而是用一个纸袋装上够吃两三天的几粒药片，花费了10元。本以为买完药就会立刻返回，但小丹却执意将我带到旁边热闹的夜市，买了一个热气腾腾的红薯，塞到我的手里。回去的路上，她也对我敞开了心扉，从父母的爱情故事讲到她留守的童年，再到家庭变故、辍学打工。尽管她自己也才十七八岁，但已是家里的顶梁柱，一边努力赚钱寄给远在贵州山区生病的父母，一边充当临时的家长监管投奔她来打工的妹妹。对于未来的生活，她感到迷茫，更不可能有心思去考虑恋爱或者结婚的事。

那一晚，烤红薯的暖驱散了冬夜的寒，而小丹单薄、坚强、善良却无助的身影让我再次思考研究的意义。也许，现实不能如所期冀的那般美好，但至少我们能通过研究努力寻找可以带来希望的路径和方向。而且，关注、聆听、理解身边那些普通得不能再普通的人，其本身就是对人世间温情的守望。

三

继义乌之后，我带着学生去了广州、武汉、成都以及长三角等多地开展实地研究。随着田野资料的积累，我渐渐明确了研究问题，也有了研究的思路。2016 年的中秋，我们带着最终修改确定后的调查问卷飞往成都，开始了第一站的社会调查，接下来又相继完成了武汉和南京的问卷发放和收集工作。

2017 年 11 月，有幸获得国家留学基金委青年骨干教师出国研修项目的资助以及蔡泳副教授的邀请，我前往北卡罗来纳大学教堂山分校社会学系开始了为期一年的交流和学习。其间，我开始了新一轮的文献查阅和数据探索工作，并与蔡老师合作，从农村新生代青年婚前性态度入手完成了第一篇论文。

2020 年初，研究的成果通过了国家社会科学基金的结项审核，这部分内容构成了本书的主体。我原计划在结题后重返田野，对之前的访谈对象进行回访，以期观察他们后续的婚恋样态及生活路径如何发展，但遗憾的是由于疫情未能全部成行。不过好在与部分典型访谈对象建立了长期的联系，通过实地访谈或网络社交媒介的方式，我们得以了解他们的近况。

研究成果的最终成书，还得益于社会科学文献出版社的推进。在编辑郭峰老师的建议下，我将田野观察中的资料也添加进来，补充至相关章节。终于，《何以安家：城市化进程中农村新生代青年的婚恋》得以定稿付梓。

正如前文所言，这是一个漫长的过程。但好在这期间对农村新生代青年婚恋的观察和思考从未停止，我们一方面将本书的研究结论置于新的情境下加以检验，另一方面将新的研究发现补充进来。在此基础上，我们还与共青团江苏省委等部门合作完成了相关的课题调研，并形成了咨询报告及政策建议等应用成果，也算是对研究有何意义做出了现实回应。

四

即使如此，我清楚地知道本书还存在诸多不尽如人意之处。但想到任何研究的结论都是暂时的、开放的、待完善的，我又释然了。"家"不仅是空间的居所，更是内心最柔软的所在。而何以安家，不仅是农村新生代青年，也是我们所有人穷尽一生对自我定位、情感寄托及精神归属的探寻。

行文至此，我要感谢所有为本书提供帮助的人。除了上文所提及的师长和机构，还要感谢诸多同门和朋友在问卷设计、调查实施及数据分析上的协助。尤其是成都理工大学的许传新教授，华中科技大学的刘成斌教授，南京师范大学的王晓焘副教授，深圳大学的聂伟副教授，南京农业大学的杨灿君副教授、朱慧劼老师，以及杜健梅师姐和同学叶君婕、任志安、周旭、李万红等。同样真诚地感谢成都理工大学、华中科技大学及南京农业大学所有参与此次社会调查的本科生和研究生，特别是方亚东、赵聪、潘娟、扈世冉、王珏等。

除此之外，还要感谢我的家人，正是他们的一路相伴与默默付出，才让我摆脱琐碎家庭事务的羁绊，心无旁骛地去做研究。感谢我生命中的那些好友，永远对我毫无保留的信任和支持。

我在每章的起始页都摘抄了青年打工诗人的诗。来自生活的质朴语言，无疑是解读本书最好的注脚。

当然，最后我要以这本书致敬——接受我们调查和访谈的 1000 多位农村新生代青年朋友，感谢他们的真诚、坦率！

也祝正在阅读这本书的读者，你、我永远年轻，永远奔赴在追求理想的路上。正如凯鲁亚克所言，我们还有很长的路要走，不过没关系，道路就是生活。

王小璐

2023 年 10 月

图书在版编目（CIP）数据

何以安家：城市化进程中农村新生代青年的婚恋／
王小璐著 . --北京：社会科学文献出版社，2023.10（2024.4 重印）
（金善宝农业现代化发展研究院丛书）
ISBN 978-7-5228-2531-1

Ⅰ.①何⋯ Ⅱ.①王⋯ Ⅲ.①农村-青年-婚姻问题
-研究-中国 Ⅳ.①D669.1

中国国家版本馆 CIP 数据核字（2023）第 179397 号

金善宝农业现代化发展研究院丛书
何以安家：城市化进程中农村新生代青年的婚恋

著　　者／王小璐

出 版 人／冀祥德
组稿编辑／任文武
责任编辑／郭　峰
文稿编辑／陈丽丽
责任印制／王京美

出　　版／社会科学文献出版社·城市和绿色发展分社（010）59367143
　　　　　　地址：北京市北三环中路甲 29 号院华龙大厦　邮编：100029
　　　　　　网址：www. ssap. com. cn
发　　行／社会科学文献出版社（010）59367028
印　　装／三河市东方印刷有限公司

规　　格／开　本：787mm×1092mm　1/16
　　　　　　印　张：22　字　数：303 千字
版　　次／2023 年 10 月第 1 版　2024 年 4 月第 2 次印刷
书　　号／ISBN 978-7-5228-2531-1
定　　价／98.00 元

读者服务电话：4008918866